Essential Financial Gerontology

エッセンシャル 第2版
金融ジェロントロジー

高齢者の暮らし・健康・資産を考える

駒村康平［編］
Komamura Kohei

慶應義塾大学出版会

第 2 版　は し が き

　本書の第 1 版は 2019 年 9 月に発行されたため、その内容は、2019 年の前半の統計・知見に基づいている。その後、2020 年の年初から世界に蔓延した新型コロナウイルスにより、私たちの生活は大きな影響を受け、フレイルや認知症の問題を抱える高齢者が増加したという報告もある。

　人々の生活が制約される中で出生率の低下が続き、日本の総人口の減少は継続することが予測されている。他方で、新型コロナ禍でも寿命の伸長が続くことから、高齢化率は継続的に上昇し、日本経済における高齢者の金融資産の比重はますます大きくなっていく。

　第 1 版発行以降の高齢者と金融資産をめぐる新しい動きとしては、2019 年 6 月に金融審議会市場ワーキング・グループ報告書「高齢社会における資産形成・管理」が、2020 年 8 月に同ワーキング・グループ報告書「顧客本位の業務運営の進展に向けて」が公表され、金融ジェロントロジーの知見に基づく高齢顧客の金融資産の見守りの重要性が指摘された。この報告書を受けて、2021 年 2 月に全国銀行協会から「金融取引に関する指針」が発表され、預金者本人が認知症の場合でも、医療費など本人の利益が明らかな使途については、親族が代わりに預金を引き出せるとの考え方が示された。

　このほか、2020 年には社会福祉法が改正され、「重層的支援体制整備事業」が規定され、地域社会で困難を抱えた高齢者の見守り体制が整備された。さらに 2023 年 6 月に認知症基本法が成立し、社会全体として認知症に取り組み必要が明確にされた。医療面では、認知症の進行を遅らせる認知症薬「レカネマブ」が米国で承認され、日本でも今後、承認される可能性もある。

　このように第 1 版以降も、高齢者の資産を巡る環境は大きく変化しており、第 2 版は 2023 年 7 月時点での統計・知見を反映して、内容を改定した。

　2023 年 7 月　著者を代表して

駒村　康平

第1版　は じ め に

　最近、急速に「金融ジェロントロジー（ファイナンシャル［もしくはフィナンシャル］・ジェロントロジー、以下、金融老年学、Financial Gerontology と同意語として使う）」という言葉が注目を集めている。

　まず 2017 年 11 月、金融庁は「平成 29 事務年度金融行政方針」を公表し、「高齢投資家の保護については、これまでも販売会社における体制整備が進められているが、フィナンシャル・ジェロントロジー（金融老年学）の進展も踏まえ、よりきめ細かな高齢投資家の保護について検討する必要がある」としている。

　さらに 2018 年 2 月 16 日に閣議決定された高齢社会対策大綱でも「高齢投資家の保護については、フィナンシャル・ジェロントロジー（金融老年学）の進展も踏まえ、認知能力の低下等の高齢期に見られる特徴への一層の対応を図る」としている。

　加えて金融庁は 2018 年 7 月に「高齢社会における金融サービスのあり方（中間的なとりまとめ）」や 2019 年 6 月の市場ワーキンググループの報告書「高齢社会における資産形成・管理」において、フィナンシャル・ジェロントロジー（金融老年学）といった知見の活用に注目している。

　このように金融や金融行政で使われるようになった金融ジェロントロジーという言葉であるが、これまでは定義は曖昧であった。

　本書の目的は、最近にわかに注目されている金融ジェロントロジーを経済学、医学、心理学、法学などの知見に基づいてまとめ、金融ジェロントロジーが高齢化社会でどのような貢献ができるのかを明確にすることを目的としている。同時に、本書は、金融分野に関わる人が金融ジェロントロジーをどのように使うのかということを理解していただくことを目的としている。また一般社団法人金融ジェロントロジー協会が提供するビデオ研修プログラムの参考図書でもある。

　金融ジェロントロジーは米国発の用語である。米国で金融ジェロントロジーが受け入れられた背景には、「加齢に伴う諸課題を学際的に扱う老年学（ジェロントロジー）」という学問分野がすでに社会に広く認知され、研究分野として確立していたことが大きい。

　他方、日本では「老年学」という学問への認知、普及、定着は不十分であり、その名称がついた学部、研究科も少なく、特に経済学を含む社会科学の分野では老年学の蓄積を活かした研究は進んでいなかった。こうしたなか、ようやく日本学術会議は 2011 年に「持続可能な長寿社会に資する学術コミュニティの構築」を提言し、長寿社会における老年学と他研究分野の連携の重要性を指摘している。

　また 21 世紀に入り、脳・神経科学の進歩は著しく、第四の科学革命とされ、多方面で「ニューロ・イノベーション」が進んでいる（ちなみに第一の革命はコペルニクスの地動説、第二がダーウィンの進化論、第三がフロイトの無意識の発見とされる。萩原一平『脳科学がビジネスを変える』日本経済新聞出版社、2013 年より）。脳・神経科学の研究範囲は、社会科学にも広がっており、「神経経済学」「神経倫理学」「ニューロ・マーケティング」などの分野が生まれている。近年の老年学は認知科学、脳・神経科学などの知見を生かしながら、さまざまな研究分野と連携しつつある。

　日本での金融ジェロントロジーの議論は、2015 年 10 月に慶應義塾大学で開催された慶應義塾大学・世界経済フォーラム共催国際会議「認知症社会における経済的挑戦と機会」から始まる。そこでは、世界経済フォーラムの関係者以外にも、WHO（世界保健機関）の高齢化問題の専門家も加わり、高齢化に伴う疾病構造、すなわち認知症の拡大が社会に与える影響について、治療コスト以外にも金融を通じて経済に大きな影響を与えることが議論された。

　2016 年 6 月には慶應義塾大学にファイナンシャル・ジェロントロジー研究センターが設立された。同センターでは、金融ジェロントロジーを「経済学と医学、老年学、脳・神経科学などを組み合わせた学際分野」として捉え、「加齢に伴う認知機能の変化が経済行動、特に金融資産の管理、運用に与え

る影響を研究する」と整理し、慶應義塾大学経済学部と医学部、理工学部が共同研究を開始した。

　また慶應義塾大学ファイナンシャル・ジェロントロジー研究センターは2016年より、清家篤・前慶應義塾大学塾長を中心に野村ホールディングスとの共同研究を開始し、その成果として清家篤編著（2017）『金融ジェロントロジー』（東洋経済新報社）が公刊された。さらに、その共同研究において高齢者顧客担当者に向けた研修プログラムの研究開発を進め、2017年10月、18年10月の二回にわたり野村證券ハートフルパートナー向けの研修を実施した。その後、慶應義塾大学ファイナンシャル・ジェロントロジー研究センターは18年4月より三菱UFJ信託銀行との共同研究をスタートし、19年1月には同社での高齢顧客担当者向けの研修が行われた。本書はこれら共同研究、研修の成果を基礎にしたものである。

　「認知機能」とは「外部から情報を取り入れ、分析し、意思決定を行い、行動に動かす機能のこと」をいう。人々のすべての意思決定の基礎になるのが認知機能であり、脳・神経科学、老年学、認知科学の研究では、加齢によって認知機能が変化していくことを確認している。しかし、これまで経済や法律など社会経済問題を扱う学問領域は、個人を「合理的な経済人」あるいは「理性的・意図的で強く賢い人間」（＝「法律人」）と想定した上で、市場のルールや法律ほか諸制度を組み立ててきた。そして、そこでは認知機能の変化にはほとんど注意が払われてこなかった。だが、日本のような高齢化が進んだ社会では、認知機能の低下した高齢者が増加し、経済社会に大きな影響を与えつつある。高齢化社会においては、加齢に伴う認知機能の変化を経済学や法学など、社会経済の分析フレームに取り入れるということは大きな方法論、思想的転換を伴うことにもなる。

　認知機能が加齢とともに変化することに着目し、認知機能の変化が経済行動、意思決定に着目する研究である金融ジェロントロジーは、その研究蓄積を金融分野で実装していく研究領域ということになる。ただし、認知機能の低下の問題は、狭く金融資産選択のみではなく、より広範な高齢者の選択に関わる問題、たとえば消費行動などにも応用可能である。

　経済活動や契約に不可欠な認知機能が加齢とともに低下していくような高齢投資家・高齢消費者を、市場のなかでどのように位置づけるか、どのように保護するのという規制やルールの見直しが、今後、重要な政策課題になるであろうし、金融ジェロントロジーはまさにこの領域での貢献が期待される。

　金融ジェロントロジーは金融にとどまらず、社会経済全体の見方に大きな影響を与えることになるであろう。

　本書は、前述の野村證券ハートフルパートナーおよび三菱 UFJ 信託銀行高齢者顧客担当向けに行われた研修プログラムの講義内容をもとに、講師を務めた医学・心理学・経済学・法学などの研究者や、金融取引現場の第一線で活躍するエキスパートらが、それぞれの専門分野における知見から、金融ジェロントロジー研究の成果をまとめたものである。

　高齢社会においては、高齢者の保有する金融資産の役割はますます重要になる。日本金融ジェロントロジー協会は、金融機関やその従業者等に向けて、高齢顧客の心身の特性を理解し、顧客本位の金融サービスを提供できるよう、2019 年 10 月より会員向けのビデオ研修プログラムを提供するが、本書はその参考図書でもある。なお、同協会のビデオ研修プログラムについては、協会の HP（http://www.jfgi.jp/）を参照していただきたい。

　本書が、高齢者に寄り添い、そのよりよい暮らしを支援するサービス提供者を育成するにあたって、包括的な必読書としての役割を担うことができれば幸いである。

　最後に、本書の作成に先立ち、共同研究及び研修プログラムの運営全般にご尽力下さった、野村證券ホールディングス及び三菱 UFJ 信託銀行の皆さまに、心よりの御礼の意を申し上げる。また、本書の構成について、助言をいただいた日本金融ジェロントロジー協会理事の抱井六郎氏、山田博之氏にも心からお礼申し上げたい。

　また、慶應義塾大学ファイナンシャル・ジェロントロジー研究センターの荒木宏子氏、岡本翔平氏、佐野潤子氏、慶應義塾大学医学部の前垣内紀子氏、藤川真由氏には、原稿の取りまとめの段階でさまざまな作業に尽力頂き、

出版までの道筋を支援頂いた。

　そして、本書の出版の過程においては、慶應義塾大学出版会の増山修氏に企画段階から多くの助言を頂き、丁寧かつ迅速な編集作業により、出版までお導き頂いたことに、心より篤く御礼を申し上げたい。

2019 年 8 月
慶應義塾大学ファイナンシャル・ジェロントロジー研究センターセンター長

駒村 康平

目　次

第1章　金融ジェロントロジー概論

　✠　第Ⅰ部　高齢者の生活と資産の管理　✠

第2章　高齢者を取り巻く社会保障制度
—— 年金・医療・介護　　　駒村康平 ⋯⋯⋯⋯⋯**29**

第 3 章　高齢者の生活状況　　　駒村康平 ………………59

ブックデザイン　*designfolio*／佐々木由美

第1章

金融ジェロントロジー概論※

駒村康平

■本章の目的■

本章では、急速な人口高齢化の中で、日本経済・社会の置かれている状況と今後の見通しを概観する。寿命伸長や資産保有の状況およびその変化、加齢に伴う認知機能の低下、軽度認知症、認知症が経済活動・資産管理・運用にもたらす問題から、高齢化社会における金融ジェロントロジーの役割や関連する政策動向を紹介し、本書全体の概観を理解することを目的とする。

1 高齢化・長寿化と人口構造の変化

(1) 日本の人口動態

　現在、日本の人口構造は、大きな転換期を迎えている。2023年4月に国立社会保障・人口問題研究所が公表した「将来日本の人口推計」（以下、新人口推計）によると、図1-1に示すように、少子化の継続的な進展と寿命の伸長により人口は継続的に減少し、高齢化率は上昇を続ける。ただし、新人口推計では、近年の外国人の流入傾向を考慮し、毎年16.4万人の外国人の超過流入が2040年まで続くとしているため、人口減少のペースや高齢化率の上昇は2017年の推計よりも、やや緩やかになっている。

※　本章の一部は丸山桂氏（上智大学総合人間学部教授）との共同研究によるものである。

図1-1　2120年までの人口と高齢化率の予測

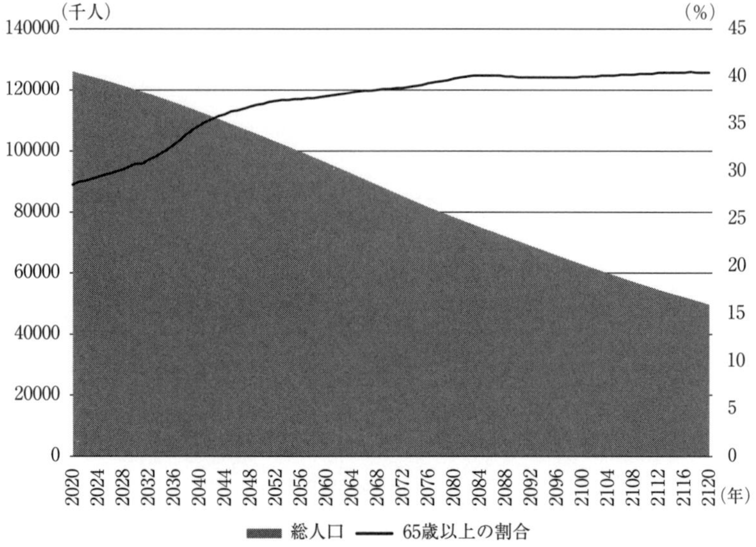

出所：国立社会保障・人口問題研究所（2023）より筆者作成

　人口の年齢構成に着目すると、新型コロナの影響で、出生数の減少は加速
し、2022年には合計特殊出生率は1.26と、過去最低水準である2005年に並
び、出生数も77万人と過去最低となった。出生数は2017年の人口推計より
も10年近く速いペースでの減少している。こうした足下の出生率の低下を
受けて、2023年の新しい人口推計では将来の合計特殊出生率は従来の1.44
から1.36まで低下するとし、日本人の出生数は2059年には50万人を下回
るとされている[1]。

　他方、新型コロナによる寿命の影響は限定的であった。このため寿命の伸
長は今後も続くと推計されている。この結果、高齢化率は2017年推計では、
2065年頃に39%程度で止まると想定されていたが、新推計では、22世紀ま
で上昇し、最終的に40%を超えると推計されている[2]。

---

1)　外国籍を含めて総出生数は2070年に約50万人と推計されている。
2)　2022年の高齢化率は29%であるが、2070年で38.7%になると推計されている。

図 1-2　特定年齢までの生存率（男女別 65、75、90、100 歳の生存率）

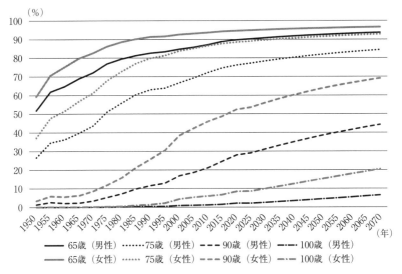

出所：国立社会保障・人口問題研究所（2023）より筆者作成

（2）　寿命の伸長と 75 歳以上人口比率の上昇

①　寿命の伸長

　まず、寿命に着目しよう。多くの国では、技術進歩、医療、栄養、環境の改善により乳幼児死亡率が改善した。日本でも 20 世紀前半から半ばに見られた寿命の伸長は乳幼児死亡率の低下によるものである。しかし、20 世紀後半からの寿命の伸長は中高年の死亡率の低下による。中高年の死亡率の改善は、生命表の「矩形化」（けいか）（長方形化）とも呼ばれる。

　寿命の伸長は今後も継続すると想定されている。図 1-2 は特定年齢までの生存率の動向を示している。支給開始年齢を 65 歳と設定した国民年金が成立した 1960 年頃の平均寿命は男性 65.29 歳、女性 70.12 歳であり、65 歳まで生存する割合は、男性は 64.79％、女性は 75.15％であったが、2020 年の生存率は、男性 89.73％、女性 94.57％となり、ほとんどの人が老齢年金支給開始年齢まで生存するようになっている。今後も生存率は上昇すると見込ま

図 1-3　65 歳以上人口数と高齢者に占める 75 歳以上人口の割合

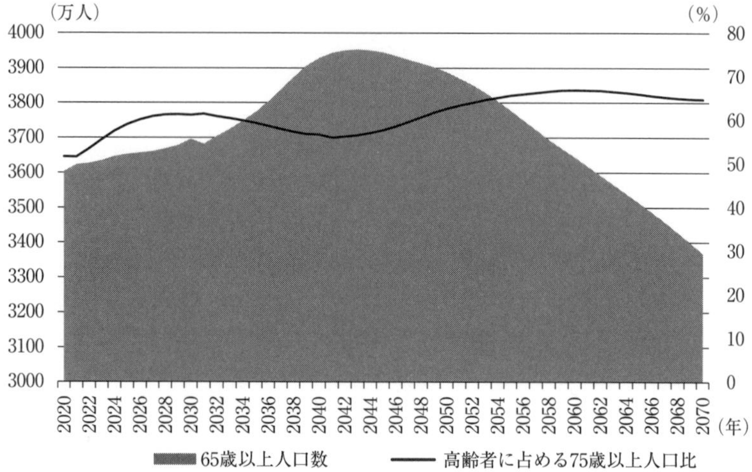

出所：国立社会保障・人口問題研究所（2023）より作成

れる。

②　75 歳以上人口の割合の上昇

　日本は現在、本格的な高齢化社会の到来を経験しているが、高齢化の質的変化にも注目する必要がある。図 1-3 で高齢者の内訳をみると、2020 年時点で 65 歳以上人口は約 3600 万人であるが、2043 年には約 3950 万人でピークになると見込まれる。高齢者全体ではあと 350 万人程度増えることになる。ただし、同じ高齢者でも 65 歳以上と 75 歳以上では、かなり心身の状態が異なる。そこで、75 歳以上の動きに着目してみよう。

　まず、2020 年で、高齢者に占める 75 歳以上の人口は 1860 万人で、高齢者に占める 75 歳以上人口の割合は約 52％である。その後、75 歳以上人口はやや変動しながらも増加し、2055 年には約 2480 万人でピークを迎える。75歳以上人口は、620 万人増加することになる。また高齢者にに占める 75 歳人口の割合は 67％まで上昇し、全人口に占める 75 歳以上人口は、2091 年には 27％（参考推計）まで上昇すると推計されている。この数字は、2020 年の 65 歳以上人口比 28.6％とほぼ同じ水準である。

表 1-1　寿命の伸長

	2020 年		2040 年		2070 年	
	男性	女性	男性	女性	男性	女性
平均寿命	81.58 歳	87.72 歳	83.57 歳	89.53 歳	85.89 歳	91.94 歳
寿命中位	84.54 歳	90.51 歳	86.4 歳	92.23 歳	88.61 歳	94.41 歳
死亡年齢最頻値	89 歳	93 歳	90 歳	94 歳	92 歳	96 歳

出所：国立社会保障・人口問題研究所（2023）より筆者作成

　つまりこれからの高齢化社会は、より心身の問題を抱えやすい 75 歳以上の高齢者が増大する社会である。

2　長寿社会における金融資産保有の課題

（1）　長期化する老後

　高齢化社会は、人口に占める高齢者の割合が上昇するという社会問題である。他方、長寿社会という見方をすると、個人にとって人生、そして老後が長くなる社会をいう。今後、寿命がどのように延びるか考える際には、平均寿命だけではなく、寿命中位や最頻寿命にも注目する必要がある。高齢世代とっては、ゼロ歳時点の余命である平均寿命ではなく、半分の人が何歳以上生きているのかという寿命中位、そして実際に何歳で多くの人が亡くなっているのかという死亡年齢最頻値（死亡年齢の最頻年齢）のほうが、老後のプランにとっては重要な手がかりになる。

　表 1-1 は、平均寿命、寿命中位、死亡年齢最頻値の動向である。人生 100 年時代の到来ともいわれているが、それだけの長寿を経験するのは 21 世紀生まれの世代とされている。ただし、寿命中位や死亡年齢最頻値を見ると、現在の中高齢世代も人生 90 年時代に突入していることが確認できる。

（2）　高齢化と金融資産

　人口高齢化は金融資産にも影響を与える。金融資産は、現在および将来の所得、金利・資産収益率、支出、さらに退職金、社会保障給付、相続などに

5

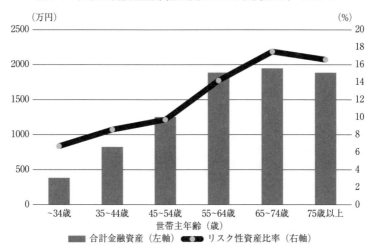

図1-4 世帯主年齢別金融資産残高とリスク性資産比率（2009年）

注：リスク性資産比率は、株式・株式投資信託、債券・公社債投資信託および貸与信託・金銭信託が金銭
　　資産に占める割合である。
出所：駒村康平・渡辺久里子（2018）より引用

よって決まる。一般に若いうちに貯蓄し、老後に備えるという「ライフサイクル貯蓄・消費モデル」に従えば、退職後、金融資産は徐々に取り崩されることになる。しかし、実際の金融資産残高は、必ずしも引退後に単調に減少するわけではなく、50代後半から60代前半にかけて退職金、相続財産により資産が増加するケースも多い。

（3）　高齢者の金融資産の状況

　図1-4は年齢別の、家計の保有する平均金融資産である。ただ、気をつけないといけないのは、これはあくまでも「平均値」である。高齢者の金融資産のバラつきが大きいため、多額の金融資産を保有する高資産層が平均を押し上げている可能性がある。

　前述のライフサイクルモデルに従うと、退職後、徐々に資産の取り崩しが始まるはずであるが、実際には、図1-4で見るように、70歳前半で平均金融資産がピークになり、75歳になると少しだけ減少しているものの、金融資産残高は高止まりしていることがわかる。また、高齢者ほど多くの金融資

図1-5　年齢別金融資産の保有比率の推計

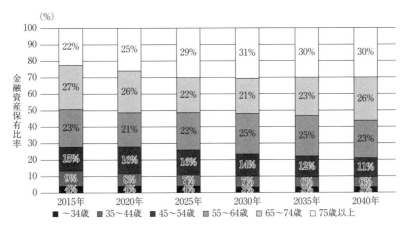

出所：国立社会保障・人口問題研究所（2018）より、筆者作成

産を保有することからリスクをとることができ、リスク資産比率が高いことがわかる。

　この数字を手がかりに、今後の人口構造の変化の影響を踏まえて、家計が保有する金融資産残高全体に占める75歳以上の保有する金融資産残高の割合を推計すると、2020年時点で金融資産残額全体の25％を75歳以上が保有していると推測される（図1-5）。そして、今後、75歳以上人口が増加するに従って、この比率は上昇を続け、2030年に31％に達することになる。人口に占める75歳以上の割合よりも、全家計金融資産に占める高齢者保有比率のほうが高くなり、人口以上に「金融資産の高齢化」は急速に進むことが予想される。

（4）　ファイナンシャル・ウェルビーイングの向上と健康寿命、資産寿命

　生涯にわたって自分の財産を活用し、幸福な人生を送ることを「ファイナンシャル・ウェルビーイング」という。加齢と経済行動の関係を研究する金融ジェロントロジーは、ファイナンシャル・ウェルビーイングの向上に貢献する。

　寿命の伸長に対応して、自立して生活できる年齢である「健康寿命」の伸

図 1-6　寿命、健康寿命、資産寿命の関係

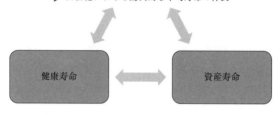

> 20世紀における驚異的な平均寿命の伸長

平均寿命

健康寿命　資産寿命

> 可能な限り長期にわたる、十分な心身の健康維持

> 可能な限り長期にわたる、十分な金融運用・管理能力の維持

出所：野村亜紀子、荒井友里恵（2015）より抜粋

長も必要である。寿命と健康寿命のギャップの拡大は要介護期間の長期化につながり、医療や介護の費用が増大することになる。

　もちろん、健康寿命の伸長だけではウェルビーイングは向上しない。

　老後のゆとりのある生活も重要である。ファイナンシャル・ウェルビーイングを高めるためには、寿命の伸長に連動して資産形成が重要になる。いわゆる「資産寿命」の伸長である。これまで見てきたように、寿命の伸長に対応した十分な資産形成ができない場合、高齢期において支出を絞り込まざるを得ないケースも出てくる。また予想しない健康状態の変化、物価の変動、今後の社会保障制度改革の状況を踏まえると、老後も一定の資産運用は必要になる。

　さらに、健康寿命、資産寿命ともに若い時からの計画的な取り組みが重要である。健康同様に、高齢期でも日々の資産の管理が重要になる。健康寿命と資産寿命に共通する問題として認知機能がある。健康寿命を構成する認知機能は、加齢とともに低下することは避けがたい。つまり、健康寿命の伸長と資産寿命の伸長の両方が重要である（図1-6）。

　就労の継続、日々の社会活動や運動などが認知機能の維持に効果的である

図1-7　年齢別の軽度認知症障害か認知症いずれかになる割合

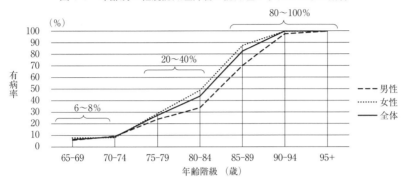

注：MCIの有症率が認知症の有症率とほぼ同等と見なして作成。
出所：東京都福祉保健局（2020）より引用

ことは確認されており、さらに認知機能の維持は、資産の運用、管理能力を高め、資産寿命を伸ばすことになる。認知機能の維持は、健康寿命、資産寿命の両方に重要である。

（5）　認知機能の低下リスク

「認知機能」とは、外部から情報を取り入れ、分析し意思決定を行い、行動に移す機能である[3]。

　加齢とともに認知機能の低下は不可避であるが、正常範囲の認知機能の低下であれば基本的な生活遂行能力は維持できる。しかし、認知機能の急激な低下やさまざまな疾患で「軽度認知障害」の状態になる場合がある。さらに軽度認知障害の一部は、病気などにより「認知症」になると、生活上の支障が出始める。認知症には、「アルツハイマー型認知症」「前頭側頭型認知症」「レビー小体型認知症」「血管性認知症」などの種類があるが、日本で最も多いのがアルツハイマー型の認知症である。

　軽度認知障害や認知症の発症率は年齢とともに上昇するが、特に70代後半からその割合は急激に上昇する。東京都健康長寿医療センター粟田主一の推計によると、80代後半になると80％から100％の人が認知症か軽度認知

---

3)　認知機能は、前頭前野が基盤になり、集中力、注意力、一時記憶力など情報処理に影響を与える。加齢と情報処理機能の変化については、佐藤・高山・増本（2014）を参照せよ。

障害になっているとしている（図 1-7）。

また、厚生労働省の推計によると、認知症患者数は 2015 年時点で約 525 万人に達し、2040 年頃には 800〜1000 万人に達するとされている[4]。

（6）　主観的認知機能低下のもたらす課題

加齢により脳の機能も低下するため、40 代後半になれば、多くの人がとっさに人の名前が思い出せないとか、注意力が落ちていることを意識するであろう。

このような正常加齢による認知機能の低下は、日常生活に大きな影響を与えることもなく、他人からは客観的には認識されない場合が多い。しかし、こうした状況の頻度がより多くなり、深刻になると、主観的に認知機能の低下を意識することになる。自分の認知機能の低下は自覚しているが、他人にはその人の認知機能の低下が認識できない状態を、「主観的認知機能低下」（Subjective Cognitive Decline：以下 SCD）、あるいは「主観的認知障害」（Subjective Cognitive Impairment（SCI）、「主観的記憶障害」（Subjective Memory Complaints: SMC）と呼ばれる。

主観的認知機能低下（SCD）は、アルツハイマー病の初発症状の一つとされ、その後、軽度認知障害、認知症（アルツハイマー）につながっていく可能性がある。この SCD と客観的な認知機能の関係は、図 1-8 のような模式図で説明される。

ここで問題なのが、図 1-8 のように SCD は初期においては認知機能より早く低下するが、ある程度、認知機能が低下すると、SCD は上昇を始めるという点である。つまり、認知機能の低下が進むと主観的認知機能は上昇していく。すなわち、自分の認知機能が低下していることを理解できなくなる。認知機能が大きく低下し、そもそも契約行為や ATM の操作が完全にできな

4）認知症患者の推計の幅は、糖尿病などの生活習慣病の罹患率と関係する。すなわち、糖尿病はアルツハイマー型認知症のリスクファクターの 25％程度を占めるため、この予防の成否が将来の認知症患者数を左右することになる。また認知症が発現し、実際の生活に困難を与えるかどうかは「認知的予備能」という対応機能によっても左右される。さらに身体活動量、知的活動量、就労、社交的活動量、教育水準も認知症のリスクを左右する。特に、最近の研究では、若い世代ほど教育水準が上昇していることから、将来的には認知症の発症リスクが低下するという研究も出てきている。

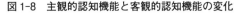

図1-8　主観的認知機能と客観的認知機能の変化

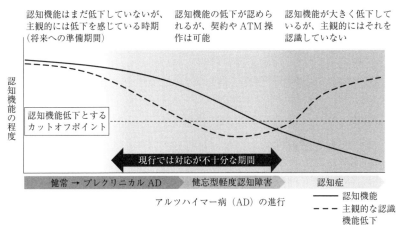

出所：Ávila-Villanueva, M., & Fernández-Blázquez, M. A. (2017) より筆者作成

くなると、特殊詐欺や望まない契約による経済的な被害を受けるリスクは低下する。しかし、認知機能が低下したものの、ある程度まで契約行為やATMの操作ができる状態で、主観的な認知機能が上昇し、自分の現状を客観的に把握できない状況に陥ると、特殊詐欺や不利な経済取引に巻き込まれたりするようになり、かつ自分の被害やリスクを認知できないため、他人に助けを求めることもなくなる。

（7）　認知症の人が保有する金融資産

日本銀行の「資金循環統計」によると2023年時点で個人金融資産残高は約2043兆円である。図1-5で見たように金融資産残高の25％を75歳以上に保有され、さらに75歳以上の25％程度が認知症であると見込まれることから、約128兆円（＝2043兆円×25％×25％）が認知症患者によって保有されている可能性がある。これに軽度認知症の人を加えると、おおよそ200兆円の金融資産が軽度認知障害や認知症の人によって保有されている計算になる[5]。

5）　全国消費実態調査の家計金融資産の定義と資金循環統計の家計金融資産の定義には、少しずれがある点は留意が必要である。

さらに図1-5によると2040年には75歳以上の高齢者の金融資産保有比率が30％に上昇する。また75歳以上でもさらに80歳、90歳という高齢者人口比率が上昇することから、75歳以上の35％程度が認知症になる可能性がある。仮に2040年でも個人金融資産が2043兆円のままであった場合、2040年には約215兆（＝2043兆円×30％×35％）の金融資産が認知症の高齢者によって保有されている可能性がある。

3　加齢と金融資産運用・管理能力の変化

（1）　高齢者の金融資産の運用能力

　高齢者の資産管理・運用に関する研究はさまざまな研究領域で行われている。

　心理的な側面に着目し、経済行動を研究する分野として、行動経済学がある。また、認知機能など脳・神経や内分泌が経済行動に与える研究分野としては神経経済学もある。本書では、これら行動経済学や神経経済学の知見を参考にし、心理的要素、認知機能が金融資産運用や管理に与える影響に注目する。

　これまでに見てきたように金融資産の管理・運用については、認知機能以外にも金融リテラシー、経験なども重要であり、金融リテラシーについては、すでに男性、高学歴、資産・所得が高い人ほど高い金融リテラシーを持っていることが確認されている。加えて、ある程度の投資経験が必要であるため、年齢とともに金融資産の運用・管理能力は上昇する可能性もあるが、それと同時に加齢に伴う心理面や認知機能の変化が金融資産の運用・管理にも影響を与える。

　たとえば、本書第6章で詳しく説明するが、老年心理学では「社会情動的選択性理論」という考え方があり、高齢者は人生の残りが少なくなると不愉快なネガティブ情報を見ないようにして、ポジティブ情報に注視し、楽観的に判断することによって、情動の安定を確保しようとするとされる。この場合もリスクなどへの感応度が低下することになる。

　このように加齢によって、心理面、認知機能面で、リスク回避傾向とリス

クに積極的な傾向という相反するバイアスが発生し、高齢者のリスクの向き合い方は曖昧になっていく。こうしたバイアスを整理する意味でも、適切な資産運用アドバイザーが必要になる[6]。

（2）　正常加齢による認知機能の低下と意思決定の揺らぎ

　加齢に伴う意思決定にどのような揺らぎが生じるのかについての研究がある。具体的には①「サンクコストへの対応」②「社会規範の遵守」③「自信過剰」④「リスクへの一貫性」⑤「フレーミングへの対応力」⑥「選択肢の比較能力」という成人の6つの意思決定コンピテンシー（DMC：Six Components of Decision-Making Componence）が年齢とともにどのように変化していくのかというものであり、Strough *et al.*（2015）は、図1-9のように多くの意思決定コンピテンシーが年齢に対して逆U字型になるとしている。

　まず①のサンクコストへの対応とは「損切り」への対応力である。例を挙げると、期待して入場料を支払って映画館に入って、2時間の予定の映画を見始めて10分で予想外につまらないことがわかった場合どうするか。もう入場料は返金されない。せっかくだから最後まで見るか、それとも退出して残りの時間を節約するか。後者は損切りができることになる。意外なことに高齢者はサンクコスト（損切り）への抵抗力はあるとされる。

　次に②「社会的規範遵守」については、年齢とともにそれほど低下しないとされる。

　③の「自信過剰（あるいは過少）の問題」は、客観的な評価よりも経験や知識に基づく自身の判断力を「過大評価」（あるいは過少評価）する傾向がある。特に自信過剰は、若年者と高齢者に発生しがちである。

　④「リスクへの姿勢」は、たとえば「2年以内に大地震があるという確率」

---

6)　心理・認知機能面にリスクへの対応が曖昧、複雑になる高齢者にとって、投資アドバイザーが資産運用の「結果」しか考えない合理的な選択を勧めることは、心理的な負担、苦痛を感じることもある。他方、合理的な選択を行わないということは、心理的な苦痛を回避するために資産運用の利益を放棄するという「対価」を支払うことになる。詳細はヨアヒム・ゴールドベルグ、リュディガー・フォン・ニーチュ（2002）第5章を参照のこと。また高齢期における「合理的な資産選択」については、第4章を参照せよ。

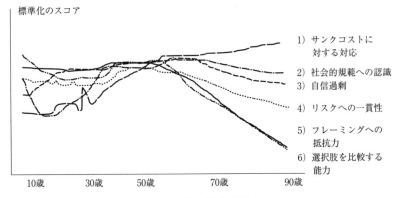

図1-9　6つの意思決定コンピテンシーの変化

標準化のスコア

1) サンクコストに
　　対する対応

2) 社会的規範への認識

3) 自信過剰

4) リスクへの一貫性

5) フレーミングへの
　　抵抗力

6) 選択肢を比較する
　　能力

10歳　　　30歳　　　50歳　　　70歳　　　90歳

出所：Strough, J., Parker, A. M., & de Bruin, W. B.（2015）より筆者作成

は、「5年以内に大地震がある確率」より低いといった確率に対する評価を
できるかということであり、こうした確率的な判断が加齢とともに苦手にな
る。

　⑤「フレーミングへの抵抗力」とは、相手の説明によって意思決定に変化
が発生することである。値札の「通常、1万円、本日に限り5千円」という
表示に誘惑されやすいかどうかである。加齢に伴い、表示や表現で誘導され
やすくなる。

　最後の⑥「選択肢を比較する能力」とは、不確実性下の選択において、そ
れぞれの選択肢の属性値（確率、利益等）が異なる選択肢を比較できる能力
で、こうした能力もまた加齢とともに低下する。

　図1-9の6つのDMCの動きのように、意思決定の質は、年齢とともに青
年・中年期までは上昇し、40〜50歳代にピークを迎え、その後は低下する。

（3）　年齢と資産管理・運用能力

　金融リテラシー、心理面、認知機能といった要素を考慮すると、結局、資
産管理・運用能力は年齢とともにどのように変化するであろうか。日本では
この実証研究はないが、Agarwal *et al.*（2009）は、2000年〜2002年にかけ

図 1-10　加齢と実質金利（APR）の変化

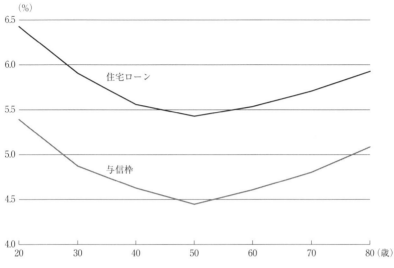

出所：Agarwal *et al.*（2009）より引用

て、金融機関から個人の住宅ローンの実質金利（APR=Annual Percentage Rate）とクレジットヒストリー（信用履歴）に関する 14800 程度の個票データを収集し、さまざまな要因をコントロールした上で、年齢によって住宅ローン実質金利がどのように変化するかを分析した。その結果、実質金利は 50 歳前半あたりで最も低くなることから、金融資産の管理・運用能力は 50 代前半でピークになることを明らかにしている[7]（図 1-10）。

　ほかにも加齢や認知機能と金融資産の運用・管理能力に関する研究としては、債務や破産リスクに関する研究もある。Pottow（2012）によると、米国の高齢者の自己破産者の増加要因の背景に、彼らがクレジットカードの利子率や手数料などの仕組みを適切に理解できていないことがあるとしている。

　また Lusardi and Tufano（2009）は、金融リテラシーの低い人は賃料や手数料などがより金額が高くつく方法を選びがちで、クレジットカードの手

7）クレジットヒストリー（クレジットカードの限度額使用率、支払い履歴、破産等のネガティブ情報）のスコアが低い場合、金利が高く設定される。

数料にも無頓着であり、日々の金融取引、経済活動でもコスト高になっていることを確認している。

　実際の資産管理は、夫婦単位で行われることも多いであろう。そこで「世帯・夫婦単位の意思決定能力」については、高齢夫婦世帯単位で見たときに、夫と妻のいずれが資産運用に対して主導しているのか、そして、その主導している金融資産の決定者の認知機能が低下した場合、資産運用にどのような影響を与えるのか、という研究もある。

　Angrisani and Lee（2018）は米国の縦断調査から、世帯における資産運用決定者は、夫婦間の収入多寡、就労経験、学歴、年齢などの影響を受けており、男性のほうが主となっているケースが多い。そして、その資産運用の決定者の認知機能が低下した場合に、その家計の資産残高は大きく減少すること、そして年金や資産収入といった定期安定収入がある場合や子どもから金銭の支援を受けている場合には、この資産残高の減少を緩和できることを確認している。

（4）　認知症と金融資産管理能力

　このような加齢に伴って人々の意思決定は変化していくが、正常加齢に伴う認知機能の低下を超えて、軽度認知障害や認知症が進むと資産や家計の管理能力はどうなるだろうか。

　軽度のアルツハイマー病の場合、高齢者は自らの尊厳を守るために、相手の説明がわからなくてもわかったふりをするとされ、認知機能の変化は外部から確認することはなかなか難しい。加えて SCD（主観的認知機能低下）で紹介したように、次第に自分の認知機能の状態が把握できなくなるという問題もある。

　認知症による金融能力の側面の変化について、Widera *et al.*（2011）は認知症（アルツハイマー型）の進行状態と金融に関する認知機能の関係を表 1-2 のように 5 段階に分け、そして図 1-11 で示すように、金融に関する認知機能は最初にゆっくりと、次第に大きく放物線を描き低下していくとしている。

表1-2　資産・家計管理を巡る認知機能の段階

段階	症状	現象
第1段階	正常加齢	最小限の低下
第2段階	MCI	銀行取引明細書の管理、請求書の支払い、複雑な処理能力が低下。適切な金融管理や経済虐待の被害など。
第3段階	軽度アルツハイマー病（MILD　AD）	お金を数えるといった簡単なものから、複雑な処理を要するほぼすべての金融能力を喪失。
第4段階	中程度アルツハイマー（Moderate AD）	自力で金融取引を行うことは困難
第5段階	アルツハイマー	完全に金融能力は喪失する

出所：Widera *et al.*（2011）を参考に筆者作成

図 1-11　金融に関する認知機能の変化

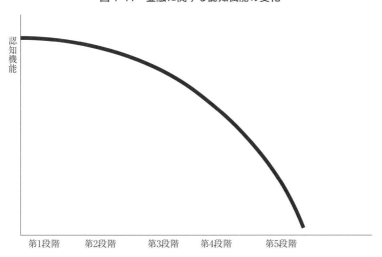

出所：Widera *et al.*（2011）を参考に筆者作成

4　金融ジェロントロジーと政策

　以上見てきたように加齢が経済行動、選択行動に与える影響について、多くの研究蓄積を持つ脳・神経科学、それを経済学に応用した神経経済学、認知科学、老年学は、人々の経済・金融行動を考える際に多くの手がかりを与

えてくれる。これら学際領域の知見を整理したものが「金融ジェロントロジー」である。

（1） 金融ジェロントロジーの可能性と役割

個人の資産選択や資金管理といった金融の問題に「老年学（ジェロントロジー）」の知見を生かそうという金融ジェロントロジー（ファイナンシャル・ジェロントロジー）という学問領域は、米国において、主に高齢の富裕層に対する個人向け金融アドバイスから始まった用語である。きわめて高齢化社会が進んでいる日本でも、金融ジェロントロジーは重要な役割を果たすことになる。

前述のように本書では、金融ジェロントロジーを、脳・神経科学、認知科学、老年学における豊富な研究蓄積を資産選択、運用、管理に活用する学問と整理している。

高齢者ほど金融資産を保有する傾向があり、今後、金融資産の高齢化が進むこと、そして加齢に伴い認知機能の低下が生じることは先進国共通である。高齢者が保有する多額の金融資産が適切に、効率的に運用されない場合、高齢者本人の老後生活のみならず、金融市場、株式市場に影響を与え、経済全体に深刻な問題をもたらす可能性もある。このように個人の問題、さらに社会経済の問題としても金融資産の高齢化と認知機能の低下は先進国共通の重要な問題となる。

（2） 金融資産管理・運用の不都合な逆台形

長寿社会における資産管理・選択を考える際に、従来は寿命の不確実性が最も大きな問題であった。これに加え、加齢に伴い認知機能の低下の問題が重要になる。

認知機能の低下を考慮しつつ、ライフサイクル的に資産管理・運用を整理したのが図1-12である。若い時には金融資産は少なく、口座の開設、クレジットカードの契約、生命保険・損害保険の加入など比較的、少額で不確実性も複雑性も低い資産管理・運用が中心である。次第に年齢とともに資産が増え、不確実性、複雑性ともに大きくなる資産管理・運用問題に直面する。この一

図 1-12　年齢と資産管理・運用に関する不都合な台形

年齢とともに、複雑・不確実な対応（そして金額）が増えるが、認知機能は逆に低下する

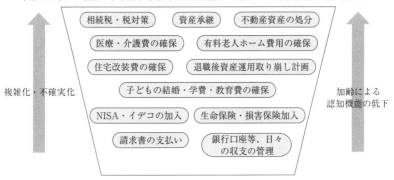

複雑化・不確実化

加齢による
認知機能の低下

相続税・税対策　　資産承継　　不動産資産の処分

医療・介護費の確保　　有料老人ホーム費用の確保

住宅改装費の確保　　退職後資産運用取り崩し計画

子どもの結婚・学費・教育費の確保

NISA・イデコの加入　　生命保険・損害保険加入

請求書の支払い　　銀行口座等、日々の収支の管理

出所：Douglas *et al.*（2015）をもとに筆者作成

方、50 代後半から徐々に認知機能が低下していくため、こうした資産管理・運用への対応力が低下することになる。

このように、加齢とともに金融資産・管理の複雑性が増す一方で、逆に加齢により認知機能の低下に直面するという金融資産・管理の「不都合な逆台形」問題が発生する。そして、この「不都合な逆台形」を支えて、ファイナンシャル・ウェルビーイングを向上させることが、金融領域における専門職の役割ということになる。

（3）　金融ジェロントロジー研究の動向

高齢者の認知機能の変化や心身の変化が経済活動、特に資産管理・資産運用に与える影響を分析し、金融機関や高齢者に助言し、政策提言をする組織として、慶應義塾大学ファイナンシャル・ジェロントロジー研究センターがある。

同センターでは経済学研究科、医学研究科、理工学研究科による共同研究体制を構築している。同センターと連携し、その知見を国内の主要金融機関と共有するための組織として、一般社団法人日本金融ジェロントロジー協会がある。同協会では、金融機関の職員に対して、金融専門職としての高い倫

理観を持ち、認知機能が低下した高齢者に対する正しい接し方を研修し、修了者に資格を発行している。

(4) 金融ジェロントロジーに関する政策動向

　金融庁は 2019 年、2020 年度の二回にわたって金融資産管理面から認知機能の低下した高齢者が増加する問題とその対応を取り扱った「市場ワーキング・グループ報告書」を公開した。そこでは、金融機関は自治体や地域の福祉関係機関と連携し、認知判断能力の低下した顧客の権利擁護や適切な資産形成・管理に努めていくこと、つまり「お金の介護」が重要であるとしている。

　この報告書を受けて、全国銀行協会（全銀協）は 2021 年 2 月に認知症の人の銀行口座の管理に関し、口座凍結を改め、代理人が高齢者本人の医療費、介護費のために使うことができるように整理した報告書を公表しているが、今後の具体的な取り組みについては、各地の福祉関係機関と金融機関の間での実践的な取り組みが必要であるとしている。

　この実践のために全国社会福祉協議会と金融ジェロントロジー協会は、合同で地域における「お金（財産）の介護」の取り組みのあり方を検討している。これまであまり連携してこなかった金融機関と福祉機関（社会福祉協議会）の連携、すなわち「金・福連携」が今後ますます重要になるであろう。

　加えて、東京都も「高齢者の特性を踏まえたサービス提供のあり方検討会」の報告書をとりまとめ、高齢化に伴い、認知機能の低下した人が増加する都市部における消費（買い物）、金融、移動、マンション管理などの問題を整理し、企業・事業者、市民で認知機能低下に伴う諸課題と対策を共有するように呼びかけている。

(5) 高まる地域社会における金福連携

　政府は、認知症の人の資産を守るために成年後見制度等の普及を進めている。しかし、前述のように、認知症までの深刻な認知機能の低下が発生しなくても、グラデーション状に発生する認知機能の低下により、経済活動にさまざまな問題が生じることになる。

　そして、今後は、主観的認知機能低下のように、自らの認知症罹患に気が
つかない高齢者が多数生まれる可能性を考慮すると、そのような人々が不安
なく経済活動ができるような仕組みを構築する必要がある。そのためには、
金融と福祉の連携がますます重要になるが、福祉の領域は地方分権が進んで
おり、両者の連携は地域でさまざまである。

　成年後見制度や困窮者の見守りは、成年後見支援センター、社会福祉協議
会、地域包括支援センター、市町村の福祉部局が、消費者保護は消費生活セ
ンターが大きな役割を果たしている。他方で、これまで述べたように認知機
能の低下した高齢者が保有する金融資産管理・運用を支えるための包括的な
取り組みや機関は、地域社会には、現在見当たらない。

　今日、認知症、軽度認知障害を含む認知機能の低下した顧客を多く抱える
金融機関は多くの課題に直面している。たとえば、銀行の店頭には、自分の
預金の状況がよく理解できなくなり、困惑している高齢顧客が増加している。
なかには、このままにしておくと、特殊詐欺や消費者被害に遭うのではない
かと心配されるケースも少なくない。現行の仕組みでは、個人情報保護の制
約により、金融機関が自治体や福祉機関との連携を図ろうとしても、生命、
身体など差し迫った危険がない限り、本人の同意なしには自治体等との連携
は難しい。

　幸いなことに法律上は、本人同意を得なくても、個人情報を共有し、課題
を抱える住民を地域で見守る制度は、消費者庁所管の消費者安全法（消費者
安全地域確保協議会）と厚労省所管の社会福祉法（重層的支援整備体制事業）
に用意されている。

　ただし、これらの制度を実際に整備するのは自治体であり、かつ実際にこ
れらの仕組みに金融機関を組み入れている事例は限られている。今後は、こ
れらの仕組みを使いながら、金融機関と行政、福祉が連携して、高齢者の資
産のケアを強化していく必要がある。

5　高齢者の生活を支える業務に携わる者の倫理観

　本章で見てきたように、今日、金融資産のみならず、不動産などの多額の

資産を保有しながら、心身の機能が低下している高齢者が増加している。長寿社会では誰もが人生の後半で認知機能の低下を経験することになる。他方で、自宅などで過ごす高齢者が増えることから、金融商品の売買のほか、訪問販売、リフォーム詐欺、特殊詐欺など高齢者の認知機能の低下につけ込むような経済的なトラブルや犯罪に巻き込まれる可能性も高まっている。

　高齢期に入っても、いつまでも「自分は十分な投資経験、リテラシーがあるから、資産運用には問題がないだろう」と考えるのは、すでに自分の認知機能、判断能力の変化を客観的に把握する「メタ認知」に問題が発生し、「自信過剰」の状態に入っている可能性もある。

　実際に自分の認知機能の状況を客観的に見ることは困難である。そこで家族とともに重要な役割を果たすのが、さまざまな専門的な金融アドバイザーである。では、長寿社会において金融アドバイザーはどのように顧客に向き合うべきなのか。ただ詳細な金融商品に関する情報や知識を顧客に提供するのがその役割なのだろうか。

　金融のみならず医療なども含めて、高齢者が専門職にどのように向き合い、何を期待しているのかという点でも、脳・神経科学は知見を提供している。人々は「後悔したくない」、「失敗した場合に責任に耐えられない」という理由で意思決定を避け、場合によっては「専門職」にお任せしようとする。特に高齢者の場合、認知機能の低下や専門知識への敬意が主な動機となり、意思決定を専門職に任せようとする。

　このような高齢者の特性を理解した上で、金融の専門アドバイザーは顧客に対して高い倫理感を持って役割・責務を果たし、個々の認知機能の状態を理解した上で適切な情報の提供を行うというアドバイスの技法を確立する必要がある。

　金融ジェロントロジーを学ぶ目的は、こうした高齢者の心身の課題を理解し、そうした経済的な問題を未然に防止し、高齢者自身の幸せにつながるように資産の活用を支援することである。すでに金融取引においては、「適合性の原則」により、「顧客の知識、経験、財産の状況及び金融商品取引契約を締結する目的に照らし、不適当と認められる勧誘を行ってはならない」（金融商品取引法40条1項）とされており、高齢者の認知機能の低下につけ込

むような金融取引は禁止されている。

　金融ジェロントロジーを学習した者は、高齢者の心理的な特性も理解した上で、この「適合性の原則」を「表面的」「形式的」に守るのみにとどまってはいけない。法令等の最低限のルールさえ守ればよいというような考えを排除し、真の顧客本位の金融サービスの理念を実質的に遵守する高い水準での倫理観が強く求められる。金融商品の売買においては、わかりやすく、丁寧な説明は当然のこととし、それを高齢者の心理的な特性を踏まえたサービス提供や商品設計に心がける必要がある。

　その際には、単にリスクや利回りなどの資産収益や税金に関する部分だけではなく、高齢者自身や家族のさまざまな希望、生活スタイルに真に寄り添う姿勢が重要なのは言うまでもない。また自らの取引ではなくとも、明らかに高齢者の認知機能の低下につけ込み、高齢者の財産に深刻な被害の発生や経済虐待の発生を認知した場合は、個人情報保護の制約を留意しつつも、高齢者の家族との協力のみならず、かかりつけ医、ケアマネジャー、地域包括支援センター、民生委員、自治体など高齢者と身近な機関との連携、協力が必要になる。こうした点も日頃から強く意識しておくべきであろう。

6　本書全体の概観と講義の狙い──本章のまとめ

　最後に、本章の要約を兼ねて、なぜ金融ジェロントロジーの知識が必要なのか、そして本書の全体を展望しておこう。

　まず本章では、以下の6点を確認した。

i)　人口のウエイトが急激に高齢者に向かい、さらに「資産の高齢化」は加速する。そのため、消費、資産管理・運用といった経済活動における高齢者の重要性はますます高まっている。高齢者向けのさまざまな市場を拡大するためには、高齢者の身体的特徴だけではなく、その心理的な特徴を理解する必要がある。

ii)　加齢とともに認知機能は低下し、複雑な資産運用などには課題が生まれる。加えて、軽度認知障害・認知症になると次第に資産管理なども難し

くなる。

iii）　加齢とともに運用・管理しないといけない資産額は増加し、複雑な意思決定に直面するという「不都合な課題」が発生する。

iv）　神経経済学や心理学の知見を生かした金融ジェロントロジーは、こうした加齢に伴う問題を解決する重要な手がかりを提示する。

v）　高齢者の金融資産の運用・管理における問題は、政府、自治体、金融機関が連携して、支える仕組みを確立する必要がある。

vi）　高齢者の心理的な特徴を理解し、その特有のものの見方、評価、価値観を理解し、具体的な商品、サービスの提供の際の留意事項について熟知する必要がある。高齢者の心理状態につけ込むような契約を行い不当な利益を上げることは、倫理的に厳しく非難されることになる。金融ジェロントロジーを学んだ者は高い倫理性が期待される。多くの企業、組織にとって高齢者の心身の特性を理解するような従業員向けの教育・研修、組織づくりは今後ますます重要になる。

　以降、本書は大きく2部から構成される。本章を含む第Ⅰ部は「高齢者の生活と資産の管理」であり総論部である。本書の主題である金融ジェロントロジーがどのような学問領域であるのか、金融ジェロントロジーを高齢化社会でどのように活用するのか、そして私たちは、認知機能が低下した高齢者が増加する社会にどのように相対するのかという、いわば社会の「メタ認知」部分の理解を促すことを意図した本章のほか、高齢者の主要な生活保障手段である社会保障給付の今後の見通しを扱った2章「高齢者を取り巻く社会保障制度——年金・医療・介護」、高齢者の経済状態や医療・介護リスクへの対応を扱った3章「高齢者の生活状況」から構成される。

　さらに4章「高齢者の資産管理（1）——意思決定の理論と技術」では、高齢期の合理的な資産選択とはどういうものか、5章「高齢者の資産管理（2）——意思決定支援の仕組み（後見、信託）」では資産管理の方法としての後見や信託の仕組みを扱う。

　第Ⅱ部では高齢者の心身の状態に関する老年学・医学的知見を理解するために、老年学の研究蓄積に基づいて、6章「高齢者の心理（1）——加齢に

伴う心的機能の変化とその対応」で老年心理学の視点から高齢者の心理的な変化について、7 章「高齢者の心理 (2) ——高齢者とのより良いコミュニケーションのために」では加齢とともに変化する高齢者の意思決定や家族や地域や友人との関係の変化について紹介する。

　次に医学的知見から、8 章「高齢化と身体・感覚器官の変化——加齢と病気」では、認知症とはどのような症状を伴う疾患なのか、9 章「認知症について (1) ——総論」では、認知症の診断がどのよう行われるのか、認知症の予防のために気をつけることなどを説明する。

　また、10 章「認知症について (2) ——代表的疾患と治療・予防」では認知症以外に、加齢に伴う心身の変化を、さらに 11 章「高齢者・認知症の意思決定能力について——評価と支援」では、認知症になるとさまざまな生活の場面での意思決定がどのように変化するのかという点について紹介する。

　そして 12 章「高齢者対応ケーススタディ」では、金融関係者が、認知機能が低下した高齢者とどのように接するべきなのかを紹介する。

【本章のポイント】

- 日本は急激な人口減少・高齢化社会を迎える。高齢者、特に 75 歳以上人口の増加は著しい。
- 高齢者ほど金融資産を保有しているため、高齢化社会では高齢者の保有する金融資産が増加し、「金融資産の高齢化」が進む。
- 認知症を患う高齢者が増加し、同時に認知症患者が保有する金融資産が急増する。
- 加齢に伴う認知機能の低下は金融資産の管理、運用を困難にさせる。
- 神経経済学の知見を活用することで、金融ジェロントロジーは高齢者の心身の変化に対応した金融サービス支援や金融商品の開発に貢献できる。
- 金融ジェロントロジーを学び、高齢者の生活を支える業務に就くものは、高齢者への高い倫理性が求められる。

【参考文献】

国立社会保障・人口問題研究所（2018）『日本の世帯数の将来推計（全国推計）』（2018（平成 30）年推計）。
（http://www.ipss.go.jp/pp-ajsetai/j/HPRJ2018/t-page.asp：最終アクセス日 2019 年 3 月 19 日）
──（2023）『日本の将来推計人口（令和 5 年推計）』。
（https://www.ipss.go.jp/pp-zenkoku/j/zenkoku2023/pp_zenkoku2023.asp：最終アクセス日 2023 年 6 月 22 日）
駒村康平・渡辺久里子（2018）「75 歳以上高齢者の金融資産残高と資産選択について─資産の高齢化への対応」『統計』2018 年 8 月号：49-53 ページ。
佐藤眞一・高山緑・増本康平（2014）『老いのこころ─加齢と成熟の発達心理学─』有斐閣。
東京都福祉保健局（2020）「高齢者の特性を踏まえたサービス提供のあり方検討会」各回事務局資料。
https://www.fukushi.metro.tokyo.lg.jp/kiban/shisaku/koureikentou/index.html
野村亜紀子・荒井友里恵（2015）「フィナンシャル・ジェロントロジーと日本への示唆 高齢投資家への包括的アプローチの模索」『野村資本クオリティ Autumn』。
ヨアヒム・ゴールドベルグ、リュディガー・フォン・ニーチュ（2022）『行動ファイナンス─市場の非合理性を解き明かす新しい金融理論』真壁昭夫監訳、ダイヤモンド社。

Agarwal, S. *et al.* (2009) "The Age of Reason：Financial Decisions over the Lifecycle with Implications for Regulation," *Brookings Papers on Economic Activity,* pp. 1-76.
（https：//dash.harvard.edu/bitstream/handle/1/4554335/laibson_ageofreason.pdf?sequence=2：最終アクセス日 2019 年 3 月 19 日）
Ávila-Villanueva, M. and M. A. Fernández-Blázquez (2017) "Subjective Cognitive Decline as a Preclinical Marker for Alzheimer's Disease: The Challenge of Stability Over Time," *Frontiers in aging neuroscience* 9, p. 377.
（https://doi.org/10.3389/fnagi.2017.00377）
Douglas, A. Hershey, James T. Austin and Helen C. Gutierrez (2015) "Financial Decision Making across the Adult Life Span：Dynamic Cognitive Capacities and Real-World Competence," Thomas M. Hess, JoNell Strough, and Corinna E. Löckenhoff eds., *Aging and Decision Making,* Chapter 16, Academic Press.
Lusardi, A. and P. Tufano (2009) "Debt Literacy, Financial Experiences and Overindebtedness," *NBER Working Paper* 14808.
Pottow, J. (2012) "The Rise in Elder Bankruptcy Filings and Failure of U.S. Bankruptcy Law," *The Elder Law Journal* 19, pp. 220-257.
Strough, J., Parker, A. M. and W. B. de Bruin (2015) "Understanding life-span developmental changes in decision-making competence," in Thomas M. Hess, JoNell Strough and Corinna E. Löckenhoff, *Aging and Decision Making,* Academic Press.
Widera, E., V. Steenpass, D. Marson and R. Sudore (2011) "Finances in the Older Patient with Cognitive Impairment 'He didn't want me to take over'," *JAMA* Feb 16; 305 (7), pp. 698-706.

第 I 部

高齢者の生活と資産の管理

第2章

高齢者を取り巻く社会保障制度
——年金・医療・介護

駒村康平

■本章の目的■

本章の目的は、高齢者の置かれている経済状況や生活上のニーズを理解する上で必要な社会保障制度のうち、公的年金と医療保険、介護保険について理解する。年金、医療、介護については、若い世代はあまり関心がないものの、頻繁に利用するようになる中高年になると急激に関心が高まる。高齢者の生活上の相談に答えるためには、社会保障制度に関する知識も重要である[1]。

1 社会保障制度が抱える制度課題

　この章では、社会保障制度の全体像および今後の動向、さらに高齢者の所得の中心を占める公的年金、高齢者の生活に影響を与える医療保険制度、介護保険制度および施設選択について、現状と将来展望を理解する。

　社会保障制度は複雑な上、高齢者向けの年金、医療、介護は2025年に向けて急ピッチで改革が進められている。所得、資産の多寡にかかわらず社会保障制度は高齢者の生活に大きな影響を与える。高齢者の生活の相談、悩みに的確に答えるためには、社会保障制度の基本的な仕組みのみならず、最近

---

1) なお企業年金、私的年金は、今後、公的年金水準が低下するため、若い世代にとっては重要な役割を果たすことになるが、現在の高齢者にとっては上乗せ的な性格であることや個人差が大きいため、取り上げない。

図2-1　社会保障給付費の将来予測

（単位：兆円）

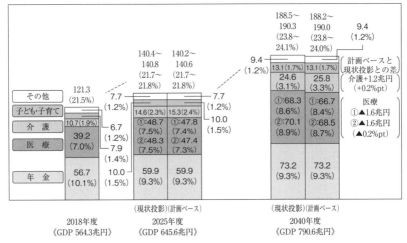

注1：（　）内は対GDP比。医療は単価の伸び率について二通りの仮定を置いており、給付費に幅がある。
注2：「現状投影」は、医療・介護サービスの足下の利用状況を基に機械的に計算した場合、「計画ベース」は、
　　　医療は地域医療構想及び第3期医療費適正化計画、介護は第7期介護保険事業計画を基礎とした場合。
出所：経済財政諮問会議（2018年5月21日）資料より

　の動向、今後の見通しも理解する必要がある。高齢期における住居や介護に
関する基本的な知識は、高齢者の資産運用、取り崩し、活用を考える際には
きわめて重要である。

　特に、医療保険や介護保険もまた多くの高齢者が実際に利用している。制
度に詳しい高齢者も多いため、高齢者の資産運用の相談に的確に答えるため
には、高齢者の生活を支えるさまざまなサービス、地域の介護資源、生活支
援サービスの状況などを理解・把握する必要がある。また、住居は高齢者、
特に終末期には介護も絡んでくる大きな問題であり、選択肢や施策、今後の
方向性を正しく理解する必要がある。

　社会保障制度とは、端的には公的責任によって行われる生活保障であり、
年金、医療、介護、各種福祉制度である。2022年度時点の社会保障給付費（予
算ベース）は約131兆円で、政府の一般会計総額よりも多く、GDPの約
23％を占めている。131兆円の財源の内訳は、約59％が社会保険料、41％を

表 2-1　今後の社会保障制度の改革

年	年金	医療	介護	障害者福祉	生活保護
2014	財政検証	報酬改定			
2015			報酬改定		
2016	法改正（キャリーオーバー導入）	報酬改定			
2017					
2018		報酬改定	報酬改定	報酬改定	基準改定
2019	財政検証				
2020		報酬改定			
2021			報酬改定	報酬改定	
2022		報酬改定			
2023					基準改定
2024	財政検証	報酬改定	報酬改定	報酬改定	
2025					

出所：筆者作成

税などの公費、年金積立金の運用収益である[2]。

　今後、高齢化の進展とともに、社会保障給付費は増加し続けることになる。今後の経済成長や物価・賃金の上昇、社会保障改革の動向にもよるが、2018年の経済財政諮問会議の見通しでは、図 2-1 で示すように、団塊の世代が75 歳になる 2025 年度には約 140 兆円（対 GDP22％程度）、団塊ジュニア世代が退職を開始する 2040 年度には約 190 兆円（対 GDP24％程度）に達するとされる。

　社会保障制度の最大の課題は、人口減少・高齢化が進む中での社会保障制度の持続可能性の確保となっている。

（1）　頻繁な改正、改革の動向

　社会保障制度改革後、現在は、社会保障制度改革の集中改革期間となっているが、表 2-1 で示すように、年金、医療、介護などの社会保障制度は法令によって定期的に改革が行われることになっている。また、2022 年末には

2）社会保障給付費のうち、国負担分（国庫負担）は「社会保障関係費」と呼ばれ、2022 年度の予算では、国の一般会計支出の 54％を占めて、最大の支出項目となっている。

全世代社会保障構築会議の報告書がとりまとめられた。

　制度別に見ると、年金は人口推計が見直される 5 年間隔で財政の将来見通し（年金財政検証）が検証され、将来の給付水準が一定の条件[3]を満たせない可能性が確認されると、必要な年金改革が行われることになっている。

　医療は基本的に 2 年おきに診療報酬や薬価の見直しが行われる。他方、介護保険（障害者福祉）の報酬の見直しは 3 年間隔であり、6 年間隔で医療と介護（障害者福祉）の報酬の同時見直しが行われた。こうした定期的に行われる社会保障改革によって高齢者向けの給付、保険料、自己負担額は頻繁に変更される。その影響は所得水準によってまちまちであり、高齢者の生活相談に応じるためには、常に最新の動向を確認する必要がある。

2　公的年金制度の今後

（1）年金制度の概要

　高齢者の収入の中核になるのが、公的年金である。ここではその概要と改革動向を紹介する。

①　国民年金・基礎年金

　1985 年の年金改革により、20 歳から 59 歳までの国民は、国民年金・基礎年金に加入することが義務づけられた。ただし、職業や婚姻関係によって加入する国民年金の種類が異なり、サラリーマン・公務員ではない人あるいはその被扶養の配偶者ではない人は、国民年金第 1 号被保険者として月額 1 万 6520 円（2023 年度）の保険料を支払うことになる。20-59 歳の厚生年金に加入しているサラリーマン・公務員は国民年金第 2 号被保険者、第 2 号被保険者の被扶養配偶者は国民年金第 3 号被保険者になる。第 2 号、第 3 号被保険者の国民年金保険料相当分は、厚生年金保険から捻出されている。

---

3) モデル世帯の所得代替率を 50% 以上を確保し、かつ 100 年後の年金積立金は給付額の 1 年分を確保できることとされている。

②　基礎年金の給付内容

国民年金加入者は、老齢給付、障害給付、遺族給付を受け取る権利を持つ。年金を受給する際には、いずれも「基礎年金」という名称がつき、「老齢基礎年金」、「障害基礎年金」、「遺族基礎年金」を受給することができる。

③　年金受給額

年金制度は、その時どきの経済、産業、就労、家族構造、人口の変化に対応するためにたびたび改革が行われた。上述のように 1985 年は制度全体に関わる基礎年金制度の導入が行われたが、この後も年金の給付水準に影響を与える給付乗率の引き下げ、スライド率の見直し、支給開始年齢の引き上げ、免除制度の拡充、特例納付制度とさまざまな制度改革が行われた。

また、これら改革の際には、それまでの納付記録や受給権との整合性を維持するために、経過措置が行われた。このため、給付額の計算はきわめて複雑な仕組みになり、いつ生まれて、結婚し、就職し、どのように働いたのかによって年金額は異なってくる。

サラリーマンや公務員が加入する厚生年金にも「老齢厚生年金」、「障害厚生年金」、「遺族厚生年金」がある。個別の年金額の正確な計算はきわめて難しいが、厚生年金は、基本的には、現役時代の平均賃金や加入期間に基づいて給付額が計算され、基礎年金の年金額は基本的には納付月数等に比例する。

支給開始年齢は基礎年金は 65 歳、厚生年金はかつては 60 歳であったが、現在は引き上げ途上であり、男性は 2025 年、女性は 2030 年より 65 歳となる。また、繰り上げや繰り下げにより、60-75 歳の間で選択できる。

（2）　最近の年金改革とその影響
──財政検証、マクロ経済スライド、キャリーオーバー

公的年金制度は年金給付額が基本的に物価や賃金に連動して改定されるために、経済変動にも対応でき、実質価値を維持できる仕組みを持っている。しかし、前述の 2004 年に導入された「マクロ経済スライド」は、このインフレ調整部分の機能を一部凍結し、実質的に年金水準を引き下げる効果を持っている。マクロ経済スライドの仕組みは複雑であるが、簡単にいうと物

図 2-2 マクロ経済スライド

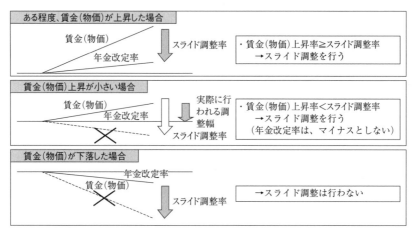

出所：厚生労働省（2015）より引用

価・賃金上昇分から高齢化率の変化分を控除して、年金額を改定する仕組みである。この仕組みによって、高齢化が進むと、高齢者一人あたりが受け取る年金の実質価値を引き下げることにより、年金財政を安定化させることが可能になる。

　図 2-2 は、マクロ経済スライドの基本的な考えを説明したものである。たとえば前年の物価上昇率が 2％の場合、通常は今年度の年金額は 2％引き上げられるが、マクロ経済スライドが適用される年は 0.9％が物価スライドから控除され、1.1％分しか年金額は上昇しない。すなわち年金の実質水準はマクロ経済スライド分の 0.9％引き下げられたことになる。2019 年の財政検証では、このマクロ経済スライドは 2040 年代半ばまで適用されることなっており、この間、累積で基礎年金はおおむね 30％程度、厚生年金はおおむね 20％程度、所得代替率（年金水準）が低下することが見込まれる。

　ただし、マクロ経済スライドはデフレ経済では適用されないため、制度導入以降ほとんど適用されてこなかった。このため、マクロ経済スライドの適用期間が後ろにずれた結果、現在の高齢者の年金水準は低下せず、その分を若い世代の将来年金水準で調整することになった。そこで、2016 年の年金

改革では、デフレの間にたまったマクロ経済スライド未適用の滞留分を、インフレになった際にまとめて適用するという「キャリーオーバー」が導入された。

　将来の展望であるが、近年は世界情勢の変化により、エネルギー価格、食料品の価格上昇、物価上昇局面に転換しており、インフレ経済が中長期的に続く可能性もあり、この場合、マクロ経済スライドが毎年適用される可能性もある。

3　医療保険制度

　日本の医療保障は、「皆保険」の名のもと、「医療保険制度」をとっている。戦後、実質的に完成した皆保険制度は、民間医療機関を中心に整備された医療サービス供給体制と一体になって国民に普遍的な医療サービス保障を担っている[4]。

　先進各国を見ても、民間保険中心の米国や税方式の英国は別にして、多くの国が社会保険制度を中心とした医療保障制度をとっている。

（1）　日本の医療保険の基本原理

　日本の医療保険の基本原理は、1)「皆保険」、2)「フリーアクセス」、3)「出来高払いの診療報酬」、4)「窓口での一部自己負担」、5)「医療機関の自由開業」といった五つの特徴を持っているが、現在、いずれも大きな変化に直面している。

　1)　「皆保険」とは、すべての国民（生活保護受給者は医療扶助によってカバーされる）が何らかの公的医療保険によってカバーされていることを意味する。ただし、すべての国民が同じ医療保険に加入しているわけではなく、年齢、職業や居住地によって加入する医療保険は異なる。

---

[4]　医療保険の対象は、保険診療に限定されている。保険外になる先端医療等については、保険外診療として全額自費となる。ただし、近年の改革で一部保険外診療と公的医療保険とをミックスで使える（実質的に特別に許可された混合診療）である「保険外併用療養費」も導入されている。そのほかにも自主服薬の薬剤費を「セルフメディケーション税制」として医療費控除として認める動きもある。

　医療保険はこれまで医療技術の進歩に対応し、新しい医薬品も保険適用の対象にしてきた。しかし、近年、高額な医薬品の開発が増加し、こうした新しい医薬品も保険対象に収載された結果、月額1億円を超える高額レセプトが急増しており、医療技術の発達が、高齢化とともに国民医療費の増加の大きな要因になっている。

　現在、これら高額な医薬品の使用に何らかの優先順位をつけるという観点から、医療的、倫理的、経済的な視点からのルールづくりの議論が始まっている。今後も皆保険は守れたとしても、公的医療保険の守備範囲の見直しが議論される可能性もある。

　2)　「フリーアクセス」とは、保険証さえあれば、自由に医療機関を選んで受診できるというものである[5]。一見、受診の自由を保障しているようにも見えるフリーアクセスであるが、心配だからとりあえず大きな病院に行けばよいだろうという「大病院志向」や、適切な病院がわからずに「病院ショッピング」（重複受診）を繰り返す患者もおり、医療費の増加にもつながっている。特に軽度な疾病にもかかわらず大きな病院を受診する「大病院志向」は、本当に重篤でレベルの高い治療を必要とする患者の機会を奪う可能性もあり、医療資源の無駄遣いにもつながりかねない。医療機関の役割分担を推進し、大病院志向を抑制するために、かかりつけ医などの紹介状を持たずに特定機能病院、200床以上の地域医療支援病院等を受診する場合には、病院は患者から特別料金である「初診時選定療養費」を導入している。

　3)　出来高払い方式は、診療報酬の仕組みで、「診療報酬点数表」「薬価点数」に基づき、治療や投薬の量に応じて医療機関の医療サービスの対価を保険者から支払うというものである。出来高払いの診療報酬のもとでは、重篤な急性疾患の場合、病院、医師側が費用のことを気にせずに治療に専念できるという利点がある。その一方で、生活習慣病などの慢性疾患が中心の高齢化社会では、医療機関に必要以上の検査や投薬を行うインセンティブをもたらすことになり、医療費の膨張を引き起こすことになる。このため近年では、大きな病院では疾病の類型に応じた標準的な治療費を根拠とする「包括払い」

---

5)「一般医（家庭医）」といった事前に登録した診療所で受診し、その後に紹介状などを受け取り病院・専門医に紹介されるという仕組みを取っている国も多くある。

である「DPC（診療群分類包括評価）」という疾病種類、病院種類ごとの一日定額報酬（入院）の仕組みを併用する傾向が見られる。

　4）「窓口での一部自己負担」は、診療報酬等によって計算された医療費の 1 割から 3 割を患者が負担する仕組みである。ただし、後述の高額療養費医療制度による負担軽減措置がある。医療費の分布を見ると、上位 10％で大半の医療費が費やされている。つまり、国民医療費の大半は、めったに起きないが、発生すると深刻で高額な医療サービスを必要とする患者によって使われている。このように、重い病気にかかった人の負担を軽減する高額療養費は医療保険の中でもきわめて重要な役割を果たしている。

（2）　高齢者の医療保険制度、年齢による制度のちがい、高額療養費制度

①　国民医療費の動向

　国民医療費は増大を続けており、その背景には医療需要の多い高齢者の増加と高額な先端医療技術、医薬品の開発がある。

②　医療保険の仕組み

　前述のように、日本は皆保険制度を採用しているが、年齢、職業、居住地によって加入する医療保険は異なる。75 歳未満は、地域保険（国民健康保険）、職域保険（被用者保険（組合健保、協会けんぽ、共済組合））のいずれかに、75 歳以上は都道府県単位で経営される後期高齢者医療制度に加入することになる。

　なお、65 歳になり企業を退職した人は、後期高齢者医療制度に加入する 74 歳まで国民健康保険に加入する。このため、国民健康保険は、加入者に占める高齢者の割合が高いため、財政構造上、不安定になりやすいことから、「前期高齢者医療制度」という国民健康保険財政をほかの医療保険が支援する制度が存在する。

　従来、国民健康保険は市町村によって運営されていたが、2018 年度から、都道府県が国民健康保険の財政責任を担うことになった。ただし、実際には都道府県一律の保険料ではなく、市町村ごとにその計算式は異なっている。

市町村をまたぐ転居の際には、同じ所得・資産・家族構成でも国民健康保険料に差が発生する可能性がある。なお、保険料・保険税の徴収は、引き続き市町村が行うことになっている[6]。

③　後期高齢者医療制度

後期高齢者医療制度は 75 歳以上あるいは障害者認定を受けた 65-74 歳の人を対象にした医療保険制度である。該当するとそれまで加入していた医療保険制度から移行し、「後期高齢者医療被保険証」が交付される[7]。

保険料は、都道府県単位で運営する広域連合が決定し、市区町村が徴収して広域連合に納付する。年金受給者の保険料は原則年金より天引きされることになっている。なお保険料率は広域連合内で均一であるが、都道府県別に保険料が異なるため、都道府県をまたぐ転居の場合、保険料が変わる可能性もある。医療費の窓口負担は、原則は 1 割、現役並みの所得の人は 3 割であったが、2022 年 10 月より、1 割だった人のうち一定以上の所得がある人は「2 割」に変更になった（図 2-3）[8]。

④　保険給付の仕組み

被保険者は保険料を保険者に支払い、そして受診が必要な場合、医療機関で医療サービスを受け、一部自己負担金を支払う。医療機関が受け取る医療サービスの対価は診療報酬点数表、薬科点数表によって計算される。一部窓口負担以外の対価は、レセプトによって支払い基金に請求される。たとえば、社会保険診療報酬支払基金等は病院から送付されたレセプトを審査し、適切な医療サービスについてその費用を保険者に請求することになる。

⑤　高額療養費の仕組み

窓口負担は上述のように年齢、所得に応じて 1-3 割負担となっている。し

---

6)　年金受給者は原則、年金より天引きされる。
7)　75 歳以前の期間、子どもの医療保険の扶養になっていた場合でも、75 歳になると、扶養から外れて後期高齢者医療制度に加入し、自ら保険料を負担することになる。
8)　70 歳から 74 歳は 2 割負担、現役並みの所得者は 3 割負担となる。

図 2-3　後期高齢者医療の窓口負担

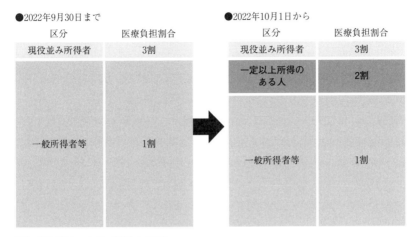

●2022年9月30日まで

区分	医療負担割合
現役並み所得者	3割
一般所得者等	1割

●2022年10月1日から

区分	医療負担割合
現役並み所得者	3割
一定以上所得のある人	2割
一般所得者等	1割

出所：政府広報オンライン（2022）より作成

かし高額な医療費の場合、3割負担であっても家計の負担は大きい。高額療養費とは、医療機関や薬局の窓口で支払った医療費が自己負担限度額（1カ月単位[9]）を超えた場合、申請[10]によって超過額が戻ってくる仕組みである[11]。

⑥　高額医療・高額介護合算療養費制度の仕組み

　医療保険に加入している世帯内で医療保険と介護保険の両方を利用して、自己負担の合計額が自己負担限度を超えた場合、超過額が返済される仕組み

9）自己負担限度額は、大きな病気になった場合、自己負担も大きくなるため、その負担を軽減する仕組みで、自己負担の上限である。上限額は患者の年齢、所得、外来か入院、個人か世帯かで変わる。

10）申請主義の仕組みをとっているため、自らの申請が必要であり、申請する権利は2年で時効になり消滅する。

11）多数回（年間3回以上）の高額療養費の場合、4回目以降は限度額が変更される。これを多数該当という。さらに一つの医療機関の自己負担が上限を超えない場合でも、同じ月の別の医療機関の自己負担を合計することができる。計算・償還方法のポイントは、1）月単位で計算する、2）薬剤の自己負担分も合算、3）世帯合算が可能、4）食事代、差額ベッド代、先進医療にかかった費用などは自己負担に含まれない、5）自己負担・窓口負担は医療機関で支払い後に償還される、といった点である。
また、入院費が高額になる場合、後払いを回避するために窓口で自己負担限度額のみの支払いをすることは可能（限度額適用認定証）である。

として、高額医療・高額介護合算療養費制度がある。

⑦　混合診療禁止の原則と保険外併用療養費の仕組み

　以上が、基本的な保険診療の概要であるが、保険外診療は全額自己負担になる。病院で受けた治療の中に、保険外診療が混ざると、治療費全体に保険が適用されなくなる。これを、「混合診療禁止の原則」という。ただし、例外として、厚生労働省が定めた特定の療養「評価療養」（高度先進医療と将来保険適用を検討する医療）、「選定療養」（患者が希望する保険適用外の医療、快適性・利便性を高める、予約診療、時間外診療、歯科診療での特別な材料の使用）、「患者申出療養」（難病などで保険で認められていない薬剤を利用する場合などに、将来的な保険収載対象にするためのデータ収集等を目的として適用）に限定して保険診療との併用が認められており、保険外診療以外の診察、検査、投薬、入院費については医療保険が適用され、「保険外併用療養費」として医療保険から給付される。

（3）　医療政策の動向

　日本の入院日数は世界的にも長く、政府は、医療費抑制のためにも入院日数の短縮化を進め、在宅医療を推進している。国民自身にとっても、住み慣れた自宅で最期を迎えることが幸せであるという見方も強まっている。
　一方で、家族の負担や医療、介護サービスの提供といった点から課題も多く、実際に自宅で最期を迎える人は少ない。
　政府は、在宅での治療や看取りを進めるため、在宅医療機関の普及を推進し、患者の住まいに赴いて医療サービス（診療、薬の処方、点滴、認知症診療、入院の調整）を提供する在宅診療医、在宅での医療を専門的に担う診療所在宅療養支援診療所など、24時間いつでも連絡できる医師、看護師の確保、医師あるいは協力関係にある他の診療所の医者がいつでも往診できる体制を整備している。在宅医療の推進は、在宅介護と密接に連携するかたちで進められている[12]。在宅医療・介護の促進とともに、在宅で最期を迎える人を支

12）たとえば、医師の指示で訪問介護ステーションのサービスを受けた場合、医療保険で利用する場合と介護保険が適用される場合があるが、こうした場合、介護保険優先となっている。

えるために看取り介護などの充実も図られている。

　他方で、高齢者やその家族も考え、準備すべき事柄が増える。命の危険が迫った状態になると、約 70％の人が医療・ケアなどを自分で決めたり、望みを人に伝えたりすることができなくなるとされる。患者自らが希望する医療・ケアを受けるために大切にしていることや望んでいること、どこで、どのような医療・ケアを望むかを自分自身で前もって考え、周囲の信頼する人たちと話し合い、共有すること、すなわち「アドバンス・ケア・プランニング（Advance Care Planning：ACP）」の考えが近年では重要になってきている[13]。

（4）　医療費の実態

①　病院の種類

　入院の費用は、診療報酬によって決まるが、診療報酬は病棟の種類や看護師の配置によって異なる。診療報酬の高い報酬を得るためには、平均入院日数などが条件になるため[14]、急性期向けの病院では早期の退院や転院を求められることがある。一般病棟では、一定の日数で病院の収入となる入院基本料が下げられる。また、回復期病棟では入院できる期間の限度がある（脳梗塞は 150 日以内）。入院期間の短縮化の推進により、図 2-4 に示すように、かつては平均入院日数が 47 日にも及んでいたが、現在では 30 日程度にまで短くなっている。

②　入院の費用

　入院では診療費の自己負担分以外にも、食費・住居費が発生する。一般病床では、食費のうち入院時食事療養費（食材費と調理）が請求される。療養病床の入院患者は、入院時生活療養費（食費＋居住費（光熱費））を支払うことになる。

13）自らが望む人生の最終段階における医療・ケアについて、前もって考え、医療・ケアチーム等と繰り返し話し合い、共有する取り組み・計画を「アドバンス・ケア・プランニング（ACP）」と呼び、「人生会議」という愛称がつけられている。
14）入院基本料は逓減制（入院日数が長くなると逓減する）となっており、長期入院患者の存在は病院の経営に不利になる。

図 2-4　病院の施設別平均入院日数の推移

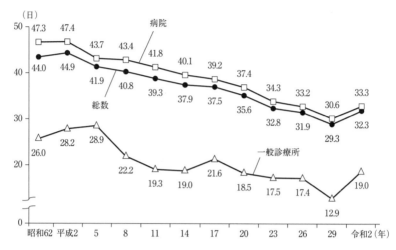

注１：各年９月１日〜30日に退院した者を対象とした。
注２：平成 23 年は、宮城県の石巻医療圏、気仙沼医療圏及び福島県を除いた数値である。
注３：令和２年調査の退院患者の平均在院日数には注意を要する（詳細は厚生労働省「令和２年（2020）患者調査の概況」の「8 利用上の注意」(7) 参照）。
出所：厚生労働省（2020）より引用

③　家計の医療費負担の現状

　これまで見てきたように高齢者が医療保険制度を利用した場合の窓口の自己負担は、現役世代に比べて軽減されている。しかし、高齢者は多くの病気や障害を抱えており、消費支出に占める保健医療の支出割合は現役世代の1.56 倍[15]で、医療費の負担感は大きい。

4　介護保険と施設選択

　介護保険は、それまでの高齢者福祉制度と高齢者医療制度の社会的入院などの諸問題を解消するために 2000 年から始まった社会保険制度である。介護保険制度は、３年ごとに保険料や給付内容、介護報酬などが見直されるこ

15）61 ページ参照。また、厚生労働省によれば、2019 年実績値に基づく年齢階級別一人あたり医療保険の自己負担額と保険料の合計額（年額）は、65-69 歳が 23.7 万円、70-74 歳が 19.7 万円、75 歳以降はほぼ約 15 万円であった。

とになっており、現在は第 8 期（2021-23 年）に入っている。

（1）　介護保険の基本的な仕組み

介護保険の保険者は市区町村であり、介護保険の被保険者は 65 歳以上である第 1 号被保険者、40-64 歳の第 2 号被保険者である。第 2 号被保険者の保険料は医療保険料と合算徴収されている。第 1 号被保険者の保険料は、基本的に年金から天引きされ、保険料額は市区町村によって異なるが、第 1 号被保険者の全国の平均保険料は月額 6014 円となっている。

介護保険全体の財源構成は介護保険料 50％と税（公費）50％で賄われる。介護保険料の内訳は、第 1 号被保険者と第 2 号被保険者の人数比に基づき設定されることになっており、現在の第 1 号被保険者分の保険料が 23％、第 2 号被保険者分の保険料で 27％となっている。また税財源（公費）内訳は、国が 25％、都道府県が 12.5％、市町村が 12.5％である。

（2）　介護保険のサービス

介護保険サービスを大きく分けると、図 2-5 で示すように「介護給付サービス」と「予防給付サービス」がある。

「介護給付サービス」は要介護 1 から 5 と判定された人が利用できるサービスである。介護サービスには居宅介護支援（ケアプランの作成）、通所や訪問による居宅介護、施設サービス、地域密着型介護サービスがある。他方、予防給付サービスは要支援 1、2 と判定された人が使えるサービスで、介護給付サービスの予防型ということになる。

また、サービスがどこで提供されるのかという視点からみると、訪問系、通所系、短期滞在系、居住系、施設系サービスに分けることができる。

このほかにも地域支援事業がある。これは介護保険の被保険者が要介護状態になることや要介護度の上昇を防ぐために、地域における自立した日常支援を目的に市区町村が主体となって行う事業で、介護認定で非該当とされた人でも使うことができる。地域支援事業には介護予防・日常生活支援総合事業（一般介護予防事業、介護予防・生活支援サービス事業）、包括的支援事業、任意事業がある。

図2-5　介護保険サービスの利用の手引き

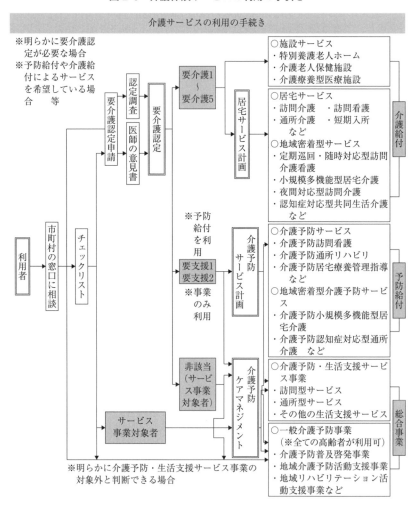

出所：厚生労働省老健局（2018）より引用

（3）　要介護認定

　介護保険サービスの利用資格者は、第１号被保険者（65歳以上）は原因に関係なく、要介護状態かどうかで利用資格が認定される。他方、第２号被

保険者（40歳以上64歳）は政令で指定されている16疾患（介護が必要になる原因の疾患）による要介護であり、この疾患以外の原因で要介護認定を受けることができない。

　介護サービスが必要になると、最初に「要介護認定」を受ける必要がある。介護サービスの申請から利用までは図2-5のようになっている。介護サービス利用の希望者は市区町村の窓口に申請をする必要があるが、地域包括支援センターが申請の代行窓口になっているので、そこでの相談や申請も可能である。また、入院中の場合は、病院の相談員（MSW）に申請の代理を依頼する。介護付き有料老人ホーム（特定施設入居者生活介護の指定）の場合は、ケアマネジャーに代理申請を依頼する[16]。

　申請後、要介護認定の調査員が訪問し、その調査結果などに基づいて市区町村が介護認定審査会で要介護度の認定を行う[17]。認定結果は、要介護1から5（介護保険サービス利用可能）、要支援1、2（介護保険の予防給付は利用可能。ただし、予防訪問、通所介護は市区町村の運営事業）、非該当（自立、介護保険サービスの利用はできない）に判定される。

（4）　介護報酬と窓口負担（自己負担）の仕組み

　介護サービスの報酬として事業者に支払われる介護報酬は医療サービスの診療報酬と同様に政府が価格を決める公定価格である。介護サービスごとに介護報酬の単位数が定められており、原則1点10円とされている[18]。

　介護報酬の単位数は、「基本単位＋加算」から計算される。したがって、基本的にはサービス量に応じて「サービスごとの単位数×単価」の合計が事業所に支払われる報酬となる。つまり、介護報酬は、どのような介護サービスをどの程度提供すると事業所の報酬になるかを決める料金表であり、事業所の経営、サービスの提供インセンティブ、そして同時に利用者の負担を左右することになる。介護報酬は、厚生労働省の社会保障審議会で3年に一度の

16）住居型有料老人ホームの場合は、家族、本人が市区町村等に申請する。
17）認知の状況や生活動作など74項目の調査を行い、かかりつけ医師の意見などを踏まえて、申請から原則1カ月以内に認定結果が決まる。
18）地域単価は地域の物価や人件費によって8区分に分かれている。

間隔で、事業所の経営状態に関する調査や政策目的に基づいて改定される。

　介護保険の窓口負担は、介護報酬で計算された介護サービス費用のうち原則 1 割負担としつつ、高齢者の所得に応じて 2 割あるいは 3 割負担ということもある。また施設介護の場合、居住費、食費の負担も求められるが、低所得者については、補足給付により負担軽減されている。

◆コラム 2-1：高齢者の地域相談の場としての地域包括支援センター

　政府は、重度な要介護状態となっても住み慣れた地域で自分らしい暮らしを人生の最後まで続けることができるよう、住まい・医療・介護・予防・生活支援が一体的に提供される「地域包括ケアシステムの構築」を進めている。

　地域包括ケアシステムは、具体的には、市町村が定める中学校区のような日常生活圏域（30 分でかけつけられる圏域）ごとに構築するものとされ、その中核的な機関が地域包括支援センターであり、2022 年 4 月時点で全国約 5400 カ所整備されている。

　地域包括支援センターとは、住民の心身の健康の保持および、生活安定のために必要な援助を行うことにより、地域住民の保険医療の向上および福祉の増進を包括的に支援することを目的としている。市町村が設置の責任を負う（附図 2-1 参照）。

　地域包括支援センターの具体的な業務は、1）包括的支援事業として、①介護予防ケアマネジメント、②総合相談・支援、③権利擁護、④包括的・継続的マネジメント支援介護、2）予防支援業務として、指定介護予防事業所として要支援者のケアマネジメント、である。

　設置主体は、市町村または市町村から委託を受けた法人社会福祉法人、医療法人、公益法人、NPO 法人等である。職員体制は 3000-6000 人ごとに保健師、社会福祉士、主任介護支援専門員等を各一人以上配置することになっている。

　利用の方法は、1）来所または電話相談、2）自宅訪問・本人との面談、3）必要なサービス・事業所へ紹介、といった流れになる。

附図 2-1　地域包括支援センターの概要

総合相談支援業務
住民の各種相談を幅広く受け付けて、制度横断的な支援を実施

多面的（制度横断的）支援の展開
行政機関、保健所、医療機関、児童相談所など必要なサービスにつなぐ
介護サービス　ボランティア
ヘルスサービス　成年後見制度
地域権利擁護　民生委員
医療サービス　虐待防止
介護相談員　障害サービス相談
生活困窮者自立支援相談
介護離職防止相談

権利擁護業務
・成年後見制度の活用促進、高齢者虐待への対応など

社会福祉士等
主任ケアマネジャー等　保健師等
チームアプローチ

包括的・継続的ケアマネジメント支援業務
・「地域ケア会議」等を通じた自立支援型ケアマネジメントの支援
・ケアマネジャーへの日常的個別指導・相談
・支援困難事例等への指導・助言

全国で 5,404 か所
（ブランチ等を含め 7,409 か所）
※令和 4 年 4 月末現在
　厚生労働省老健局認知症施策・地域介護推進課調べ。

介護予防ケアマネジメント
（第一号介護予防支援事業）
要支援・要介護状態になる可能性のある方に対する介護予防ケアプランの作成など

出所：厚生労働省（2022）より引用

表 2-2　区分支給限度額基準

限度額	支給限度額（円）	人数（人）	受給者一人あたり平均費用額（円）	支給限度額に占める割合（％）	支給限度額を超えている者（人）	利用者に占める支給限度額を超えている者の割合（％）
要支援 1	50,320	242,658	13,358	26.7	950	0.4
要支援 2	105,310	399,279	22,049	21.1	547	0.1
要介護 1	167,650	949,638	74,184	44.4	16,437	1.7
要介護 2	197,050	848,991	103,980	53	30,454	3.6
要介護 3	270,480	488,411	156,289	58	14,205	2.9
要介護 4	309,380	324,417	190,492	61.8	12,465	3.8
要介護 5	362,170	202,770	236,498	65.6	9,843	4.9
合計		3,456,164			84,901	2.5

注 1：支給限度額は介護報酬の 1 単位を 10 円として計算。
注 2：支給限度額は、2019 年 10 月に見直しを実施。平均的な利用率については、介護給付費等実態調査（平成30 年 4 月審査分）を基に作成しており、見直し前の支給限度額に基づくもの。
出所：内閣府（2019）より引用

（5）「支給限度額基準額」とケアプラン

　要介護度に応じて介護保険内で使えるサービス量の限度額が表2-2のように設定される。実際には、自己負担があるため、この限度額をすべて使うケースはあまりないとされている。

　介護保険では、本人の状況に応じ、本人の希望、意思を尊重し、専門家であるケアマネジャーの助言に基づいて「ケアプラン」をつくり、これに沿った介護サービスが提供されることになる。ケアマネジャーは、本人のために介護状態をアセスメントしてケアプランを作成し、それを評価する重要な役割を果たしている。

（6）　高齢者の住宅の選択

　長寿社会においては、これまで以上に在宅や施設での老後生活が長くなる。特に健康状態が悪化し、介護が必要になると、介護サービスをどこで、どのように確保するかが課題になる。長寿により退職後の生活は25-30年近くになることもあり、加えて家族規模も小さくなり、身の回りの世話を子どもや親族が担うことも困難である。長い老後をどこでどのように生活するのか、住み替えるのか、リフォーム・建て替えするか、施設へ移るかなど、不確実で複雑な意思決定が必要で、老後の住まいの問題はますます重要かつ難しい選択になる。

　たとえば、地方に住んでいる場合は、人口減少で通院や買い物も不便になるという可能性もある。施設などに移るか、子どもと同居するか、在宅を続けるか。そのほかにも「かかりつけ医の確保」、「友人、親戚などの知り合いのいるところ」、「引っ越しの準備や費用」といった問題もある。さらに有料老人ホームの敷金、権利金、利用料、利用条件、在宅の場合は生活にかかる費用、子ども世帯との関係、相続の問題などさまざまなことを考慮しなければならない。

　このように、老後の住まいの選択では、多くの情報を集め、考慮が必要なさまざまな問題があるので、認知機能が低下した場合には適切な判断ができなくなる可能性もある。転居やリフォームは心身、経済的にも大きな負担が

かかるので、老後の居住をどうするかは早めの判断が重要になる。

（7）　施設の選択

　老後を過ごすための施設には多くの種類があり、付随するサービス、施設の機能もさまざま異なっている。加えて将来の心身の状態、費用負担の見通しなどの不確実性を考慮すると、施設の選択は難しい問題である。

　社会保障制度で利用できる施設は「介護保険三施設及びグループホーム」「老人福祉法の適用を受ける有料老人ホーム等」「それ以外」の三つに大きく分けることができる（表 2-3）。

　まず介護保険施設は、特別養護老人ホーム、介護老人保健施設、介護医療院（介護療養型医療施設）であり、いわゆる「介護保険三施設」と呼ばれる[19]。介護保険三施設の特徴は利用可能な人の介護状態が法令によって定められている点である。これに対して、それ以外の介護保険外の施設である有料老人ホームなどは、要介護を入居の条件にするかどうか（介護専用有料老人ホーム等）は施設側の経営判断である。

　また、介護保険三施設では居住費と食費は介護保険制度に従って設定され、一定の割合を利用者が支払うことになる[20]。これに対して介護付き有料老人ホームなどの住居費や食費については、介護保険上のルールはない。

　このほか、介護保険三施設ではないが、介護保険制度のルールに従っている施設としては、「グループホーム」がある。その入居条件は要支援 2 以上かつ認知症とされており、介護サービス部分は介護保険からの給付となる。他方で、居住費、食費は介護保険でルールが定められているわけではない。

①　介護保険三施設とグループホーム

（a）　特別養護老人ホーム（特養）

　特別養護老人ホームは身体、精神に障害があり、要介護 3 以上の人が利用

---

19)　介護保険三施設の経営主体は特養（社会福祉法人）、老健、介護病床（医療法人）に限られている。

20)　一定所得以下になると居住費や食費の負担は軽減される。これを「補足給付」という。しかし、所得や資産がある人は、補足給付の対象にならず自己負担となる。

表 2-3 　介護施設、住宅の比較

施設等の種類		入所・入居の条件（年齢、要介護状態の有無）	居住費・食費、利用料	介護保険サービスの提供
介護保険施設	特別養護老人ホーム	65歳以上、原則要介護3以上	入所者の所得・資産によって負担上限が決まっている。月額5－20万円程度。補足給付対象者の場合、減額	施設サービス費
	介護老人保健施設	65歳以上、要介護1以上		
	介護療養病床			
認知症グループホーム		65歳以上、要支援2以上で、認知症の診断を受けていること	各ホームが独自で設定できる（入居時費用：0－数十万円、月額利用料：15－20万円）	地域密着型サービス費
有料老人ホーム	介護付（特定施設入居者生活介護の指定を受けている場合）	概ね60歳以上。各ホームが独自で設定できる。また、介護付は要介護状態が要件になる場合（介護専用型）と、元気なうちから入れる場合（混合型）がある	各ホームが独自で設定できる（入居時費用：0－数千万円、月額利用料：10－40万円）	特定施設入居者生活介護で内部でのサービスが提供される
	住宅型			入居者が居宅サービス事業者と独自に契約
	健康型			提供なし
サービス付き高齢者向け住宅	特定施設入居者生活介護事業所の指定を受けている場合	概ね60歳以上。自立し、要支援、要介護状態でなくとも利用できる	各住宅で独自で設定できる（入居時費用：0－数百万円、月額利用料：10－30万円）	特定施設入居者生活介護で内部でのサービスが提供される
	上記の指定がない場合			入居者が居宅サービス事業者と独自に契約

出所：田中（2016）、大津ほか（2018）、高室（2018）を参考に筆者作成

できる。現在、都市部などでは入居の競争率も高く、入所待機者が増えており、利用申請者のうち、要介護度や家族介護者の状況、住宅などがポイント化され、ポイントの高い人から優先して入居が決まる状況にある。

　居室は1）従来型多床室、2）従来型個室、3）ユニット型個室、4）ユニット型個室的多床室の四つのタイプがある。なお、4）はプライバシーや衛生面から新設は認められていない。

利用方式には入居とショートステイがある。特別養護老人ホームの入居費用は、施設の地域、介護度、部屋の種類、自己負担の割合によってさまざまである。特別養護老人ホームの退所理由は、死亡であることが多く、「終のすみか」とも呼ばれることもある。

(b)　介護老人保健施設（老健）

介護老人保健施設は、医学的管理をしながら介護や機能訓練のためのリハビリテーション、日常生活のサポートを行う施設であり、原則 1 年未満の入居とショートステイサービスが提供されている。特別養護老人ホームとは異なり、制度上は、病院から在宅復帰の中間的な施設という想定となっている。しかし、実際には特別養護老人ホームの入所が難しいため、特別養護老人ホーム入所の待機として使われることも多い。

(c)　介護療養型医療施設（療養病床）、介護医療院

介護療養型医療施設は、医療法人などによって運営され、医療処置が充実しており、寝たきりの高齢者や重度認知症患者など、特別養護老人ホームよりも重度の要介護者を多く受け入れている。サービスは、痰の吸引、経鼻栄養、酸素吸入といった医学的管理下でのケア・看護・リハビリ・介護などが中心であった。実際には医療的なケアをあまり必要としない高齢者の利用が多かったため、何度か制度見直しの議論が行われ、介護療養型医療施設（療養病床）は廃止、介護医療院に転換されることになった。新しく創設された介護医療院には「Ⅰ型」と「Ⅱ型」があり、Ⅰ型は、これまでの介護療養病床に相当するが、その利用者は要介護度が 4-5 と高く、かつ容態が悪化するおそれがある人を受けることになった。

(d)　グループホーム：認知症対応型共同生活介護

介護保険三施設以外に介護保険のルールに従っている施設としてグループホームがある。対象者は要支援 2 以上であることに加え、認知症の診断を受けている高齢者である。

特徴としては、認知症高齢者の入所者に配慮し、1 ユニットは数が最大 9 人までと少人数で運営される。基本的には個室入所、職員配置基準は利用者 3 人に対し 1 人を配置する手厚いケアが行われ、自立支援、地域交流などを行っている。地域密着型サービスなので施設のある市町村の住民であること

が必要となる。利用時の費用は、介護保険料の負担＋家賃＋食費＋光熱＋日常生活費からなるが、介護度、建物の形態、設備、利用者の所得によって異なる。

②　有料老人ホーム等

民間サービスが提供する高齢者の入所施設としては、有料老人ホーム、シニア向けマンション、サービス付き高齢者向け住宅（サ高住）、ケアハウス、シルバーハウジング、高齢者向け賃貸住宅（UR）などもある。どの施設を選択するか、重要な点は、現在、そして今後、どのような生活支援や介護サービスが必要になるかどうかである。

(a)　介護付き有料老人ホーム

有料老人ホームには、健康型有料老人ホーム、住宅型有料老人ホーム、介護付き有料老人ホームがあるが、高齢者（60歳以上）が入居し、食事、介護、洗濯・掃除などの家事、健康管理のいずれか一つのサービスを提供していれば有料老人ホームとして都道府県に登録する必要がある。介護保険三施設とは異なり、設置主体は制限されず、株式会社、個人でも設置可能である。

また、都道府県は、届け出の有無にかかわらず、国の定める指導指針に基づいて有料老人ホームをチェックする[21]。この指針は13項目（設置者、立地条件、規模・構造、職員の配置等）から構成される。

有料老人ホームを選択し、そこで介護保険サービスを使うために、重要な点は介護保険上の「特定施設入居者生活介護」（特定施設）の指定を受けているかどうかである。この指定を受けている老人ホームのみが「介護付き有料老人ホーム」と名乗ることができる。

介護保険の給付の一類型である「特定施設入居者生活介護」は特定施設において、利用者が可能な限り自立した日常生活を送ることができることを目的に、食事や入浴など日常生活の支援や機能訓練などを提供するものである。

特定施設には2種類あり、「一般型」はホームの職員によって介護サービ

21）介護付き有料老人ホームは、特定施設入居者生活介護の指定を受けており、介護保険サービスの利用者負担率、利用者は要支援1、2から要介護5まで入居可能で、居住、食費などは別途自己負担となっている。

スが提供される。ケアマネジャーがケアプランを立て、日頃の生活支援や介護、看護まで、すべてホームのスタッフが行う。これに対して、介護サービスを外部の業者に委託する「外部サービス利用型」がある。内部でサービス提供されるタイプである「特定施設」では、介護報酬は要介護度別の 1 日単位の包括報酬となっている。「外部サービス利用型」は、他の居宅サービスとは別に、限度単位数と各サービスの単位数を定められている。

(b)　住宅型有料老人ホーム

　介護付き有料老人ホームでは、内部スタッフによる包括的な介護サービスを受けることができるが、住宅型有料法人ホームの場合、外部の介護事業者から介護サービスが提供される。すなわち住宅型有料老人ホームで介護保険サービスを利用する場合は、外部事業者と契約し、外部のケアマネと相談して、訪問介護、通所介護、福祉用具などの介護保険サービスを利用することになる。

　また、介護保険サービスで不十分と考える場合は、保険外サービス（全額自己負担）を利用する方法もある。他方で不必要な保険外サービスの利用を施設・事業者側に誘導されないように気をつける必要がある。

　なお、健康型有料老人ホームの場合は、介護が必要になった場合は、契約を解除して退去しなければならない。

③　介護保険施設、有料老人ホーム以外の住宅

　介護保険三施設、有料老人ホーム等以外にも、建物が介護保険や高齢者住宅安定確保法によって規定されている建物、サービス付き高齢者向け住宅、さらに、これらの法律で規定されていない高齢者向けマンション、シニアマンションなどもある。これらの高齢者関係の法律での規定が直接ない建物でもハード面での整備の努力義務がある。

　最近増えているのは、サービス付き高齢者向け住宅（サ高住）である。2011 年に高齢者住まい法が改正され、高齢者円滑入居賃貸住宅（高円賃）、高齢者専門賃貸住宅（高専賃）、高齢者向け優良賃貸住宅（高優賃）を統合し、サービス付き高齢者向け住宅（サ高住）となった。入居資格者は 60 歳以上、または介護認定を受けた 40 歳以上、同居人は配偶者、要介護認定を受けた

親族、特別な事情のある人である。サ高住は敷金、家賃、サービス対価以外の金銭の徴収は禁止されており、長期入院などを理由に一方的に入居契約を解約できないことになっている。

　サ高住の基準は、ハード面とソフト面がある。ハード面は定員一人あたり25平方メートルの床面積、バリアフリーである。サービス面では、安否確認、生活相談サービスの提供である。また介護有料老人ホーム同様に、サ高住でも「特定施設入居者生活介護」（特定）の指定を受けることもできるし、外部利用型として介護保険サービスを利用すること、あるいは自身で外部サービス事業者と契約することもできる。

　サ高住の注意点は、食事提供を行うが、家事援助を提供するところが少なく、特定施設入居者生活介護（特定施設）の指定を受けているところは少ないという点である。

④　施設の選択

　介護施設や高齢者住居は、厚生労働省と国土交通省が所管しているため、制度が複雑で、施設の種類も多いので、適切な施設を選択できるか高齢者にとっては難しい判断になる。施設の選択におけるポイントは、サービス提供体制、職員数の配置状態、安全性、情報提供、人権に対する意識（身体拘束）、プライバシー、食事、排泄介助、入浴回数、ナースコール、苦情処理、職員・利用者の身だしなみなどであり、本人や家族が実際に施設を訪問して確認する必要がある。また料金設定は多岐にわたり、入居資金を払う終身利用権方式、賃貸借方式、終身建物賃貸方式などさまざまな契約方式がある。

　有料老人ホームについては、介護の必要の有無、財産・年収と入居時費用、支出見通し、退去条件や入居金返還システムの確認、入居率の確認が必要である。

　特に有料老人ホームやサ高住を選択する場合、介護サービスが提供される特定施設なのかどうかを確認することは重要である。

(a)　自宅での介護

　図 2-6 で見るように、高齢者男女ともに家族に負担をかけず自立した生活をしたいという希望が多い。介護に関する社会保障制度では、介護者が就労

図 2-6　介護を受けたい場所

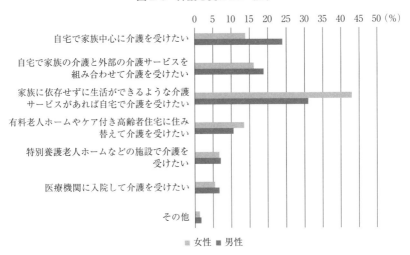

注 1：質問は、「自分の介護が必要になった場合にどこでどのような介護を受けたいですか」。
注 2：調査対象は、全国の 40 歳以上の男女。
資料：厚生労働省政策統括官付政策評価官室委託「高齢社会に関する意識調査」（平成 28 年）
出所：内閣府（2018）より引用

世代であれば、介護休業、介護休業給付の利用が可能になる場合もある。

　自宅での介護、在宅介護の場合は、バリアフリー改修（段差、車椅子、手すり、トイレ、入浴）、緊急時の通報、かかりつけ医、非常時の避難などについて確認する必要がある。また住宅のメインテナンスコストについての見通しも考えておく必要がある。

(b)　住宅・不動産資産の活用

　高齢者世帯の持ち家比率は高いが、住宅資産は十分に活用されていない。そこで、「リバースモーゲージ」の活用が選択肢になる。住宅を保有しているが、現金収入が少ない場合、高齢者世帯は住宅に住みながらも現金収入を確保する手段となる。自宅を担保にして金融機関から借り入れし、年金と同様に月々の生活費に必要な現金を受け取る仕組みである。期間の経過とともに借金は増えるが、死亡時に自宅の評価額と同じになるように調整され、死亡時に金融機関に自宅の所有権が移ることになる。住宅を相続財産として残さずに自分たちの老後のために活用する方法である。

ただし、リバースモーゲージには 1) 年金が満期になるよりも長く生きた場合（長生きリスク）、2) 不動産価値が融資決定時期よりも安くなる（住宅価格変動リスク）というリスクがある。

(c)　借家の場合

収入の大半を年金収入に依存する高齢者にとって、借家での生活は不安も多い。また実際に、借家契約においても高齢者は差別されることもある。その対応策の一つに住宅セーフティネットの仕組みがある。

住宅セーフティネットとは、住宅確保要配慮者[22]の入居を拒まない賃貸住宅の登録制度のことである。具体的には、賃貸住宅の家主が住宅確保要配慮者の入居を拒まない住宅を、セーフティネット住宅として都道府県に登録することになっている。

さらに、高齢者が生涯借家に住み続けることができるように、「高齢者住まい法」（高齢者の居住の安心確保に関する法律）が、高齢者の借主が死亡するまで契約が継続する「終身建物賃貸借（生涯借家）契約を結ぶこともできる。

対象者は 60 歳以上（同居者がいる場合は、その同居者が配偶者か 60 歳以上の親族）である。

5　2025 年を見据えて──まとめと展望

団塊の世代が 75 歳に到達する 2025 年を見据えた社会保障改革は、今後も続くであろう。こうした改革は高齢者の生活に大きな影響を与えることになる。こうした中、年金の給付水準は長期的には大きく引き下げられる。他方で、医療、介護の保険料負担、窓口負担も上昇することになり、高齢者の実質的な社会保障給付水準はかなり低下することを覚悟しなければならなくなる。特に医療、介護は、財政的な安定性のみならず、実際に国民にサービスを確実に届ける必要がある。

在宅医療、在宅介護が推進される中で、高齢者は、仮に現在、健康上の問

22）住宅確保要配慮者：住宅セーフティネット法に定める低額所得者、被災者、高齢者、障害者、子育て世帯など、住まいの確保に配慮を必要とする人。

題がないとしても地域の医療・介護の状況に日頃から関心を持つ必要がある。特に本人、家族が要介護になった場合、バリアフリー改修などリフォームをして住み続けるのか、住み替えるのか、そしてどの施設や住宅を選択するのか、資産状況も踏まえて慎重に判断する必要がある。

【本章のポイント】

- 社会保障改革によって社会保障給付の水準は継続的に大幅に低下することが予想されるため、資産形成はますます重要になる。
- 政府により在宅医療・介護が強力に推進されるなど、医療・介護保険制度の改革は急速に進んでいる。最新の制度改革の情報を知っておく必要がある。
- 高齢期の居住の選択肢は多くあるが、寿命や健康などの不確実性を伴うことになる。家族内での相談など早めの対応が必要となる。

【参考文献】

大津佳明監修 (2018)『ケアマネならしっておきたい　社会知識ナビ第 3 版』秀和システム。
経済財政諮問会議 (2018)「2040 年を見据えた社会保障の将来見通し（議論の素材）―概要：2023 年 8 月 24 日資料」。
　(https://www5.cao.go.jp/keizai-shimon/kaigi/minutes/2018/0521/shiryo_04-1.pdf: 最終アクセス日 2023 年 8 月 24 日)
厚生労働省 (2015)『平成 26 年財政検証結果レポート―国民年金及び厚生年金に係る財政の現況及び見通し』。
―― (2018)「公的介護保険制度の現状と今後の課題（平成 30 年度）」。
　(https://www.mhlw.go.jp/file/06-Seisakujouhou-12300000-Roukenkyoku/0000213177.pdf: 最終アクセス日 2019 年 3 月 19 日)
―― (2020)「令和 2 年 (2020) 患者調査の概況」。
　(https://www.mhlw.go.jp/toukei/saikin/hw/kanja/20/index.html：最終アクセス日 2023 年 8 月 24 日)
―― (2022)「地域ケアシステム」。
　(https://www.mhlw.go.jp/stf/seisakunitsuite/bunya/hukushi_kaigo/kaigo_koureisha/chiiki-houkatsu/：最終アクセス日 2023 年 8 月 24 日)
政府広報オンライン (2022)「後期高齢者医療制度　医療費の窓口負担割合はどれくらい？」。
　(https://www.gov-online.go.jp/useful/article/202209/1.html)
高室成幸 (2018)『身近な人を介護施設にあずけるお金がわかる本』自由国民社。
田中元 (2016)『老後の住まい・施設の選び方』自由国民社。
内閣府 (2018)『平成 30 年版高齢社会白書』。
―― (2019)「第 33 回社会保障ワーキング・グループ資料」。

第3章

高齢者の生活状況

駒村康平

■本章の目的■

前章（第2章）では、高齢者の生活を支える社会保障制度、年金、医療、介護など、高齢者の生活を支える社会保障制度を取り上げたが、本章では、高齢者世帯の収入、支出、貯蓄の実態を紹介する。また高齢者世帯が直面する経済的リスクや健康面リスク、家計が負担する医療費や介護費の実態、高齢者の生活の状況や生活を支えるさまざまな仕組みを紹介する。

1 高齢者の消費行動とライフサイクル消費──貯蓄モデル

現代経済学が想定しているライフサイクル消費 – 貯蓄モデルによると、人々は現役時代に貯蓄を行い、退職後に死亡までに資産が枯渇しないように金融資産の運用、取り崩しをすることとなっている。

しかし、寿命の伸長で老後が長くなると、取り崩し期間が長期化、死亡前に金融資産が枯渇するリスクが高まることになる。

第1章で見たように、今後も寿命の伸長が見込まれること、さらに第2章で見たように、社会保障給付の抑制が続くことを考慮すると、退職前の資産形成、そして退職後の資産管理が重要になる。

加えて、世界情勢の変化の中で、日本経済もまたエネルギー価格や食費など、物価上昇の局面に入ったことから、高齢期でも資産の積極的な運用が必

要になる。加齢に伴う認知機能の低下が進む中、高齢者の老後の資産運用を
どのように支えるのか、金融機関の役割はますます大きくなる。

2　高齢者世帯の収入、支出、貯蓄

（1）　高齢者世帯の収入構造とその動向

　所得階層で差はあるものの、多くの高齢者世帯で生活費は主に公的年金に
依存している。しかし、最近この状況に大きな変化が生まれている可能性も
ある。

　図3-1 は、2021 年の所得に占める公的年金・恩給の割合を示している。
収入のすべてを公的年金・恩給に依存する高齢者世帯の割合は、2019 年に
は 48％に達していたが、2020 年初頭からの新型コロナの影響を受けたあと
の 2021 年のデータによると、この数字は約 25％まで減少している。

　この原因は、さまざま考えられる。たとえば、この間に特別定額給付金が
全国民に支給されたことから、厳密に公的年金だけではないと回答者が理解

図 3-1　公的年金・恩給を受給している高齢者世帯における公的年金・恩給の
　　　　総所得に占める割合別世帯数の構成割合

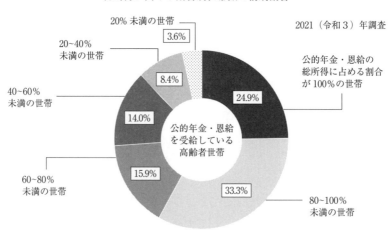

出所：厚生労働省（2022a）より筆者作成

表 3-1　最近の年金の改定率

年度	2019年度	2020年度	2021年度	2022年度	2023年度
改訂率	0.1%	0.2%	− 0.1%	− 0.4%	1.9 %（2.2 %）

注 1：2019 年度、2020 年度、2023 年度はマクロ経済スライドを発令
注 2：2023 年度は 68 歳以上が 1.9 %、67 歳以下が 2.2 %
出所：厚生労働省資料より筆者作成

した可能性もある。このほか、高齢者の就業率の上昇の可能性もある。

　高齢者の生活の柱は公的年金であることには今後も変わりないが、公的年金の金額は毎年、物価や賃金の動きを反映するために改定される。ただし、物価や賃金の上昇以外にも年金額は高齢化の影響も受ける。高齢化の進展に対応するため、改定率の調整として導入されたのが「マクロ経済スライド」である。

　マクロ経済スライドは 1 回目に 2015 年度、そして、2 回目は 2019 年、3 回目は 2020 年と 2 年連続で発動された。

　2022 年度はマクロ経済スライドは発動されなかったものの、改定率は − 0.4% となり、2023 年はマクロ経済スライドとキャリーオーバー分が適用され、改定率は既裁定者（68 歳以上）は 1.9%、67 歳以下は 2.2% となった（表 3-1）[1]。

（2）　高齢者世帯の支出

　次に高齢者世帯の家計支出を見てみよう。税・社会保険料などの非消費支出が 3.2 万円で、消費支出約 23.6 万円のうち食費が約 28.6%、交通通信が 12.2%、交際費が 9.6%、教養娯楽 9%、光熱・水道が 9.6%、保健医療が 6.6% と上位を占めている（図 3-2）。

　高齢者の支出パターンが現役世代とどのように異なるかを見るために、2022 年の消費支出の 10 大費目別構成比について、高齢者世帯と世帯主が 65 歳未満の世帯（非高齢者世帯）とを比較すると（図 3-3）、高齢者世帯の「保健医療」は非高齢者世帯の 1.56 倍と最も高くなっている。図には示さないがその内訳をみると、「健康保持用摂取品」が 2.72 倍と高く、高齢者が健康

1）マクロ経済スライドとは別に、2016 年に年金額の改定ルール変更が行われている。

図 3-2　高齢無職世帯の家計収支（2022 年）

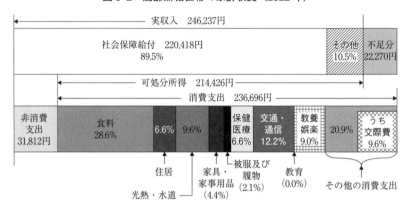

注１：高齢夫婦無職世帯とは、夫婦ともに 65 歳以上の無職世帯である。
注２：図中の「社会保障給付」及び「その他」の割合（％）は、実収入に占める割合である。
注３：図中の「食料」から「その他の消費支出」までの割合（％）は、消費支出に占める割合である。
注４：図中の「消費支出」のうち、他の世帯への贈答品やサービスの支出は、「その他の消費支出」の「うち交際費」に含まれている。
注５：図中の「不足分」とは、「実収入」と「消費支出」及び「非消費支出」の計との差額である。
出所：総務省（2023a）より筆者作成

図 3-3　消費支出の構成比（非高齢者世帯に対する倍率、2022 年　二人以上世帯）

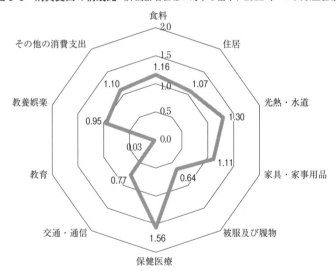

出所：総務省（2023a）より筆者作成

図 3-4　高齢者世帯の貯蓄残高の推移（2016 〜 2021 年：二人以上の世帯）

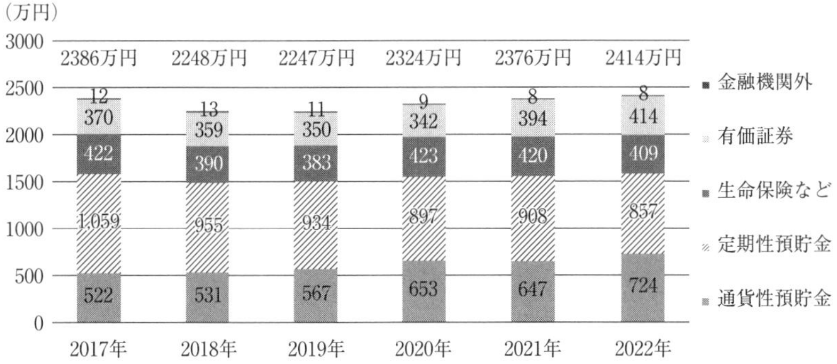

注：図中の金額は、表示単位に四捨五入しているため、合計の数値と内訳の計が一致しない場合がある。
出所：総務省（2023b）より筆者作成

の維持・増進に気を配り、保健医療費を増やしている。

　そのほか、現役世代よりも支出割合が多い費目として、「光熱・水道」が 1.30 倍、「食料」が 1.16 倍、「家具・家事用品」が 1.11 倍などが続く。このほか高齢者世帯は冠婚葬祭などの交際費支出や子や孫の世帯など世帯外への金品の贈与などが高くなっている。

（3）　高齢者世帯の貯蓄動向

　総務省統計局「家計調査」の高齢者世帯（二人以上世帯）の貯蓄現在高をみると、2022 年現在、一世帯あたり 2414 万円となっている（図 3-4 参照）。

　1 章でも指摘したが、貯蓄残高を見る際の注意点は、平均値と中央値のちがいである。一世帯あたり平均の貯蓄現在高は、貯蓄額の高い世帯によって引き上げられる。貯蓄額の低い世帯から高い世帯へ順番に並べた際にちょうど真ん中に位置する世帯の値（中央値）をみると、2022 年の 65 歳以上の貯蓄保有世帯の中央値は、1677 万円である。

3　高齢者夫婦無職世帯の家計収支

　後ほど紹介するが、60 歳さらには 65 歳以降も継続的に就労する高齢者も

増えている。世帯主等が就労している高齢者世帯と無職の高齢者世帯では、かなり家計の収支状況が異なっている。一概に高齢者世帯といっても、かなり収支にばらつきがあることは理解しておくべきであろう[2]。

　最後に高齢世帯の典型的なイメージとして「高齢夫婦無職世帯」の家計収支を見てみよう。前掲図 3-2 で示すように、収入面の約 90％を年金などの社会保障給付に頼っている。税・保険料といった非消費支出が約 3.2 万円である。支出から収入を差し引いた差額、不足分は月額 2.2 万円であり、貯蓄の取り崩しなどで確保していると思われる。

4　高齢者が直面するさまざまなリスク

（1）　経済変動のリスク

　これまでの章でも見てきたように、今後も継続する社会保障制度改革により、社会保障給付（公的年金の給付水準と医療・介護の保険料や窓口での自己負担額）の低下がある。

　高齢者の主な収入である公的年金制度は、通常、物価・賃金スライド（改定）があるため、基本的には経済変動リスクはヘッジされている。しかし、前述のように、マクロ経済スライドや年金改定ルールの変更により、部分的に物価上昇などの経済変動リスクにさらされることになる[3]。

　また、医療・介護保険料や窓口負担の上昇が今後も続くことが予想される。近年、あるいは将来の社会保障改革によって、年金額から保険料を控除した「手取り年金水準」は今後も継続的に低下すると見込まれる。もちろん過度に社会保障制度や公的年金制度に対して不安を抱くべきではないが、ゆとり

---

2) 60 歳以降の継続雇用の就労条件は多様である。定年が 65 歳の企業、あるいは 60 歳以降も雇用延長という場合は、60 歳前後で就労条件は大きく変化しない。他方で、再雇用ということになると新たな条件で雇用契約が結ばれることになるが、「就労条件総合調査」によると、半数近くが退職前の賃金水準の 50 - 80％未満となっている。また再雇用の場合、賞与がない契約社員というケースもあるため、就労条件が大幅に低下することになる。このほか 65 歳以降の就労において、老齢厚生年金の併給を選択する場合、在職老齢年金の支給停止なども発生する場合もあるので、注意が必要である。
3) マクロ経済スライドは、長期的には少子高齢化率の動向に連動しているが、短期的には就業者の増減率の影響も受ける。

のある生活をするためには十分な資産形成を早めに行い、経済変動に対応しつつ老後も余裕を持って資産運用を行う必要がある[4]。

（2）　消費者保護や特殊詐欺被害の問題

　在宅医療、在宅介護が普及すれば、自宅に住み続ける高齢者が増加することになる。この結果、「訪問販売」や「特殊詐欺」といった被害に遭うリスクも上昇する。警察庁の調べによれば、2022 年における振り込め詐欺などの特殊詐欺の認知件数は 1 万 7570 件、被害総額は約 371 億円であった（警察庁ホームページより）。そのうち高齢者（65 歳以上）が被害者の認知件数は 1 万 5114 件であり、法人被害を除いた認知件数に占める割合は約 87％、さらにそのうちの 66％が女性であった。

　「令和 5 年版消費者白書」（消費者庁［2023］）によると、65 歳以上の高齢者に関する消費生活相談件数の推移は 2013 年以降 2018 年に大きく増加したあとも高止まりをしており、この 10 年間で 85 歳以上の高齢者の相談件数が倍増している。

　また、同白書によれば、高齢者本人から国民生活センター等に相談が寄せられる割合は、高齢者全体では約 8 割だが、認知症等の高齢者は 2 割に満たない。販売購入形態別にみると、「訪問販売」が 4 割近く、「電話勧誘販売」も 2 割近くあり、本人が十分に判断できない状態にあるために、事業者に勧められるままに契約したり、買い物をしたりといったケースが多いという。

　さらに、第 1 章でも紹介したように主観的認知機能と客観的認知機能の間にギャップがあることから、認知症等の高齢者本人はトラブルに遭っているという認識が低いため、契約したこと自体を覚えておらず、家族が被害に気づくまでに時間がかかり、問題が顕在化しにくい。なお、以前は高齢者は全年齢平均に比べ平均契約購入金額も既支払い金額も多く、1 件あたりの被害額が大きい傾向があったが、2020 年以降は金額の差は小さくなっている[5]

4）　物価の変化は世代によって異なる影響を与える。たとえば、高齢世帯は支出の 21％を生鮮食品に費やしているが、39 歳以下は 11％である。この生鮮食品は物価上昇率が高く、高齢者の直面する物価水準に影響を与えている。

5）　2017 年時点では 65 歳以上の高齢者の平均契約金額は 126.1 万円、65 歳未満は 96.8 万円、全年齢平均は 103.9 万円であったが、2022 年はそれぞれ 73.6 万円、78.9 万円、79.0 万円となっている。

（消費者庁［2023］）。

　このようなことから 2018 年および 2022 年に成立した改正消費者契約法では、加齢または心身の故障により判断力を低下している者を悪質商法から守ることを意図した条文が追加されている。

5　高齢者の健康状態と医療・介護リスク

（1）　向上する高齢者の体力や知力

　高齢者の健康状態は年々改善しており、60 歳以降も現役を続ける人が増えている。図 3-5 に見るように、65 歳から 69 歳の就業率は上昇を続け、すでに 50％まで上昇している。就業を続ける、あるいはボランティアなども含めて何らかの社会に関わっていることは、個人にとっても認知機能を維持し、フレイル（次項で後述）を回避ために有益である。

図 3-5　60 歳以上の年齢別就業率

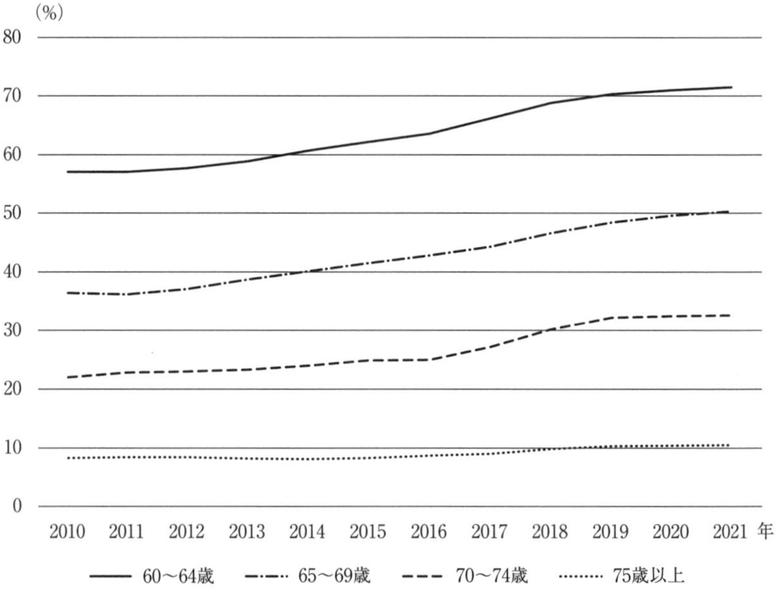

出所：国立社会保障・人口問題研究所（2023）より筆者作成

図 3-6　高齢者の体力動向（新体力テストの合計点の動き）

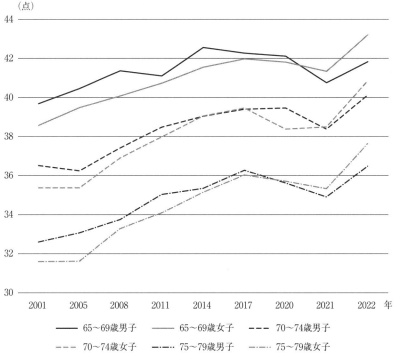

出所：スポーツ庁（2022）より筆者作成

　就労以外に目を向けても、高齢者の体力は確実に向上している。図 3-6 は、スポーツ庁の 2000 年から 2022 年までの体力・運動能力調査であるが、2022 年の 70-74 歳の男性・女性の体力テストの得点は、2001 年の 65-69 歳の男性・女性と同等になっている。75-79 歳男女は 2001 年の 70-74 歳と同等であり、20 年間で 5 歳若返っていることになる[6]。

　知力においても日本人の高齢者は高い能力を持っている。数的思考力、読解力といった知的能力は、40 歳代以降低下する傾向があるが、それでも先

───────────

6)　歩行速度、歯の残存本数などの指標でも健康状態の改善が確認されている。これら生物学的な健康状態を考慮して老化を考えた年齢を「生物学的年齢」といい、暦上の年齢である「暦年齢」と区別して考える見方もある。

進国の平均よりも高い。日本人の 60‐65 歳の数的思考力は OECD 平均の 45‐49 歳、読解力も 50 代前半と同等である（内閣府［2019]）。

　このため「日常生活に制限がない期間（健康寿命）」も伸長しており、2019 年で男性 72.68 歳、女性は 75.38 歳となり、2010 年に比較して男性は 2.26 歳、女性は 1.15 歳伸びて、平均寿命の伸びを上回っている（総務省［2023]）。

　このように高齢者の健康状態の改善は高齢者の心理面にも影響を与える。2018 年に厚生労働省が行った「高齢期における社会保障に関する意識調査」では、「何歳からが老後と考える」のかを聞いており、その平均値は 70.8 歳であった。高齢者を単に年齢だけで高齢者扱いするのではなく、高齢者の自尊心に十分配慮した接し方をする必要がある。

（2）　高齢者が直面する健康上のリスク

　いかに健康的な生活をしていても、加齢とともにさまざまな健康問題が発生する。骨や関節、筋肉など運動器の衰えが原因で、「立つ」「歩く」といった機能（移動機能）が低下している状態を「ロコモ」という。また最近では、「フレイル」という言葉も注目されている。

　フレイルとは、「虚弱」や「老衰」、「脆弱」を意味し、「加齢とともに心身の活力（運動機能や認知機能等）が低下し、複数の慢性疾患の併存などの影響もあり、生活機能が障害され、心身の脆弱性が出現した状態」である。ただし、この言葉の意味で重要な点は、「適切な介入・支援により、生活機能の維持向上が可能」であり、健康な状態と日常生活でサポートが必要な介護状態の「中間的な状態」を意味している（図 3-7）。

　さらにフレイルの状態が続くと日常生活動作（ADL）も低下し、変化、有訴率も上昇する。一般的には 70 代後半からは要介護リスクも高くなり、実際の介護保険サービスを受ける人の数も急上昇する（図 3-8）。

　なお、要介護になる要因は、図 3-9 で見るように、男女で異なる。男性の場合、脳血管疾患が多く、女性の場合、男性と比較すると脳血管疾患より関節や転倒などによる骨折が要介護になる大きな要因である。

図 3-7　フレイルの概念

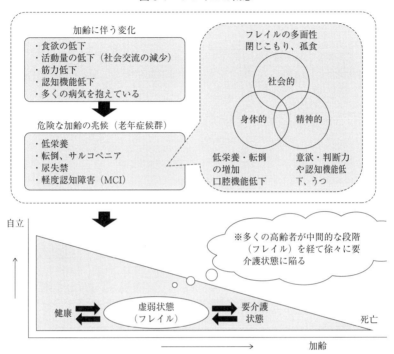

加齢に伴う変化
・食欲の低下
・活動量の低下（社会交流の減少）
・筋力低下
・認知機能低下
・多くの病気を抱えている

フレイルの多面性
閉じこもり、孤食

社会的

身体的　精神的

危険な加齢の兆候（老年症候群）
・低栄養
・転倒、サルコペニア
・尿失禁
・軽度認知障害（MCI）

低栄養・転倒
の増加
口腔機能低下

意欲・判断力
や認知機能低
下、うつ

自立

※多くの高齢者が中間的な段階
（フレイル）を経て徐々に要
介護状態に陥る

健康　虚弱状態
（フレイル）　要介護
状態　死亡

加齢

出所：厚生労働省社会保障審議会（2017）より引用

（3）　医療費はどのくらいかかるのか

　第 2 章で見たように、家計が負担する公的医療の自己負担額は、診療報酬によって計算された医療費によって決まる。2 章でも述べたが、医療費は、診療報酬等の定める「受診した人の年齢」「病気の種類や治療内容」「医療機関（病院、診療所等）」によってさまざまであるが、家計は医療費の 1-3 割を自己負担額として負担する[7]。

　図 3-10 は年齢別の公的医療保険の保険料と自己負担の平均額を見たものである。60 歳から 64 歳までは現役で働いており、被用者保険に入っている

7）　第 2 章で紹介したように、自己負担額は高額療養費制度により軽減される場合もある。

図 3-8　65歳以上における性・年齢階層別にみた介護保険給付の
受給者数および人口に占める受給者数の割合

令和 3 年11月審査分

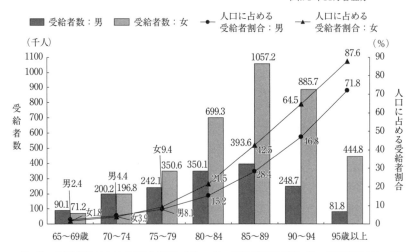

注：性・年齢階級別人口に占める受給者割合（%）＝ 性・年齢階級別受給者数／性・年齢階級別人口× 100
　　人口は、総務省統計局「人口推計 令和 3 年 10 月 1 日現在（確定値）」の総人口を使用した。
出所：厚生労働省（2022b）より引用

図 3-9　65歳以上の要介護高齢者等の性別にみた介護が必要になった原因

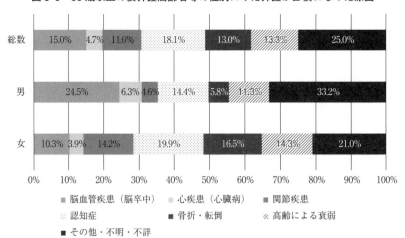

出所：内閣府（2022）より筆者作成

図 3-10　年齢別の高齢者が負担する医療保険料と窓口負担

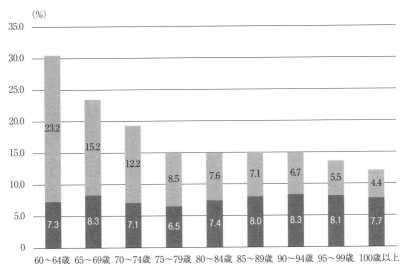

注 1 : 一人あたりの医療費と自己負担は、それぞれ加入者の年齢階級別医療費及び自己負担をその年齢階級の
　　　加入者数で割ったものである。
注 2 : 自己負担は、医療保険制度における自己負担である。
注 3 : 一人あたり保険料は、被保険者（市町村国保は世帯主）の年齢階級別の保険料（事業主負担分を含む）
　　　を、その年齢階級別の加入者数で割ったものである。
　　　また、年齢階級別の保険料は健康保険被保険者実態調査、国民健康保険実態調査、後期高齢者医療制度
　　　被保険者実態調査等を基に推計した。
注 4 : 端数処理の関係で、数字が合わないことがある。
出所 : 厚生労働省（2023）より筆者作成

場合も多く、保険料は報酬に比例して決まるので、医療保険料は比較的高い。

　一方、図 3-11 で示すように年齢とともに外来、入院ともに受療率が急上
昇するため、医療費は中高齢期には年齢とともに増加する傾向があるが、自
己負担割合が年齢や所得によって変わるため、自己負担額は単純に医療費に
比例して増加するわけではない。

　なお、75 歳以上になると後期高齢者医療制度の対象になり、所得に応じ
た段階的な保険料が徴収され、また一定以上の所得のある場合、自己負担は
2 割、そして現役世代並に所得がある場合は、3 割負担となっている（第 2 章
参照）。最近の自己負担の引き上げに加え、年齢とともに医療サービスの利用

図3-11　年齢別の受療率（外来、入院）

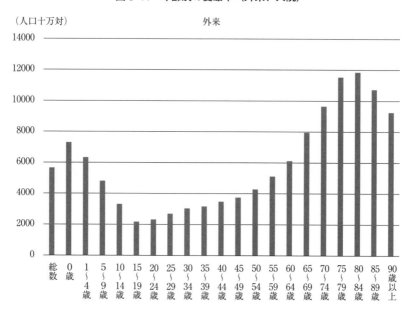

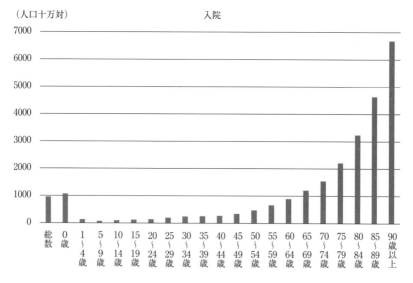

注：総数には、年齢不詳を含む。
出所：厚生労働省（2022c）より筆者作成

図 3-12　後期高齢者の疾患保有状況

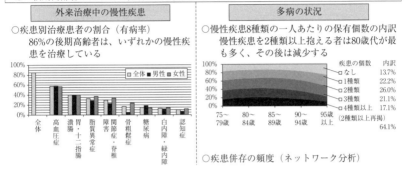

出所：厚生労働省社会保障審議会（2017）より引用

が増加するため、75歳以降の自己負担額は加齢とともに増加することになる。

　より詳細に75歳以上の高齢者の医療機関の利用状況を見てみよう。75歳以上の高齢者の通院頻度を見ると75歳以上高齢者の9割が年1回以上の外来受診をしており、5割が毎月受診している。また、図3-12で示すように、75歳以上高齢者の86％が、外来で慢性疾患の治療を受けており、64％が2種類以上の慢性疾患の治療を受けている。年齢別の入院日数も高齢者ほど長期化する傾向がある。多くの病気を持ち、他方で認知機能も低下すると服薬でもさまざまな課題が発生する。多剤服用によるポリファーマシー（多剤服用による健康障害）、認知機能の低下による薬の飲み忘れ、誤服用などの問題も発生する（厚生労働省［2018］）。

（4）　介護費用はどのくらいかかるのか

　医療費とともに高齢世帯にとって、大きな負担になるのが、介護費用である。図3-13で示すように、家族が要介護状態となり、在宅で介護を行った場合、要介護度の上昇とともに、介護時間が増加し、特に要介護度4、5になると、1日の大半の時間が費やされ、家族介護者の負担は大きい。日本は先進国の中でも同居介護の割合が最も高く、介護の負担が子どもの心身の健康を損なうことや経済負担を引き起こすことも増えている。

図3-13　同居している介護者の介護時間（要介護者等の要介護度別）

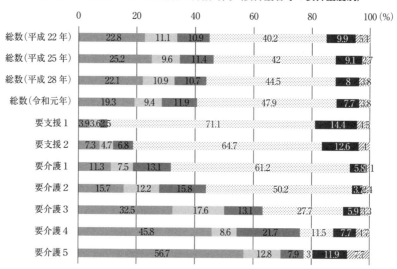

注1：「総数」には要介護度不詳を含む。
注2：平成28年の数値は、熊本県を除いたものである。
注3：四捨五入の関係で、足し合わせても100％にならない場合がある。
資料：厚生労働省「国民生活基礎調査」（令和元年）
出所：内閣府（2023）より筆者作成

　2018年の国民生活基礎調査によると、介護者の70％以上が悩みやストレスを抱えていることが確認されている。こうした負担により、介護者側が「介護離職」に追い込まれたり、うつ（介護うつ）になったり、さらには親の介護が引き金になった「介護離婚」「高齢者虐待」も大きな問題になっている。特に深刻な認知症の場合は、徘徊などさまざまな問題を起こすため、常時の見守りが必要であり、家族負担は大きくなる[8]。また家族介護のみならず、介護ヘルパーなどによる訪問介護サービスも利用することが多く、在宅介護は心身、経済的にも大きな負担になる。
　在宅介護の状況を見てみよう。まず、介護期間であるが、表3-2のように

8）認知症がもたらす問題行動は第9章、第10章で紹介される。

表 3-2　介護期間の分布

6 カ月未満	6 カ月〜1 年未満	1〜2 年未満	2〜3 年未満	3〜4 年未満	4〜10 年未満	10 年以上	不明	平均
3.9 %	6.1 %	10.5 %	12.3 %	15.1 %	31.5 %	17.6 %	3.0 %	61.1 カ月（5 年）

出所：生命保険文化センター（2021）より筆者作成

表 3-3　バリアフリーやリフォームの費用
（介護ベッド購入・バリアフリー改築などの一時費用）

かかった費用はない	15 万円未満	15〜25 万円未満	25〜50 万円未満	50〜100 万円未満	100〜150 万円未満	150〜200 万円未満	200 万円以上	不明	平均
15.8 %	18.6 %	7.7 %	10.0 %	9.5 %	7.2 %	1.5 %	5.6 %	24.1 %	74.4 万円

出所：生命保険文化センター（2021）より筆者作成

表 3-4　介護に関わる費用の分布（「月額」）

支払った費用はない	1 万円未満	1 万〜2 万 5 千円未満	2 万 5 千〜5 万円未満	5 万〜7 万 5 千円未満
0.0 %	4.3 %	15.3 %	12.3 %	11.5 %

7 万 5 千〜10 万円未満	10 万〜12 万 5 千円未満	12 万 5 千〜15 万円未満	15 万円以上	不明	平均
4.9 %	11.2 %	4.1 %	16.3 %	20.2 %	8.3 万円

出所：生命保険文化センター（2021）より筆者作成

4-10 年未満が最も多く、平均は 61.1 カ月、5 年となっている。

　在宅介護に必要になる介護ベッド・バリアフリー改装などの「一時的な費用」は、表 3-3 が示すように、平均で年額 74.4 万円となっている。

　月額の介護費は表 3-4 で示すように、15 万円以上が最も多く平均で月額 8.3 万円となる。仮に同じ費用で介護期間 60 カ月となると累計の介護費用はおよそ 572 万円（介護費用＋改装費）ということになる。

　また、傾向としては、図 3-14 で示すように、介護サービス費用、介護関係費用ともに要介護度や認知症の有無で異なっており、要介護状態などがより重度になると費用も増加する傾向にある。

図3-14　要介護度別の介護支出
（上：介護サービスへの支出、下：介護サービス以外への支出）

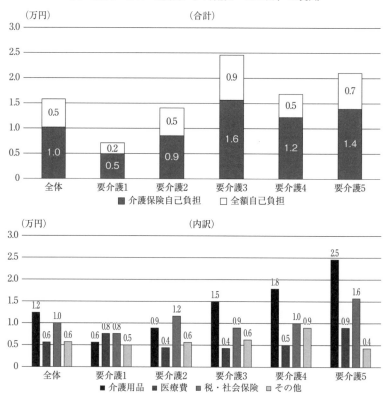

出所：家計経済研究所（2017）より筆者作成

（5）　成年後見制度普及促進と意思決定支援

　介護保険制度は、要介護者自らの意思と選択を重視し、それまでの行政サイドが福祉サービスを割り当ててきた「措置制度」から、利用者自らがサービスを選択し契約する「契約制度」へ切り替えるという意義もあった。そのため、高齢者は、契約の主体になるが、同時に意思決定機能の低下により契約が困難になる可能性もあった。

　そこで、意思決定支援や成年後見制度が、高齢者の意思決定を支える仕組

みとして期待された。つまり、介護保険と成年後見制度は一体的に導入され
たことになる[9]。今日、介護保険導入当時よりも寿命の伸長の結果、認知症
患者が増えてきたことにより、成年後見制度はさらなる利用が求められるこ
とになった。

　政府は、2016 年から成年後見制度の普及促進のために、i）制度の周知、
ii）市町村の地域計画の作成、iii）利用者がメリットを実感できる制度の運用、
iv）地域連携ネットワークづくりや市町村による中核機関の設置、v）不正
防止の徹底と利用しやすさの調和、vi）成年被後見人等の医療・介護等に係
る意思決定が困難な人への支援等の検討などを進めている。

　このほか各市区町村にある社会福祉協議会は、日常生活自立支援事業[10]で
生活に必要な基礎的な契約などの支援を行っている。また成年後見支援セン
ター[11]、権利擁護センターは成年後見の利用手続きの支援などを担っている[12]。

　最近の動きとしては、2023 年 6 月に認知症基本法が成立した。この法律
の目的は、認知症の予防等を推進しながら、認知症の人が尊厳を保持しつつ
社会の一員として尊重される社会（＝共生社会）の実現を図ることとされる。

　その基本理念は、1）本人・家族の意向尊重、2）国民の理解・共生社会、
3）切れ目のない保健医療サービス・福祉サービスの提供、4）本人・家族等
への支援、5）予防・リハビリテーション等の研究開発の推進、6）総合的な
取り組み、が掲げられている。

　また、こうした取り組みの責務は、国、地方公共団体、保健医療サービス・
福祉サービス提供者、公共交通事業者等、国民にあるとされ、法制上の措置

9）本章では詳しく扱わないが、意思決定支援は高齢者のみならず障害者においても重要な役割を
　　果たす。
10）支援内容は、福祉サービスの利用援助（介護保険制度などの高齢者福祉サービス、障害者自立
　　支援法による障害福祉サービス。たとえばホームヘルプサービスやデイサービス、食事サー
　　ビス、入浴サービス、就労支援や外出支援サービスなど）、苦情解決制度の利用援助、住宅
　　改造、居住家屋の貸借、日常生活上の消費契約及び住民票の届出等の行政手続に関する援助
　　（さらにこれら援助に伴う預金の払い戻し、預金の解約、預金の預入れの手続等利用者の日
　　常生活費の管理（日常的金銭管理）、定期的な訪問による生活変化の察知）等である。利用
　　料は、訪問 1 回あたり平均 1200 円となっている。利用申請は、市町村の社会福祉協議会、
　　他に行政窓口、地域包括支援センター、民生委員、介護支援専門員や在宅福祉サービス事業
　　者などに問い合わせる。本人以外でも、家族など身近な方でも問い合わせできる。
11）センターでは、制度の仕組みや利用するための手続きに関する相談、申し立てに関するアドバ
　　イスのほか、市民後見人の養成や活動支援を行っている。
12）成年後見については、第 5 章を参照。

等として、①政府による認知症施策推進基本計画の策定義務、②都道府県・市町村（特別区を含む）による認知症施策推進計画の策定努力義務、となっている。また、基本的施策としては、ⅰ）認知症に関する教育の推進等（学校教育等における教育の推進・理解を深めるための運動の展開）、ⅱ）認知症の人の生活におけるバリアフリー化の推進等、ⅲ）認知症の人の社会参加の機会の確保、ⅳ）認知症の予防等、ⅴ）保健医療サービス・福祉サービスの提供体制の整備等、ⅵ）相談体制の整備等が掲げられている。

6　高齢者世代の経済・資産管理の今後

　本章では、高齢者世帯の収入、支出、貯蓄といった経済状態を紹介した。高齢者世帯とひとくくりにいっても、就労しているのか否かでかなり経済状況が異なる。また貯蓄、資産もかなり大きなばらつきがあることも留意する必要がある。

　高齢者世帯の生活は主に社会保障給付で支えられており、経済変動にさらされている現役世代の世帯に比較すると、経済変動によるリスクは相対的に低いといえる。しかし、今後、実行に移される社会保障制度改革により、社会保障給付もまた必ずしも安心できる生活保障の手段ではなくなるという点も理解しておく必要がある。

　高齢者世帯にとっては、体調を崩し、医療・介護サービスが必要になるリスクが年齢とともに高くなるという点は重要である。複数の疾患を抱えて通院・入院することも珍しくなく、治療が長期化することも十分ある。他方、政策的には入院期間の短縮化が推進されており、在宅医療がますます重要になっている。

　介護サービスも同様であり、加えて認知症になると医療や介護にかかる意思決定も困難になる。家族にとっても、医療・介護はともに計画が立てにくい課題である。いつサービスが必要になり、いつまで治療や介護が続くのかという不確実性が高いものになる。したがって、少なくとも医療や介護のためにどの程度の費用がかかるのかという見通しは元気なうちから把握し、家族で早めにプランを立てておく必要がある。

【本章のポイント】

- 高齢者の収入は公的年金が中心であるものの、今後の社会保障改革によりその実質的な給付水準が低下していくため、事前の準備・対応が重要である。
- 高齢者世帯は、収入、支出、資産などのばらつきが大きい。
- 加齢とともに医療費や介護費が増大する。また医療や介護サービスとその負担はいつ発生し、いつまで続くのか見通せないので、事前の準備が重要になる。

◆コラム 3-1：より深く学びたい方に ——介護保険外サービスの利用

介護保険サービスの範囲は限られており、日常生活のすべてをカバーできるわけではない。買い物や金融機関や医療機関の送迎、家族の部屋の掃除、ペットの世話、電球の取り付け、庭の掃除など多くは介護保険外サービスの利用が必要になる。

そこで介護保険外サービスの利用にあたってはケアマネジャーと相談し、包括的なケアプランを作成すべきである。この際に、気をつけなければならないのは、i）介護保険サービスと異なり全額自己負担であること、ii）便利だからといって自分でできることまで介護保険外サービスを使うべきではないこと[13]、iii）介護保険は市区町村が保険者であり、地方分権が進んでいる制度であるため、その利用については、さまざまな自治体独自の規則（ローカルルール）があること、といった点である[14]。

---

13) 介護保険外サービスを使うことによって、かえって自身の自立度が低下し、要介護度が重くなるからである。
14) たとえば要介護ではない家族分の家事をお願いする場合、すなわち、要介護者本人への介護保険サービスと保険外サービスが連続的・一体的に提供されるような場合には、保険外サービスの利用が実質的には制限されることもある。このように自治体が保険外サービスに消極的になる理由は、保険外サービスの利用の拡大が、保険サービスの利用増大を誘発するのではないか、あるいは保険外サービスにより高齢者自身の自立度がかえって下がり、要介護度が増すのではないかといった介護財政側の事情を考慮するからである。

◆コラム 3-2：より深く学びたい方に
──かかりつけ医やかかりつけ薬局

　第 2 章で見たように、政府は医療費を抑制するために国民の大病院志向を防ぐための政策や入院日数の短期化を推進している。日々の健康の相談のためにも高齢者は「かかりつけ医」を決めておく必要がある。

　さらに複数の医療機関に通院すると多くの薬を使うことになるが、ここで薬の飲み合わせが問題になり、薬の組み合わせによってはかえって健康問題を引き起こすこともある。薬局から出される「お薬手帳」を活用するとともに「かかりつけ薬局」[15]を決めておくことも必要である。

【参考文献】

家計経済研究所（2017）「在宅介護のお金と負担 2016 年調査結果」。
厚生労働省（2018）「高齢者の医薬品適正使用の指針」。
　（https://www.mhlw.go.jp/content/11121000/kourei-tekisei_web.pdf：最終アクセス日 2023 年 7 月 9 日）．
───（2022a）「2021（令和 3）年 国民生活基礎調査の概況」。
───（2022b）「令和 3 年度　介護給付費等実態統計の概況」。
───（2022c）「令和 2 年（2020）患者調査の概況」。
───（2023）「医療保険に関する基礎資料〜令和 2 年度の医療費等の状況〜」。
厚生労働省社会保障審議会（2017）「第 95 回医療保険部会資料（平成 29 年 5 月 26 日）」。
国立社会保障・人口問題研究所（2023）「人口統計資料集」。
　（https://www.ipss.go.jp/syoushika/tohkei/Popular/Popular2023RE.asp?chap=8：最終アクセス日 2023 年 7 月 4 日）．
消費者庁（2023）『令和 5 年版消費者白書』。
スポーツ庁（2022）「令和 4 年度（速報値）体力・運動能力調査」。
生命保険文化センター（2021）「生命保険に関する全国実態調査（令和 3 年度）」。
　（https://www.jili.or.jp/research/report/8361.html：最終アクセス日 2023 年 7 月 9 日）．
総務省（2023a）「家計調査（家計収支編）」2022 年（令和 4）年平均（2023 年 2 月 7 日公表）。
───（2023b）「家計調査（貯蓄負債編）」2022 年（令和 4）年平均（2023 年 5 月 12 日公表）。
内閣府（2019）「令和元年高齢社会白書」。
───（2022）「令和 4 年版高齢社会白書」。
───（2023）「令和 5 年版高齢社会白書」。

15）患者が複数の医療機関から受け取った処方箋や日頃使用している薬などの「薬歴」（薬の服用の記録）を作成・管理し、薬の重複使用や相互作用（飲み合わせ）による副作用の防止など、服薬に関するアドバイスをする薬局である。

第4章

高齢者の資産管理（1）
——意思決定の理論と技術

大庭昭彦

■本章の目的■
加齢によって認知機能・心理が変化することや社会的な長寿化を踏まえると、高齢者の資産運用で、合理的な個人はどの程度リスク資産を持てばよいのかという問題はますます重要になる。本章では高齢者に資産が集まっている状況、資産配分の理論と実際のちがいなどを確認した上で、寿命が不確定な中でどう資産を管理していくのが大切かを検討する。

1　日本の個人資産の年齢別分布

2023年3月末時点で日本の個人の金融資産は2043兆円と大きな数字になっている。図4-1および図4-2の個人金融資産の年齢分布を見ると、まず、合計では個人の金融資産の内の65％は60歳以上が保有すると考えられ、この層の資産の社会全体から見た位置づけは大きいことがわかる。次に、合計の数字のもととなっている一世帯当たりの数字で分布を見ると、名目の資産額を見ても、負債を差し引いたネット資産額で見ても、平均的に高齢者ほど裕福である。

ただし、これは「今の若い世代がそのまま年を取ると裕福になる」ということを示しているわけではない。人生100年時代といわれ、多くの人が従来よりも長い期間を生きていくことが想定される中で、若い世代から高齢者世

図 4-1　個人金融資産の年齢分布（一世帯当たり）

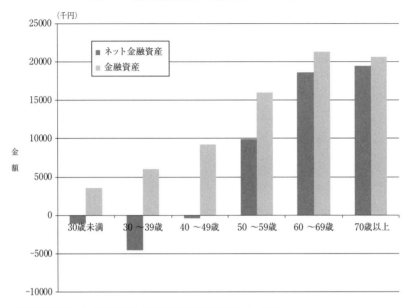

出所：総務省データ（2016）をもとに野村證券金融工学研究センターが作成

図 4-2　個人金融資産の年齢分布（合計）

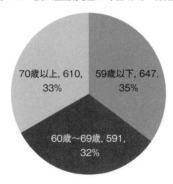

注：数字の単位は兆円。
出所：日本銀行（2018）、総務省データ（2016）をもとに
　　　野村證券金融工学研究センターが計算

代までの資産管理について、適正なリスク資産配分を中心に考えることが本
章の目的である。

2　資産運用のライフサイクル理論

　年齢と投資についてのリスク資産比率の経験則で最も有名なものは、米国
フィナンシャルアドバイザーの使っているものだと思われる。リスク資産比
率は「100 − 年齢」（％）がよいというもので、高齢になるほどリスク資産比
率を下げることになる。これをグラフで示したものが図 4-3 である。40 歳
であれば 60％、60 歳であれば 40％ということだ。

　1973 年の初版以来、全米累計 200 万部を超えるベストセラーである『ウォー
ル街のランダム・ウォーカー』で、バートン・マルキール（プリンストン大
学教授、元バンガードグループ役員）も、「年齢とともにリスクを減らすの
が配分の基本」と言っているので、この考え方は合理的な投資を考える場合
のコンセンサスだと考えてよいだろう。この簡単な経験則の裏にはもう少し
厳密な理論がある。

　個人の最適資産運用の理論を考える上で前提となるのは、人はお金を消費
することから効用（幸福感）を得るということである。消費のためには収入
が必要であるが、収入には「ライフサイクル」がある。人は平均的に若い頃
は収入が低く、年齢を重ねるに従って上昇していく。老齢では減少する。遺
産が入ってくることもある。

　また、消費にも「ライフサイクル」がある。平均的に生活費は一定のお金
を使い続けたいし、教育費や住宅費では一時的に大きな費用をかけたい。つ
まり、お金が足りないときと余分なときがあるということである。したがっ
て、個人の最適資産運用の理論は、「余分なときのお金を、足りないときの
ためにいかに増やしておくか」という理論となる。生涯に受け取る収入の現
在価値のことを「人的資本」と呼ぶので、これは人的資本を考慮した最適資
産運用の理論だともいえる。

　こうしたライフサイクルを考慮した個人の最適資産運用について、現在の
世界のファイナンスの学会のコンセンサスとなっているのは、ハーバード大

図 4-3　年齢と投資についてのリスク資産比率の経験則：「100 －年齢」（%）

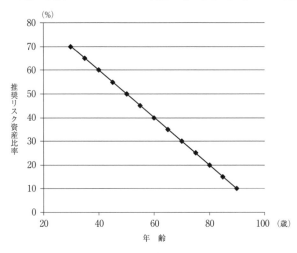

出所：野村證券金融工学研究センター

学のキャンベルらの理論である。これは、1997 年にノーベル賞を受賞した
マートンらの最適化理論の公式

> 「（ライフサイクルを考慮しなければ）リスク回避度が一定の個人は
> 最適リスク資産比率が一定」

というものを前提としている。キャンベルらは、ライフサイクルを考慮した
理論では年齢とともに人的資本が減るにつれて、平均的には保有資産の中の
リスク資産の比率は減っていくということを示した（図 4-4 およびキャンベ
ル＝ビセイラ［2005］を参照）。もちろん人的資産の大きさや性質は個別に
異なるので、正確な最適行動は人によって異なっている。また、人生 100 年
時代では、計画を立てるのは早ければ早いほどよいということで、ますます
重要になってくる理論だといえる。

　さて、実際のライフサイクルでの収入と支出を考慮して「最適化」を行う
上で、収入のセグメント別に結果が異なるのかどうかは興味のあるところで
ある。ここでは、米国における大卒、高卒、高卒未満の三つのセグメントで
平均的な人的資本のデータを利用する。

図 4-4　保有金融資産内での最適行動のイメージ図（人的資本を除いた表示）

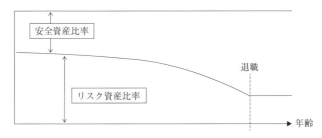

出所：野村證券金融工学研究センター

図 4-5　学歴と年齢別平均年収（米国）

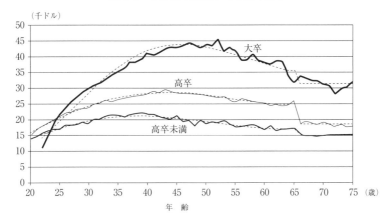

注：実線が米国実績。点線は平滑化した曲線。
出所：Cocco, Gomes and Maenhout（2005）Figure 1. をもとに野村證券金融工学研究センターが作成

　図 4-5 によれば、平均的に学歴が高いほど収入が高く、その差は中高年で大きくなって、その後あまり縮まらないことが見て取れる。

　前述のとおり、年齢ごとの収入推移が異なれば、最適な投資行動も異なってくる。ここでこの学歴セグメント別の収入のちがいを考慮した上での最適株式比率を計算したものが図 4-6 である。

　どのセグメントでも現役時代の最適株式比率は 100％近くと高く、加齢によって退職までは比率が減少するのが共通している。退職時点の最適株式比

図 4-6　学歴と最適株式比率（米国）

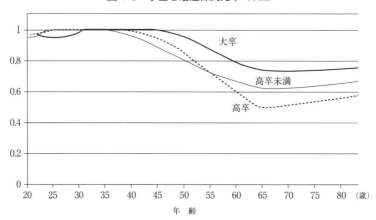

出所：Cocco, Gomes and Maenhout（2005）Figure 4. をもとに野村證券金融工学研究センターが作成

率はセグメントで異なるが、最も保守的になる高卒セグメントで5割程度ま
でとなっている。

3　高齢者の資産運用の実際

　本節では、実際の個人の投資行動のデータを確認してみよう。図 4-7 を見
ると、日本の個人は若いほどリスク資産比率が低く、グラフの傾きは反転し
ている。具体的な数字では 30 歳未満の平均 6 ％からスタートして、年を経
るにつれてリスク資産比率を高め、70 歳以上でおよそ 18 ％となっている。
先に示した合理的な行動に比較すれば若年層のリスク資産比率が低すぎ、高
齢者に限っても合理的な水準はもっと上であることがわかる。
　この大きなちがいは米国でも似た状況で、アカデミックな世界では理由を
説明すべきパズル（難題）として長らく挑戦されてきている。
　本書第 1 章で述べたとおり、人的資本以外にも年齢で変化する可能性のあ
るファクターには、リスクに対する態度や認知能力など、さまざまなものが
ある。多くの要因を比較検討した研究結果を見てみれば、最近では「金融リ
テラシー」の年齢による差が関係しているという考えが主流になっている。

図4-7 日本の個人の年齢別リスク資産比率

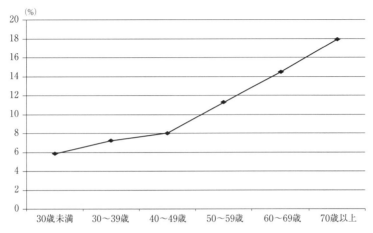

注：各年齢層の家計全体でのリスク資産（株式、投信）比率。
出所：総務省データ（2016）をもとに野村證券金融工学研究センターが作成

　一般には、金融リテラシーとは、お金やお金の流れに関する知識や判断力を指す言葉である。一方、リスク資産比率パズルに関連して検討されている金融リテラシーはもっと狭く、「長期分散投資の有用性」についての理解に絞られているということだ。たとえばこの分野の研究の中で、世界的に最も知られているものの一つ、ペンシルバニア大のオリビア・ミッチェルらの2014年の報告（Lusardi and Mitchell［2014］）で利用されている金融リテラシーを測る3問から成るテスト（"ビッグ・スリー・クエスチョン"とも呼ばれている）は以下のとおりである。

　　Q1. 100ドルを年率2％で預ける。5年後には102ドルより多いか少ないか？

　　Q2. 金利が年率1％でインフレ率が年率2％だったときに、1年後に買えるものは今とどう変わるか？

　　Q3. 次の文章は一般に正しい？ 「一銘柄の株式だけを買うことは投資信託を買うよりも安全だ。」

　見てわかるとおり、この3問は、金利、インフレ、分散投資の意味を問う

図 4-8　年齢セグメント別の日本人の金融リテラシー

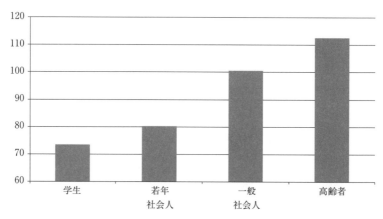

注：金融リテラシーに関わる問題 25 問の正答率を、全体の平均を 100 として基準化した数値。日本の
　　18 歳〜 79 歳までの 25000 人を対象。学生は 18 〜 24 歳、若年社会人は 18 〜 29 歳、一般社会人は
　　30 〜 59 歳、高齢者は 60 〜 79 歳。
出所：金融広報中央委員会（2016）をもとに野村證券金融工学研究センターが作成

ための、これ以上ないほど基礎的な問題である。答えは順に「102 ドルより
多い」「今より少ない」「間違い」である。

　この単純な質問に対する結果が世界的に注目された理由は、これほど基礎
的な問題であるにもかかわらず、この 3 問にすべて正解した人は全体の
34％しかいなかったからである。同じ報告でわかったこととして、これらの
問題に対する正答率（ここで数値的に定義される金融リテラシー）が高いほ
どリスク資産比率が高く、退職時の資産額も多くなっている。これは、金融
リテラシーが長期分散投資を直接促した結果だろう。

　また、米国でも日本でも、高齢者ほど金融リテラシーが高いこともわかっ
た（図 4-8）。これが前述の「傾きの反転」の原因だとすれば、まず若年層
に対する金融教育が必要で、高齢者向けの金融教育も継続して重要であると
わかる。まず、若年層で金融リテラシーを高める努力が、将来的には全年齢
層での金融リテラシーの向上につながると考えられる。この点について、ど
のような金融教育が効果的なのか、行動ファイナンスをもとにした新しい考
え方が浸透してきているので、6 節「行動ファイナンスと行動コントロール」
で解説する。

4　高齢者と取り崩し

　本章では「資産の寿命」が自分の寿命よりも先に来る危険（資産枯渇リス
ク）についての話をしたい。退職までは退職時点の資産額を増やすことが資
産の寿命を延ばす。厳密には退職後も収入はあるが、ここでは退職で収入は
ゼロとなり、それまでに貯めた資産を取り崩して使っていくことを考える。
　「資産寿命」とは、取り崩す資産がなくなってしまうまでの期間を指す。
資産枯渇リスクに影響するものには 3 種類ある。一つ目は自分で変えられな
いもので、年齢、性別、退職時点資産額、平均的な死亡率、市場リターン、
インフレ、金利などがある。想定される寿命が短く、資産のリターンが高い
ほど枯渇確率は低い。
　二つ目は自分で大きく変えられないもので、健康、退職後の追加的な収入
である。
　最後の三つ目が自分で大きく変えられるもので、SWP（Systematic
Withdrawal Plan）レートと資産配分である。SWP レートとは退職時点資産
に対する一定割合の金額をその後のインフレ調整をしながら定期的に引き出
す場合での引出し率で、米国 FA 用語である。
　実は SWP レートに対するアドバイスが適切な資産配分を促す。SWP レー
トと資産配分の関係の基礎についてはウィリアム・P・ベンゲンが 1994 年
に行った分析（Bengen［1994］）が最も知られている。彼は米国の個人が退
職時の資産のうち、50〜75％ を株式に配分しておくと、4％ の SWP レート
ならその後 30 年間の取り崩しに対して安全である（1926 年以降のヒストリ
カルデータでは枯渇しない）ことを発見した。その後、多くの研究者の追加
的な検証や統計的なシミュレーションでも再確認されている。
　この 4％ ルールは 2000 年代半ば以降に米国全体に広まった。たとえば
AARP（全米退職者協会）は 2006 年に「ほとんどの専門家が勧めています」
と言明した。実際に当時より、チャールズ・シュワブ、T. ロウ・プライス、
バンガードなどの米国大手金融機関の退職者向けの投資アドバイスサービス
に利用されてきている。

図4-9　65歳から「1年目は4%取り崩し、翌年よりインフレ調整して使う」とき、死亡時まで資産が枯渇しない確率

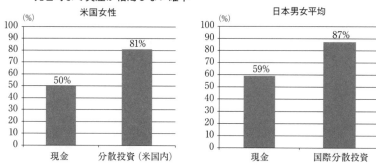

注：**米国**：65歳米国人女性。リターンとリスクは、株式はSP500、債券はイボットソンの長期債インデックスから、インフレ率等とも合わせ、BOAグループが2012年の顧客向け資料で策定したものをもとにした。
　　日本：65歳日本人男女平均。リターンとリスクは、日本株（TOPIX配当込）、国内債券（BPI総合）、外国株（MSCI-KOKUSAIヘッジなし）、外国債券（Citi WGBI除く日本ヘッジなし）を均等保有していた場合の1970年1月から2017年8月までの約47年間（外債のみ85年以降）の統計値で計算。過去のインフレ率は総務省統計局のCPIをもとにした。将来のインフレ率は2%として、運用コストを考慮していない。資産が枯渇しない確率はMilevsky（2006）の方法などを利用して野村証券金融工学研究センターが計算。死亡率の前提は、厚生労働省大臣官房統計情報部人口動態・保健社会統計課「人口動態統計」による。計算結果はいずれも過去の結果を用いた評価で将来を予測・保証するものではない。
出所：野村證券

　さて、もっと正確に枯渇に対する安全性を考えるには、国によって投資や消費で使う通貨や平均寿命も異なることを考慮する必要がある。ここで、日本と米国で、それぞれ65歳から「1年目は資産の4%取り崩し、翌年よりインフレ分を調整しながら毎年取り崩していくときに、死亡時まで資産が枯渇しない確率」を、リスク資産投資をしない場合とする場合で比較した（図4-9）。いずれの国でも全額現金で持っているよりも、国際分散投資をしたほうがよいという結果になっている。

5　取り崩し期とマーケット

　資産形成のときには投資リターンの順番はそれほど問題ではない。出し入れがなければ、年間のリターンが＋20%、－10%と続こうが、逆に－10%、＋20%となろうが、お金は同じ額に増える。これは次の計算式からも明ら

図 4-10　退職後の資金シミュレーション

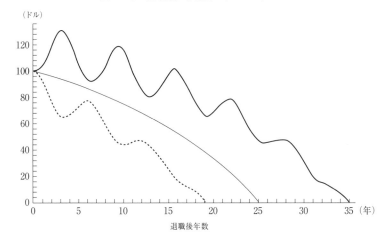

かである。

$$元本 \times 1.2 \times 0.9 = 元本 \times 0.9 \times 1.2$$

　しかし、取り崩し期の退職者にとってリターンの順序リスクは大きい。仮に 3000 万円持っていて 2 年間投資し、1 年目の期末に 500 万円取り崩すときの資産の変化を比較してみよう。

- ＋ 20%、− 10%の場合には
  - ➤3000 万円→ 3600 万円（1 年後）→ 3100 万円（取り崩し）→ 2790 万円（2 年後）
- − 10%、＋ 20%の場合には
  - ➤3000 万円→ 2700 万円（1 年後）→ 2200 万円（取り崩し）→ 2640 万円（2 年後）

　この例では、順序だけの問題で、2 年で 150 万円の差が生じている。取り崩しながらの投資が何十年も繰り返されると、順序の問題が大きくなるのはうなずける。このことについて、実際に資産寿命までシミュレーションした

結果がフィールズ研究所のディレクターであるミレブスキーによって計算されている（ミレブスキー［2018］、図 4-10）。

　退職直後に相場が下落すると枯渇が早まることがわかる。言い換えれば、退職者は金融資産の価値の変動に対して脆弱であるということである。このことに対応するために、すべてを投信にするのではなく、年金や保険も活用することも有用である。

6　行動ファイナンスと行動コントロール

（1）　行動ファイナンスと 12 のバイアス

　行動ファイナンスは、特に人間の非合理性を考慮して、お金に関わる行動を科学的に研究している分野である。ダニエル・カーネマンが非合理的行動のモデル化で 2002 年にノーベル賞を受賞したのが現在の流行の発端だ。その後明らかになってきたさまざまな非合理的行動のうち、代表的な 12 のバイアス（偏った行動という意味で「バイアス」と呼ばれる）を表 4-1 にまとめた。

　非合理的行動を起こすバイアスは数多く、どれも強力だということがわかる。それでも、バイアスを理解して克服することで合理的な行動を目指すのが、初期の「金融教育」の方法だった。たとえば、英国で 1990 年代後半に金融サービス機構（Financial Services Authority：FSA）が始めた金融教育も「教育と情報の提供」というアプローチを基本とした単純なものだった。しかし、それだけでは家計の合理的な行動につながらないことが、当時の教育についてのその後の効果測定のデータ、エビデンスが増えていくにつれて明らかとなった[1]。エビデンスによれば、金融アドバイスを行う場合に、「こうすればうまくいく」という合理的な方法を示して押しつけるというパターナリズムに基づく方法は成功しなかったのである。すべての人がいつでも無料で使える一般的なアドバイスサービスは、高いコストがかかる一方で、あまり成果を生まなかった。一般的な経済の知識を与えるだけという教育も、

---

1)　Elliott, Antony *et al.*（2010）"Transforming Financial Behaviour: developing interventions that build financial capability," *Consumer Research Report 01*, Consumer Financial Education Body（CFEB）.

表4-1　代表的な12のバイアスと関連する行動

1. 自信過剰	自分の銘柄選択に自信を持ちすぎて分散投資が難しい。また、過剰に取引する。
2. 後悔回避	後悔するのが嫌で損切りできない。逆に後悔するのが嫌で不要な投機をしてしまう。
3. 損失回避	利益と損失では同じ金額でも損失のほうが大きく感じる。過剰に保険をかけたくなる理由の一つ。
4. メンタルアカウント	お金に色を付けて見てしまう。たとえばギャンブルで勝ったお金は働いて得たお金より簡単に使ってしまう。
5. 主観確率	めったに起こらないことをもっと起こると思ってしまう。宝くじを買いたくなる理由の一つ。
6. 決定麻痺	銘柄の選択などの際に、多すぎる情報を与えられるとかえって決定できなくなってしまう。
7. 群集心理	自分の考えとちがっても、周囲の多数意見に同調してしまう。
8. 保有効果	自分が保有しているものに高い価値を感じて、合理的な価格でも売りにくくなる。
9. アンカリング	判断に無関係な数字に影響を受けてしまう。保有株の株価が高くなったときが忘れられないという「高値覚え」の原因。
10. 認知的不協和	自分の判断に反する事実を受け入れにくくなり、都合の良い思い込みを続けてしまう。
11. 現状維持	合理的には変えたほうがよくても、現状維持を選んでしまう。後悔回避の特別なケース。
12. 双曲割引	短期的な利益を過剰に求めてしまう。長期的な利益に対して短期的な利益に合理的に説明できないほど大きな価値を感じる。

同様に効果が薄かった。一方で、人がアドバイスを求めたいときにピンポイントで助言が得られるような、人の行動モデルも考慮した「教育」の効果は高かった。

　こうした新しい研究成果を踏まえて、英国での金融教育は2010年の金融サービス法に基づいて設立された消費者金融教育機関（the Consumer Financial Education Body：CFEB)[2]へ移管され、アプローチの基本も行動ファイナンスをもとにした「助言と行動の重視」に方針転換して成功している。

---

2) のちに Money Advice Service（MAS）、さらに Money and Pensions Service（MaPS）に機能承継。

　この、英国における"失敗と方針転換"の経験を参考にすれば、日本でも、3節「高齢者の資産運用の実際」で言及したリテラシーの向上には単純なパターナリズムの推進は有効ではないだろう[3]。次節では、MaPS 等が実行している「助言と行動の重視」アプローチの中核技術である「行動コントロール」について6箇条に分けて解説したい。

（2）　行動コントロールの技術

　行動コントロール6箇条のうちのはじめの二つは「リフレーム」の活用だ。心理学用語でリフレームとは、物の見方（フレーム）を変更することをいう。たとえばコップに水が半分入っているのを見たときに、水が「半分も入っている」という肯定的なフレームと、「半分しか入っていない」という否定的なフレームがある。このとき、否定的なフレームから肯定的なフレームに変えることがリフレームであり、同時に水の量に対する評価が変化する。これを投資に当てはめてみよう。

①　期間のリフレーム

　人間は前述した双曲割引バイアスによって、自然に任せると長期より短期を重視してしまう傾向がある。たとえば 20 年間は使わないつもりの余裕資金の投資であっても、毎日の損益に一喜一憂してしまう。それだけでなく、短期的な損失が出た場合に強い不安を感じて「投げ売り」するなど、投資の開始にはするつもりのなかった行動に出ることもある。この行動はたいてい後悔につながる。

　これを防ぐには、意識的な短期から長期への「期間のリフレーム」が有効である。長期目的ならば、1 年後、3 年後ではなく 10 年後、20 年後の投資成果を考えることにする。このために、「短期的な相場の下落がいかに当たり前に起こるかを統計的なデータで認識する」「短期的な相場の下落が起こったときの対処をあらかじめ検討しておいて、家族やアドバイザーなど信頼のおける人間と認識を共有しておく」などが有効である。暴落が起こったあと

3）　大庭昭彦（2022）「投資教育と投資推進に関する研究の新展開」『証券アナリストジャーナル』2022 年 7 月号。

になってはじめて「長期保有」や「統計データ」の話をするのではもう遅い
ということになる。一方、暴落からしばらくして、「暴落のときに投げ売り
しなかった人は長期的な成果を得られた」という統計結果を示すことは、こ
のリフレームに有効である場合が多い。

②　比較対象のリフレーム

　金融資産を持っていると、人は相場のニュースが気になるものである。た
とえば日本の株式を持っていると、日経平均が××円上がった、下がったと
いうことが気になる。これは、自分の金融資産の時価の変化を日経平均の変
化と比べてしまっているということである。これを続けるのは気分が落ち着
かないし、そもそも投資目標が長期である場合にはもっと優先すべき比較対
象がある。たいていの投資目標は一定期間後の具体的なサービスや物に対す
る支払いだったことを考えれば、個別のインフレ指標と比較することが重要
になるということだ。たとえば教育用資金なら教育費と、海外旅行費用なら
旅費や外貨、退職資金なら相当長期の物価や医療費予測などと比較して、長
期で見て期待どおりの資産増加が得られているかどうかを見るべきだろう。

③　複雑さの排除

　投資に役立つとされる金融関連の情報は、多くの場合複雑になりやすい。
たとえば「決定麻痺」がなぜ起こるのかを考えると、選択肢や情報が多すぎ
ることが原因だった。とすると、「決定麻痺」を避けるためには、原理的に
は選択肢を少なくし、情報を減らしたほうがよい。複雑さの排除の技術が、
結果的に合理的な選択につながるということである。

　2節「資産運用のライフサイクル理論」で取り上げた「100－年齢」の経
験則、3節「高齢者の資産運用の実際」で重要なリテラシーとして取り上げ
た複利とインフレの効果を簡単に計算するための「72の法則」[4] などは、煩
雑になりやすい投資計算を簡単化する工夫だったといえる。

---

4) X％の金利で元本が倍になるまでにかかる年数(X％のインフレ率で物価が倍になるまでにか
　かる年数)は72÷Xで試算できるという近似計算ルール。Xが2より大きな範囲で利用さ
　れる（大庭昭彦・根岸康夫 (2021)『ポートフォリオ計算スキルアップ講座』きんざい）。

　この項で重要なのは「説明が複雑になりやすい商品」である。たとえば、デリバティブ商品や先進的な技術を使った投信、さまざまな特約を組み込んだ生命保険などは典型といえる。これらの商品について、投資商品ならば1）リターンの源泉となるリスクがどこにあるか、2）リスクの大きさはどのくらいか、という2点を明確化すること、保険商品ならば自分に必要な補償の適正額、特に自分の死亡時の必要保障額に対する価格として適正かどうかを明確にすることなどが過剰な複雑さを排除するのに役立つ。

④　イメージの継続

　「比較対象のリフレーム」の項で既述のとおり、投資をするのは増やしたお金でやりたいこと、買いたいものがあるからである。この、やりたいこと、買いたいものをイメージし続けることで、投資を継続しやすくなり、さまざまなバイアスの悪影響を防ぐことができることがわかってきた。

　たとえば、「毎月の貯蓄分を封筒に入れて納付する仕組みを使っている家庭で封筒に子供の写真をつけたところ貯蓄率が上昇した。特に貧しい家庭での貯蓄率は倍になった」というよく知られた米国の調査結果がある。今はまだ小さな子供のために将来の教育資金が目標だというとき、金額よりも子供の顔をイメージしたほうが貯めやすいということだろう。

　また、米国で行われている目標別の口座管理サービスでは、一人で複数の目標を指定することができ、投資目標を示す名前（「キャンプ用4WD」など）を付けることができる。このサービスでは目標ごとに投資期間と予算を決めておくと、継続的にモニタリングし、現在の達成度や達成したときのお祝いなどをメールしてくれる。これもイメージの力の応用例だといえる。

　心理学者のダニエル・クロスビーによると、行動コントロールに特に役立つイメージ[5]には次の四つのポイントのいずれか、または複数が含まれるという[6]。

　一つ目のポイントは、自分自身の投資の目的と結びついている、つまり一

5）クロスビーが「サリエンス」と呼ぶ性質。
6）ウィジャー、クロスビー（2016）『ゴールベース資産管理入門』新井聡監訳、野村證券ゴールベース研究会訳、日本経済新聞出版社。

般的でなく個人的であること。平均的な人が喜ぶことよりも自分だけが嬉しいことのほうが特別なイメージとして心に留めやすいということだ。これは、投資目標がもともと具体的であればたいてい満たされるだろう。

　二つ目のポイントは、肯定的であること。否定的な感情も行動を促すが、肯定的なものが好ましい。特にそのイメージが「自分のため」よりも「他人のため」のときに肯定的なものになりやすい。

　三つ目のポイントは、利用可能性である。身近なものと言い換えてもよい。欲しい服や車をイメージするというのがわかりやすい例だ。一方で子供の教育や自分の老後など、使うときまでの期間が長くなるほど具体的にイメージすることが困難になるので、具体的なイメージを作るための工夫も必要だということにもなる。

　四つ目のポイントは、サステナビリティである。将来にわたって保ち続けることができるイメージは長期の行動コントロールに必須である。家族への遺産、孫の教育費、卒業した学校への寄付、慈善団体への寄付などが対応する長期目標となる。

　個人的で肯定的で身近でサステナブルだという四つのポイントを考えてみれば、当人の子供の写真を貼った封筒の例が成功したのは偶然ではない。

⑤　コミットメントデバイス

　目標を途中で変えたり、先延ばししたりすることを防ぎ、計画を確実に実行するために、自分の将来の行動に制約をかける仕組みを「コミットメントデバイス」という。自分の行動を縛る仕組みを自分で作るということで、米国の行動ファイナンスのテキストでもよく例に出されるのがギリシャ神話のオデュッセウスである。彼は美しい歌声で人を誘い遭難させる海の怪物セイレーンの歌を聞きたいがために、自らの体を船のマストに縛りつけることで身を守った。一般には、ダイエットや禁酒、禁煙のために自分の近くに対象を置かないだけでなく、もし約束を破ったら自分に罰を与えるルールを作り、家族や親しい友人に証人になってもらったりすることを決めておくのもコミットメントデバイスといえる。

　投資の場面では、投資方針書を使うのが典型である。投資方針書とは、投

資の目的・目標、基本ポートフォリオ、銘柄選択、モニタリング・リバランスの方法などを、あらかじめ文書にして投資アドバイザーと共有するためのものである。この投資方針書に、相場が大きく動いたときの合理的な行動(たとえば「ウエートが基本ポートフォリオから××%乖離するまではなにもしない、超えたときには基本ポートフォリオまで戻す」など)を事前に取り決めておけば、実際にそのときになってバイアスのかかった行動をしてしまうことを防ぐ働きが期待できる。

　もっと直接的なコミットメントデバイスに「自動化」がある。たとえば積み立て投資は、「毎月決まった商品を決まった金額だけ買い続ける」ということを事前に決めておく仕組みである。購入のたびに判断をする必要がないのでバイアスが入ることもない。実質的に積み立て投資と同じ仕組みである確定拠出年金 (Defined Contribution Plan：DC) などにも有効なコミットメントデバイスである。

　また、ライフサイクル投資の項で、既述のターゲットデートファンド (TDF) は、リスク資産比率をあらかじめ決められたタイミングで自動変更する機能を持った投資信託であるが、自動化によるバイアスの排除も期待できる商品だといえる。フィンテックがもてはやされる中で、コミットメントデバイスの内側や外側で、個人の判断を簡単化・自動化することに先端的なIT 技術が役立つことも期待されている。

⑥　ナッジデフォルト

　いくつかの選択肢があるとき、または何も選ばないときに自動的に選択される特別な選択肢を「デフォルト」という。人にはデフォルトの選択肢を選びやすいというバイアスがあるので、たとえばマーケティングの技術としては、ネット販売などで売り上げを増やしやすい商品や収益性の高い商品をデフォルトに置くという戦略が使われている。これを公的な目的に転用して「その人にとって結果的に合理的な選択になる可能性の高い選択肢」をデフォルトにして誘導する技術を「ナッジデフォルト」と呼ぶ。

　たとえば、確定拠出年金での運用先として、「デフォルトファンド」は何も選択しなかった人に自動的に適用されるファンドを指す。米国の DC で利

用されるデフォルトファンドには、あらかじめ平均的な個人に対して適切だと判断される商品（多くはターゲットデートファンド）が使われることが多く、米国の個人の長期分散投資実行と金融資産額拡大に大きく貢献してきた。また、どれを選べばよいかわからなくなったときに非合理な先延ばしをしてしまうという「決定麻痺」バイアスを避ける効果も大きい。日本でも 2016 年の法改正で導入された「指定運用方法」は合理的なデフォルトファンドの指定に利用できるはずで、今後の利用の進展が望まれている。

　また、確定拠出年金加入を直接的に促す上で成功しているのが英国の自動加入制度である。これは、加入か非加入かを選択するときにデフォルトの選択肢に加入を選んでおくこと（自動加入・オプトアウト）ができる制度である。加入時の「決定麻痺」を避けるだけでなく、脱退時の「決定麻痺」を積極的に使うので、加入率を上昇させた上でその後も加入を維持できているとのことだ。

　行動コントロールを実践する上では、上述の個別技術を「必要になったタイミングで使う」（時期の工夫）、「他の人も行っていることを合わせて伝える」（伝え方の工夫）、などの追加的な工夫のもとで使っていくことが前述の英国における報告（Elliott *et al.* [2010]）でも望まれている。

（3）　ゴールベースの投資アドバイス

①　ゴールベースの原理

　人間の非合理性を前提としたときの「最適な」ポートフォリオは、どのようなものになるだろうか。この問題に対して、行動ファイナンスの著名な研究者であるハーシュ・シェフリン教授とメイア・スタットマン教授が「行動論的ポートフォリオ理論」で答えている。この理論が本節で紹介する「ゴールベースの投資アドバイス」の原理である。現代ポートフォリオ理論の生みの親といってよいマーコウィッツ自身もこの理論の研究に参加し、理論の精緻化を行っている。

　彼らが使っている非合理バイアスで最も重要なものは「メンタルアカウント」だ。これは先の非合理バイアスの表の中では「お金に色を付けて見てしまう。たとえばギャンブルで勝ったお金は働いて得たお金より簡単に使って

しまう」と説明したが、ほかにもいろいろな現象を起こしている。たとえば、クレジットカードと現金ではクレジットカードのほうが使いやすい（消費が増える）ことがわかっている。また、大学で学生に対する実験で、「特別手当だ」と言って渡されたお金は「税金の払い戻しだ」と言って渡されたお金の4倍使いやすかったという結果もある。このことからすぐに「お金を貯めたければ無駄遣いしたくなるところにお金を置くな」ということがわかる。もっと進んで、無駄遣いせずにお金を貯めたくなる気持ちが強くなるのはどんなときかを考えることは重要だ。それを彼らはお金を貯める目的＝「ゴール」であるとしている。ゴールごとに異なるアカウントを用意するのである。

　実際に、ゴールを意識するとお金を貯めやすくなる。むしろ、ゴールを意識しなければお金は貯められないともいえる。また「リスク回避度」はゴールによって異なっている。たとえば、「まだ小さい子供や奥さんのために生命保険を掛けておきたい」というのはリスク回避度の高いゴールだが、「夢を求めて宝くじを買いたい」というのはリスク回避度の低いゴールである。同じ人間がリスク回避度の異なるゴールを持つことは普通の人ならよくあることで、このことを直接モデル化したのが、行動論的ポートフォリオ理論である。

　先の例でいう生命保険を掛けたい気持ちは、失敗する不安や恐怖から逃れて安心したい気持ちとして一般化され、「安心のアカウント」を形成する。この安心のアカウントの例には、老後の生活費を賄うための貯金などもあるだろう。もう一つの宝くじを買いたい気持ちは、成功に対して希望を持つ気持ちとして一般化され、「希望のアカウント」を形成する。「5年後くらいに、余裕ができたら豪華な海外旅行に行きたい」なども希望のアカウントの例になる。

　希望のアカウントと安心のアカウントという2つのアカウントを前提としたケースでのシェフリンとスタットマンの最適化の結果は、それぞれのアカウントの目的を満たすポートフォリオを同時に持つというものになる。

　全体ポートフォリオ
　　＝　希望を持つためのポートフォリオ（A）
　　　　＋　安心するためのポートフォリオ（B）

図4-11　典型的な 2 つのアカウント

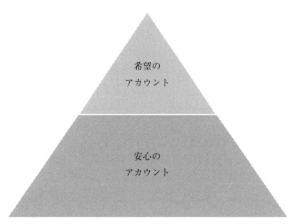

出所：野村證券金融工学研究センター

　この結果が、安心と希望のアカウントの中間的なリスク回避度を持ってい
る人が、伝統的な方法で全体の最適化をする場合とどうちがうのかを考えよ
う。全体のアカウント一つしか見ていないときに相場の下落などで合計が少
しでも毀損すると恐怖を感じるので、結果として全体でリスクをとりにくく
なる。または、過剰な反応で「投げ売り」なども起こりやすくなる。
　一方で、別々に見ている場合でＢが守られていれば、Ａだけが毀損して
いても恐ろしくない。Ａで安心してリスクがとれるので、結果として完全
に合理的な人に近い行動がとれることになる。この効果を考慮して、さまざ
まな金銭的目標（ゴール）すべてを数え上げて、別々に管理するのがゴール
ベースの方法である。

② 　ゴールベースの方法
　実際のゴールベースの投資アドバイスでは、基本的には（a）ゴールのリ
ストアップ、（b）ゴールの検討、（c）投資の実行、（d）経過のレビューと
いう四つのステップを循環的に踏むことになる。
　(a)　ゴールのリストアップ
　ここでは投資をする目標（ゴール）をすべて列挙する。たとえば

- 退職後の生活費が心配だ。
- 余裕が出ればそのうち車を買い替えたい。できたらハイクラスなもの。
- 余裕が出ればそのうち家をリフォームしたい。できたら引っ越したい。
- 今はまだ小さい子供の将来の大学費用が心配だ。
- 妻と子に十分な財産を残したい。

などがあるかもしれない。

　次にゴールごとに投資期間と必要金額、優先順位を別々に設定する。多くの現場では、この作業を助けるためにトランプくらいのサイズのカードに典型的なゴールの写真や絵を付けたものを数枚用意し、顧客（たち）とアドバイザーの間で優先順位の比較の話し合いをするようなサービスが行われている。

　リストの時点で「イメージの力」を使うわけである。たとえば、妻子のある、家や車を持った40歳の現役サラリーマンであれば、表4-2のようなリストが考えられる。退職後の生活費はたいていの場合に最優先されるゴールであり、年金で手当てできない部分を把握し、長期的な投資になることを意識して貯めるべきものでもある。子供の教育費、特に大学進学で必要なお金も重要なゴールの典型で、遺産や車、家のリフォーム費用などもゴールになる。時期・期間、金額、リスク許容度はまちまちである。

(b)　ゴールの検討

　このステップでは、リストアップしたゴールが今の資産や収入を前提としたときにどの程度の実現性があるのかをチェックする。各ゴールで使うポートフォリオは、ゴールごとに従来の方法でリスク許容度に合わせて作成した有効フロンティアから選ぶ。ゴールが五つあれば、五つのポートフォリオを選ぶことになる。そして、自分の収入・資産を前提として、そのポートフォリオですべてのゴールを十分高い確率で達成できるようならそのまま実行する。不足するようならば、まずはゴールごとの条件を緩めてみる。それでも難しければ、ゴール間の資金の調整も検討する。優先順位の高いゴールの実現性が十分でなければ低いゴールのサイズを縮小したり、ときには諦めたりすることが必要になる。逆に、優先順位の高いものの資金が十分であれば、

表 4-2　ゴールの設定例

優先順位	ゴール	時期・期間	金額	リスク許容度
1	退職後の生活費	20 年後〜50 年後	大	小
2	子供の大学資金	10 年後	中	小
3	遺産	50 年後	中	中
4	新車	5 年後	小	大
5	家のリフォーム・引っ越し	5 年後	中	大

出所：野村證券金融工学研究センター

優先順位の低いゴールへも安心して資金を回すことができるだろう。

(c)　投資の実行

　必要なポートフォリオの特性に合わせた金融商品の選択と購入が行われる。同じアセットクラスの中でも、アクティブ商品にするかパッシブ商品にするか、適切な商品かどうかなどがポイントである。

(d)　経過のレビュー

　適宜アドバイザーと個人がディスカッションの機会を持ち、「ゴールに変化はないか」、「ゴールに向けて今どのあたりか」、「リバランスはルールどおり行われているか」などを定期的に確認する。必要であれば（a）や（b）に戻って軌道修正を行う。

　ここでは世帯主個人がアドバイスを受ける場合を考えたが、夫婦2人でアドバイスを受ける場合も同様に進めることができる。まず夫婦のゴールを漏らさずリストアップし、そのゴールの投資期間と必要金額、優先順位を設定する。特にゴールの優先順位で2人の意見を合わせ、試算・シミュレーションなどによる取捨選択も一緒に行う。意見が異なっているケースではそのときの取捨選択や条件の変更で摩擦が生じることもあるだろう。このときこそアドバイザーの役割が重要である。中立的、客観的な立場でさまざまな条件での計画のチェックとそれに基づく意見を提供できるからだ。また、同時に、この役割を果たすためには、アドバイザーは夫婦の双方に信頼されていなければならないこともわかる。

③　ゴールベースの効果

　ゴールベースの投資アドバイスには効果があるのだろうか。これを実際に
調べた例をゴールベースのアドバイス手法のテキスト『ゴールベース資産管
理入門』（日本経済新聞出版社［2016］）の中から紹介する。

　米国の SEI インベストメンツは 2015 年末で約 6700 億ドル（約 70 兆円）
の資産を運用・管理する、40 年以上の歴史を持つ金融機関である。投資ア
ドバイスを積極的に行っており、ゴールベースの顧客と伝統的な方法の顧客
の両方がいる。同社でこの 2 種類の顧客の行動を調べたところ、2008 年の
金融危機において図 4-12 に示すとおり、大きなちがいがあった。

　まず、伝統的な方法の顧客は 50％の顧客が全資産か株式全額を売却した。
10％は 25％以上株式比率を下げ、20％はゴールベースに変えた。一方で、ゴー
ルベースの顧客では 75％の顧客は何もしなかった。また、20％は資金をほ
かから追加した。伝統的な方法の顧客のほうが感情的な行動をとったようだ。

　また、米国証券業金融市場協会（SIFMA）の 2010 年の資料によれば、米
国個人投資家で、投資アドバイスを受けた人のリターンは平均 3.3％も高かっ
た。特に年齢の若い層ほどアドバイスの効果は高かった（図 4-13）。この結
果は、米国でも若い世代はもともと金融リテラシーが低いということと関係
があるだろう。

　ほかに、米国最大級の投資アドバイス企業であるエデルマン・フィナンシャ
ルエンジンの 2011 年までの 6 年間の調査でも、投資アドバイスを受けてい
るアカウントは受けていないアカウントに比較して年率で平均 3.3％もリ
ターンが高かった。

　特にリーマン・ショック後、米国での投資アドバイスの方法の主流がゴー
ルベースになっていることを踏まえれば、この大きな差は、ゴールベースの
投資アドバイスが内包している「イメージの継続」、「コミットメントデバイ
ス」、「比較対象のリフレーム」などの行動コントロールの技術が総合的にう
まく働いている結果だと考えられている。

図4-12　金融危機における行動のちがい

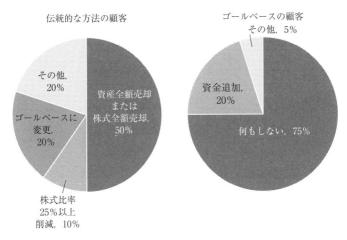

出所：Melissa Doran Rayer（2008）をもとに野村證券金融工学研究センター作成

図4-13　年齢別・プロのアドバイスを受けることの価値

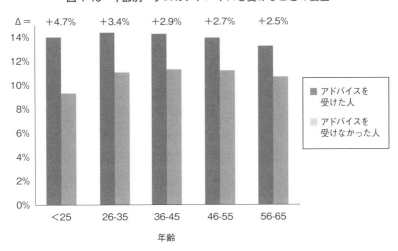

出所：Sifma and Oliver Wyman（2010）をもとに野村證券金融工学研究センター作成

【本章のポイント】

- 高齢者の資産運用で理論と実際の行動は隔たりがある。
- 寿命が不確定な中でどう資産を管理していくのが大切かを検討した。
- 退職後の層は現役層と比較すればリスク資産を保有する人が多いが、理論が勧めるほどではない。たとえば、ある日本の民間のサラリーマン向けの調査（フィデリティ［2011］）では、63％が退職金でリスク資産に投資していないという。これは前述の我々のシミュレーションによれば、間違った安全志向だともいえる。本章で試算した取り崩しのシミュレーションなどを広めることで、合理的な行動を進めていくことは重要だと思われる。
- 合理的な個人はどの程度リスク資産を持てばよいのか、どのようなサポートが有効か、退職後はどのように資産を取り崩せばよいのか、といったテーマはますます重要になる。
- 人はどうしても非合理な行動をしてしまいがちであることを認めて、結果的に合理的な行動を促すための「行動コントロールの技術」も必要である。
- 人生 100 年といわれる時代に、長寿に伴った合理的な資産管理・資産運用をどう実現するか、今後の検討が必要である。

【参考文献】

大庭昭彦（2017）「行動ファイナンスと金融リテラシー」証券アナリストジャーナル、2017 年 12 月、37-45 ページ。
―――（2022）「投資教育と投資推進に関する研究の新展開」『証券アナリストジャーナル』2022 年 7 月号。
―――・根岸康夫（2021）『ポートフォリオ計算スキルアップ講座』きんざい。
金融広報中央委員会（2016）「金融リテラシー調査」。
日本銀行（2018）「資金循環の日米欧比較」。
フィデリティ退職・投資教育研究所（2011）「見直したい、退職金での投資」フィデリティ退職・投資教育研究所レポート。
マルキール、バートン（2016）『ウォール街のランダム・ウォーカー（原著第 11 版）』井出正介監訳、日本経済新聞出版社。

Bengen, William P.（1994）"Determining Withdrawal Rates Using Historical Data," *Journal of Financial Planning*, October 1994.

Campbell, J. and L. Viceira（2002）*Strategic Asset Allocation: Portfolio Choice for Long-Term Investors*, Oxford University Press（キャンベル＝ビセイラ［2004］『戦略的アセットアロケーション』木島正明監訳、野村證券金融経済研究所訳、東洋経済新報社）。

Cocco, J. F., F.J. Gomes and P.J. Maenhout（2005）"Consumption and Portfolio Choice over the Life Cycle," *The Review of Financial Studies*, vol. 18, No.2, PP. 491-533.

Elliott, Antony *et al.*（2010）"Transforming Financial Behaviour: developing interventions that build financial capability," *Consumer Research Report 01*, Consumer Financial Education Body（CFEB）.

Lusardi, Annamaria and Olivia S. Mitchell（2014）"The Economic Importance of Financial Literacy: Theory and Evidence," *Journal of Economic Literature* Vol.LII（Mar.）

Milevsky, Moshe A.（2013）*Are You a Stock or a Bond?*（ミレブスキー（2018）『人生 100 年時代の資産管理術』鳥海智絵監訳、日本経済新聞出版社）。

——（2006）"The Calculus of Retirement Income: Financial Models for Pension Annuities and Life Insurance." CAMBRIDGE.

Rayer, Melissa Doran（2008）"Goals-Based Investing Saves Investors from Rash Decisions," *SEI Wealth Network*, SEI Investments.

Widger, Charles and Daniel Crosby（2014）*Personal Benchmark：Integrating Behavioral Finance and Investment Management*, Wiley.（ウィジャー、クロスビー（2016）『ゴールベース資産管理入門』新井聡監訳、野村證券ゴールベース研究会訳、日本経済新聞出版社）。

Wyman, Sifma and Oliver Wyman（2010）Standard of Care Harmonization-Impact Assessment for SEC, Sifma, October 2010.

第5章

高齢者の資産管理（2）
——意思決定支援の仕組み（後見、信託）

吉野智*・石崎浩二**・大内誠**

■本章の目的■

本章では、高齢者の資産管理・運用面において、認知機能の低下等に関連して判断能力が十分でなくなった場合、あるいは、判断能力の低下・喪失に備える場合に活用することが想定される成年後見制度や信託の仕組みについて理解することを目的とする。

1 成年後見制度

(1) 制度概要

① 成年後見制度の現状

　成年後見制度は、認知症、精神障害、知的障害等により判断能力が十分でない者（「本人」という）を法的側面から支援する制度である。

　成年後見制度は、2000（平成12）年4月から施行され、全国の家庭裁判所における後見等開始事件及び任意後見監督人選任事件の申立件数は、当初年間約9000件であったが、2021（令和3）年は約4万件となり、当初の約4.4倍に増えている。ただし、2012（平成24）年まで基本的に右肩上がりで増えていたといえるが、近時の状況を見ると、2012（平成24）年を最後に、

＊：第1節担当、＊＊：第2節担当。

年間の申立件数は伸び悩んでいる状況が続いている。

　他方、成年後見制度の利用者総数自体は、ひとたび利用が開始されると、基本的に継続するため、年々増加している。2022（令和 4）年 12 月末日時点で、利用者数は、約 25 万人に達している（最高裁判所［2023］）。

　もっとも、認知症患者数は 2020（令和 2）年で約 600 万人、軽度認知障害は 2012（平成 24）年で約 400 万人と推計されており（厚生労働省［2014］、厚生労働省［2012］）、障害者の数についても、知的障害者が約 110 万人、精神障害者が約 420 万人とされている(厚生労働省［2022a］)。大まかにいえば、社会生活に重大な支障が生じない限り、制度が利用されないような状況になっているともいえる。

　このような中、2016（平成 28）年 5 月に成年後見制度利用促進法が施行され、2017（平成 29）年 3 月に第一期成年後見制度利用促進基本計画が、2022（令和 4）年 3 月には第二期成年後見制度利用促進基本計画が閣議決定され、国を挙げて成年後見制度の利用促進に向けた具体的な取り組みが推し進められている。成年後見制度は利用条件が整備されれば、これまで以上に広く利用されることが考えられるところである。

　以下、成年後見制度について概説し、近時の本制度の利用促進に向けた動きについても言及する。

② 　沿革から見る成年後見制度の理念──禁治産・準禁治産制度の見直し
　成年後見制度が導入される前には、禁治産・準禁治産制度という制度があった。

　この制度は、本人を「保護」することに重きを置きすぎており、制度的にも硬直的で、本人の自己決定権を尊重する現在の社会にはなじまなくなっていた。また、禁治産者や準禁治産者であることが戸籍に記載されることになっていた。

　そのような中、本人の自己決定権の尊重、現有能力[1]の活用、ノーマライゼーション（障害のある人も家庭や地域で通常の生活ができるような社会を

1）　当時は「残存能力」といわれていたが、近時「現有能力」と表現されることが増えているので、本章ではこれに倣う。

つくるという理念）という新しい理念を盛り込み、判断能力の不十分な本人の保護との調和を図りつつ、柔軟で弾力的な利用しやすい制度を目指して、2000（平成 12）年 4 月から成年後見制度が導入された。

③　成年後見制度の制度設計

（a）　法定後見（3 類型）と権限

（イ）　後見・保佐・補助の利用対象者と権限

図 5-1 のとおり、成年後見制度には、「後見」・「保佐」・「補助」という 3 類型から成る「法定後見制度」と「任意後見制度」とがある。

まず、「法定後見制度」は、表 5-1 のとおり、本人の判断能力に応じて成年後見人、保佐人、補助人が選任されて、財産管理や身上保護の場面で、本人を支援、保護していく制度である。家庭裁判所に申し立てて、成年後見人、保佐人、補助人を選任してもらう。この制度は、現時点ですでに判断能力が不十分になっている者を対象とする制度である。

表 5-1 の「代理権」とは、本人に代わって本人のために、たとえば、売買契約、賃貸借契約や医療契約や介護サービス利用契約等の契約、遺産分割協議のような財産上の法律行為をする権限をいう。

表 5-1 の「取消権（同意権）」とは、本人が自分に不利益な法律行為をした場合に（保佐、補助の場合は、保佐人や補助人の同意なく本人が法律行為をした場合）、本人の行為を取り消すことができる権限をいう。たとえば、法定後見開始後に本人が消費被害に遭ってもその契約を取り消すことができる。

成年後見人、保佐人、補助人は、この代理権と取消権（同意権）を使って、本人の支援、保護を図る。

（ロ）　法定後見における自己決定権の尊重、現有能力の活用の理念の反映

表 5-1 の後見、保佐、補助を順に見ていくと、判断能力を常に欠いている「後見」については、成年後見人に包括的な代理権、取消権が常に認められている一方で、それより判断能力の支障の小さい「保佐」については、保佐人にもともと一定の重要な行為（民法 13 条 1 項所定の行為）に対する同意・取消権しか付与されていない。

図 5-1　成年後見制度

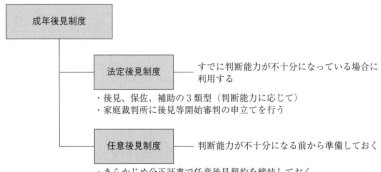

保佐人に代理権を付与したい場合には、本人の申立てまたは同意のもとに
特定の行為（たとえば「不動産の売買のみ」など）について代理権を付与す
るよう家庭裁判所に別途申し立てる必要がある。簡単にいえば、オプション
制で、本人の意思決定・自己決定権を尊重するかたちになっている。

さらに、それより判断能力の支障の小さい「補助」については、補助を開
始するにも本人の申立てまたは同意が必要となる。また、補助人に対する代
理権の付与のみならず、同意・取消権の付与に関してもオプション制になっ
ており、また本人の申立てまたは同意が必要となっている。判断能力の支障
が小さければ小さいほど、「自分でできる」範囲を広く残せるかたちになっ
ていて（現有能力の活用）、かつ本人の自己決定権を尊重するかたちになっ
ている。

また、「後見」類型についても、日用品購入等の日常生活に必要な行為に
ついては、成年後見人はこれを取り消すことができず、本人の自己決定権を
尊重するかたちになっていることも重要である。

このように制度設計上、後見・保佐・補助の3類型を通じて、本人の判断
能力や本人のニーズに合わせて、自己決定権を尊重しながら、柔軟で弾力的
な本人支援、保護を企図している。

なお、成年後見制度では、プライバシー保護、ノーマライゼーションの見

表5-1　法定後見3類型と任意後見における申立要件、権限の概要

	後見	保佐	補助	任意後見
精神上の障害による判断能力低下の程度	欠けているのが通常の状態	著しく不十分	不十分	不十分
開始決定についての本人の同意	不要	不要	必要	必要（表意不能の場合を除く）
取消権（同意権）	法律行為全般（日常生活に関する行為を除く）	民法13条1項所定の重要な行為	申立ての範囲内の特定の法律行為	任意後見契約で定める特定の法律行為
取消権（同意権）付与についての本人の同意	不要	不要	必要	—
代理権	法律行為全般	申立ての範囲内の特定の法律行為		任意後見契約で定める特定の法律行為
代理権付与についての本人の同意	不要	必要		—
選任される人	成年後見人（案件によって監督人も）	保佐人（案件によって監督人も）	補助人（案件によって監督人も）	任意後見監督人（契約書記載の任意後見人候補者が任意後見人に就任）

地から、成年後見制度を利用しているかどうかは後見登記にしか記載しないこととなり、戸籍を見てもわからなくなった（なお、後見登記事項証明書は、登記記録に記録されている者、配偶者、4親等内の親族等の限られた者しか取得できない）。

(b)　任意後見の仕組み

「任意後見制度」は、本人が、信頼できる人（将来、任意後見人になる予定の者）に、将来判断能力が不十分になった場合に自分の生活、療養看護及び財産管理に関する事務の全部または一部を委任する旨、公正証書であらかじめ決めて託しておく制度で、実際に判断能力が不十分になった場合に、家庭裁判所が任意後見人を監督する監督人を選任することにより、契約の効力を生じさせる制度である。自分で将来の後見人を決められること、委任する事項を決められることなど、法定後見制度よりも自己決定権を尊重したかた

ちになっている。

　また、任意後見人が不正等することのないよう、任意後見人を監督する任意後見監督人を制度上家庭裁判所が必ず選任することを要件としている。この制度は、成年後見制度の導入に伴い、新たに創設されたもので、本人が判断能力のあるうちに将来に備えて契約しておくものである。いわば「転ばぬ先の杖」のような制度といえる。

　任意後見契約が締結されると、その旨の登記がされる。その後、任意後見監督人が選任されると、その旨の登記がされる。戸籍に記載がされないのは、法定後見の場合と同様である。

　なお、任意後見人には、法定後見の場合に認められているような取消権（同意権）はない。

(c)　財産管理と身上保護

　後見人等（ここでは、成年後見人及び財産管理に関する代理権を有する保佐人、補助人、任意後見人を指す）が行う職務は、財産管理と身上保護に大別される。

（イ）　財 産 管 理

　財産管理については、後見人等は、現預金、有価証券、保険、不動産等の財産を管理し、あるいは財産上の取引、収支の管理等を本人に代わって行う。後見人等はこれを公私の別を明確にして、明朗に行う必要がある。成年後見制度利用の申立てをする動機としても、預貯金等の管理、解約が非常に多い状況になっている [2]。

　後見人等の臨時の職務として、不動産売却、不動産賃貸借、保険金支給申請、遺産分割協議、遺留分侵害額請求等の相続関係手続き、示談交渉・調停・訴訟手続きなどがある。

（ロ）　身 上 保 護

　後見人等は、本人の意思を尊重し、かつその心身の状態及び生活の状況に配慮しなければならない義務、すなわち身上配慮義務が課されている（民法858条）。

---

[2] 特に中心となる金融資産の管理の実務の詳細については、吉野（2014）30ページを参照のこと。

　後見人等は、身上保護、つまり住まいや介護サービス、施設入所、医療等に関する契約等を行う。たとえば住まいや介護サービスについては、種類もさまざまで、契約内容も複雑になってきている。後見人等は、できるだけ本人に寄り添い、本人の意思決定を支援し尊重しながら、財産状況、将来のことなどを斟酌して、これらの契約等を本人に代わって行う。ただ、身上保護といっても、後見人等の権限は、契約等の法律行為に関するものを指し、食事の世話や入浴等の介助や洗濯等の事実行為は含まれない。

(d)　意思決定支援

　後見人等は、その職務に当たって、善良なる管理者の注意義務が要求され、その職務遂行に当たっては本人の意思を尊重し、その心身の状態及び生活の状況に配慮しなければならない。

　この本人意思尊重義務、身上配慮義務との関係で、近時の実務において、特に本人の「意思決定支援」の重要性が強調されている[3]。「意思決定支援」は、すべての人に意思決定能力があることが推定されるという前提に立ち、本人が自ら意思決定できるよう実行可能なあらゆる支援を尽くさなければ、代行決定（支援者＝後見人が本人に代わって最終的な意思決定を行う）に移ってはならないことを基本原則とする。後見人が前述した代理権等を行使する場合も、本人の意思決定支援の観点から、本人の自己決定権を尊重し、法律行為の内容に本人の意思及び選好や価値観を適切に反映させる必要がある。

　また、適切な支援を行うため、日常的に本人への支援を行うさまざまな関係者が「チーム」となって意思決定支援を実践することが求められている。このアプローチは、これまで本人の判断能力が不十分であるとして本人の意思を軽視しがちであった支援のあり方を反省し、まずは本人の意思、意向を把握し、その実現を追求する姿勢を持ちながら、本人にとって最もよい選択、生き方が何であるのかを本人に寄り添って考え、関係者が「チーム」になって支援していくアプローチといえる。

---

3)「代理・代行決定から意思決定支援（支援付き意思決定）へのパラダイム転換」との標語とともに語られることのある障害者権利条約のわが国における発効（2014（平成26）年2月）の影響も大きいといわれる。

(e)　成年後見制度以外の権利擁護支援に関係する既存の制度

　社会福祉協議会の日常生活自立支援事業という制度がある。これは、社会福祉協議会が、認知症高齢者、知的障害者、精神障害者等のうち判断能力が不十分な者が地域において自立した生活を送れるよう、利用者との契約に基づき、預金の払戻し・預入れ等の日常的な金銭管理、通帳・届出印等の保管、福祉サービスの利用援助などのサービスを低額で行う制度である。

　ほかに、たとえば弁護士会の運営する高齢者障害者支援センターが監督するかたちで、弁護士が高齢者障害者の利用者と委任契約を締結して、財産管理等をするような制度もある。

(2)　現状の課題と成年後見制度利用促進法に基づく新しい動き

①　現状の成年後見制度の課題

　成年後見制度については、いろいろ課題が指摘されているが、特に以下のような課題がしばしば指摘されるところである（図 5-2 も参照）。

- 潜在的制度利用対象者が多数いるにもかかわらず、利用率が低い
- 後見人等には、親族ではなく、専門職が選任される割合が高い
- 後見類型が多く、保佐類型、補助類型の利用者が少ない
- 任意後見の利用者が少ない
- 財産の保全が重視され、本人の意思決定支援、身上保護が軽視されている
- 後見人等による不祥事の問題

②　成年後見制度利用促進基本計画（第一期基本計画）

　2016（平成 28）年 5 月に成年後見制度利用促進法（成年後見制度の利用の促進に関する法律）が施行され、2017（平成 29）年 3 月に成年後見制度利用促進基本計画（第一期基本計画）が閣議決定された。

　以後、2021（令和 3）年度までの第一期基本計画の期間において、上記課題に対して、たとえば、以下のような運用改善の取り組みがされた。

図 5-2　成年後見制度利用促進法に基づく流れ

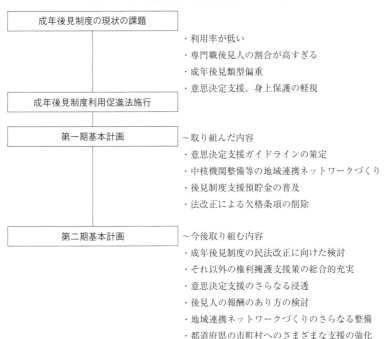

i）「意思決定支援を踏まえた後見事務のガイドライン」を策定・公表し、本人の意思を丁寧にくみ取って本人の意思をできる限り尊重し、後見事務を行う指針が示された。運用上も保佐、補助類型の申立てが年々増加し、2021（令和3）年の保佐類型・補助類型の申立件数は、利用促進法が施行された2016（平成28）年の同申立件数のそれぞれ約1.5倍、約2.0倍に増加した（最高裁判所［2023］）。

ii）権利擁護支援の地域連携ネットワークの中核となる機関（中核機関）の整備が始まった。ただし、その整備状況は、2021（令和3）年10月時点で555市町村（全体の31.9％）にとどまっている（厚生労働省［2022b］）。

iii）不祥事防止対策として後見制度支援預貯金（支援預貯金）を導入する金融機関が大幅に増加した。後見制度支援信託または支援預貯金を導

入した金融機関の割合は 2021（令和 3）年 3 月末時点で約 65％となっており、現在も増加傾向にある（金融庁［2021］）。後見人等による不正の件数・被害総額は、いずれも 2014（平成 26）年度をピークに減少を続けている（最高裁判所［2021］）。

iv）数多くの法律で規定されていた成年被後見人等に係る欠格条項について法改正がされ、削除された。

　他方、この期間において、成年後見制度利用開始申立件数総数は、微増傾向にあるものの、2022（令和 4）年の申立件数総数は、利用促進法が施行された 2016（平成 28）年の同申立件数の 1.2 倍弱の増加にとどまり、依然低調である。また、2022（令和 4）年の申立件数総数に占める後見類型の割合は、約 70％と依然高率である（最高裁判所［2023］）。総じて運用改善により一定の成果は上がってきているものの、限界があり、制度そのものの見直しも必要ではないかとの意見が関係者より多く出された。

③　成年後見制度利用促進基本計画（第二期基本計画）

　そのような中、2022（令和 4）年 3 月、第二期成年後見制度利用促進基本計画（第二期基本計画）が閣議決定された。地域共生社会の実現に向けて権利擁護支援を推進するとし、単に利用者の増加を目的とするのではなく、全国どの地域においても、制度の利用を必要とする人が、尊厳のある本人らしい生活を継続することができる体制の整備を目指すとしている。

　第二期基本計画では、具体的に以下のような対応が計画されている[4]。

ⅰ）ひとたび後見人等が選任されると、判断能力が回復しない限り、課題解決後も後見制度の利用が継続し、本人のニーズ変化に対応できていない。その結果、後見制度があまり利用されなくなっている。このような課題を受け、成年後見制度の見直し（民法改正）を検討していく[5]。

4）第二期計画の施策は多岐にわたり、限りある紙幅ですべてを紹介できないため、そのうち重要な点をいくつか紹介する。
5）適切な時機に必要な範囲・期間で利用できるようにすべき（必要性・補充性の考慮）、3 類型

ⅱ）ⅰ）に伴い、成年後見制度以外の権利擁護支援策の総合的な充実が重要になっていく[6]。日常生活自立支援事業との連携の推進や民間事業者による権利擁護支援への取り組み等を促す。

ⅲ）尊厳のある本人らしい生活を継続するための制度の運用改善等を図る。具体的に、本人の特性に応じた意思決定支援についてさまざまな主体・分野においてその浸透を図っていく（医療、福祉、金融等の関係者も含む）。また、本人にとって適切な後見人の選任と状況に応じた後見人の交代を実現していく。

ⅳ）後見人等の報酬について後見人等の専門性や事務の内容に見合った報酬額の決定が必ずしもされていないこと、本人に資力がなく専門職後見人が報酬を受け取れない案件が相当数あることなどを踏まえ、適切な報酬算定のあり方に関する検討を進めるとともに、市町村によってバラツキのある「成年後見制度利用支援事業」（報酬等助成事業）の見直しを図る。

ⅴ）都道府県の機能強化（都道府県レベルの法律専門職・家庭裁判所を含めた会議体の設置等）により地域連携ネットワークを全市町村で早期に整備する。今後中核機関の機能強化、地域の実情に応じて広く他の機関（法テラス、自治会、消費生活センターや金融機関を含む）との連携を図る。

ⅵ）任意後見制度の利用促進に優先的に取り組む。

ⅶ）市民後見人、法人後見の担い手の育成に優先的に取り組む。都道府県もこれを支援する。

　今後、成年後見制度の制度そのもの、そして実務の運用がさらに大きく変わっていくことが想定されるところである。

　を一元化すべき、終身ではなく有期（更新）の制度として見直しの機会を付与すべきであるなどの制度改正に関する議論が予定されている。
6）成年後見制度の利用場面を限定する方向で見直しを検討することに伴い、判断能力不十分な人が同制度を利用しないときの同制度以外の権利擁護支援策の充実が課題となる。

【補足資料】法定後見、任意後見の実務について

（1）　法 定 後 見

　ここでは、後見、保佐、補助を総称して「後見等」あるいは「法定後見」、成年後見人、保佐人、補助人を総称して「後見人等」あるいは「法定後見人」という。

①　法定後見開始審判の申立て

（a）　申立て

　法定後見は、本人の住所を管轄する家庭裁判所に法定後見開始の申立てを行うことにより開始される。

　申立権者は、主として、本人、配偶者、4 親等内の親族、市区町村長である。身寄りがない人の案件や虐待事案のような困難案件等において、市区町村長申立てが利用されることが多い。市区町村長申立件数は年々増加している。最高裁判所（2023）によると、2022（令和 4）年において、申立人の属性として市区町村長が最も多くなっており、全体の約 23.3％である（次いで、本人、本人の子の順である）。

　法定後見の申立てに必要な書類、書式は、各家庭裁判所の Web サイトから確認できるので、これを利用して準備を進めることが推奨される。

　従前より、本人の精神の状態を判断する医師の診断書が必要書類となっている。成年後見制度利用促進法に基づく流れの中で、安易に後見類型の判断がされることがないよう、医師が十分な判断資料に基づき判断することが必要との問題意識が強くなった。これを受け、2019（平成 31）年 4 月から、診断書の作成に先立ち、福祉関係者等が本人の生活状況等に関する情報を医師に伝え、診断に役立ててもらう「本人情報シート」の作成を求める運用が開始されている。

　申立人は、「後見人等候補者」を推薦することが多い。家庭裁判所は、この推薦に拘束されないが、後見人等にふさわしい親族がいる場合に、親族の候補者を後見人等に選任することが多い。ただし、親族間紛争事案では、申立人の推す後見人等候補者が選任されない傾向が強い。なお、申立人は、候補者を推薦せずに家庭裁判所に後見人等の選任を一任することもできる。

（b）　家庭裁判所での審理、審判

　家庭裁判所は、申立人、後見人等候補者、本人と面談するなどして、本人の判断能力や誰を後見人等に選任するかということについて判断する。

　本人の判断能力に関して鑑定が行われることがある。家事事件手続法上、本人の行為能力の制約の大きい後見、保佐については、適正手続保障の見地から、原則鑑定が必要という建付けになっているが、現実的には、審理期間の短縮が優先されて、後見、保佐を含め多くのケースで鑑定が省略されている。2022（令和 4）年、成年後見関係事件の終局事件のうち、鑑定が実施された案件は、わずかに全体の約 4.9％にすぎない（最高裁判所 [2023]）。なお、鑑定が必要な場合、家庭裁判所に鑑定費用を納める必要がある。鑑定費用については、東京家庭裁判所の場合、家庭裁判所から指示があったときに納めればよい。鑑定費用は、2022（令和 4）年、全体の約 87％について 10 万円以下であった（最高裁判所 [2023]）。

　審理期間は短縮傾向にあり、2022（令和 4）年において、申立て後 2 カ月以内に終局したものは全体の約 72％、4 カ月以内に終局したものが全体の約 95％となっている（最高裁判所 [2023]）。

②　後見人等について

（a）　親族後見人

　後見人等が配偶者、親、子、兄弟姉妹、その他の親族の場合、「親族後見人」と呼んでいる。成年後見制度開始当初の 5 年間を見ると、後見人等に親族が選任される割合が 8 - 9 割であったが、その後、この割合は年々減少し、全体の約 19％となっている（最高裁判所 [2023]）。この原因として、裁判所が、不祥事防止の見地等から、専門職を後見人等に選任する傾向があるといわれてきた。しかしながら、近時の統計で後見人等候補者が親族の場合、裁判所はそのまま親族を後見人等に選任することが多いことがわかってきており（最高裁判所 [2023]）、親族の割合が低いのは、社会構造の影響等もあることが考えられる[7]。

（b）　専門職後見人

　後見人等が専門職の場合、「専門職後見人」と呼んでいる。家庭裁判所との関係で、

7）家族に頼る成年後見ではなく、社会全体で支える成年後見になってきているという意味で、「成年後見の社会化」の進展の一つの表れとして捉えることもできるといわれる。

「専門職」として扱われているのは、弁護士、司法書士、社会福祉士等の専門的な資格を有する者である。

　専門職は、弁護士、司法書士であれば、法的課題への対応や財産管理に長じている、社会福祉士であれば、身上保護に長じているなどの特性があり、そのような特性を踏まえて、家庭裁判所から後見人等に選任される。

　前述したとおり、専門職が後見人等に選任されることが増えているが、そのような中、専門職後見人による不祥事が発覚し、これが社会問題化したことがあった。これを受け、弁護士会、公益社団法人成年後見センター・リーガルサポート（司法書士）、社会福祉士会は、各団体において研修等の一定の要件を充足した者のみを後見人等候補者として名簿登録し、家庭裁判所は、その名簿登載者の中から、後見人等を選任するという運用が定着してきている。

　後見人等に専門職が選任される割合は高く、その割合は、2022（令和4）年において、全体の約71％である（最高裁判所［2023］）。

（c）　市民後見人

　「市民後見人」とは、本人と同じ地域に居住する人で、親族後見人でも専門職後見人でもなく、交友関係もなく、社会貢献のため、地方自治体等が行う後見人養成講座などにより成年後見制度に関する一定の知識や技術・態度を身につけた上、他人の成年後見人等になることを希望して、選任された者をいう。理念的なイメージとしては、本人のために、専門職よりもフットワークよく活動して、よりきめ細やかに本人の生活支援を図ることが期待されている。現状、市民後見人は、財産額が小さく、紛争性が少ない案件で選任されることが多いようである。地域によっても異なるが、報酬を受け取ることもある。市民後見人は、第二期基本計画においても、その活用が大いに期待されているが、現在のところ件数はあまり伸びておらず、2022（令和4）年に市民後見人が選任された件数は全国でわずかに271件にとどまる（最高裁判所［2023］）。

（d）　法人後見人

　成年後見人等には、自然人のみならず、法人も選任されることがあり、「法人後見人」と呼ばれる。

　法人の場合、組織として行動することができるため、分業してより円滑に対応することが可能な側面もあること、困難案件等にも対応しやすい側面があること、担当者

が病気や死亡しても後見人等を継続することができることなどの長所がある。第二期基本計画では、法人後見の担い手の育成の取り組みとして、これまで一定の実績のある社会福祉協議会に加えて、将来的な候補として社会福祉法人や銀行の子会社も例示されている。

（e）　複数後見人について

後見人等については、人数の制限がないため、家庭裁判所は事案に応じて複数の後見人等を選任することができる。たとえば、困難案件であるため専門職を複数選任する、あるいは、親族に身上保護を、専門職に財産管理を委ねるなど事務を分掌して複数後見人体制をとることなどがある。

③　後見人等と医療行為、身元保証問題

後見人等は診療契約を締結し、契約締結後の履行の監視を行うが、本人に提供される医療に関する決定・同意を行うことはできない。しかしながら、後見人等には、医療の決定における意思決定支援者の一員として、本人が意思決定しやすい場を設定し、医師の説明をわかりやすい言葉で本人に伝えたり、本人が意思決定できないときには、本人意思を推定するための情報提供をしたり、多職種による医療・ケアチームの一員として意思決定の場に参加したりするなどの役割が期待されている（厚生労働省［2019］）。

また、多くの医療機関で身元保証・身元引受等を求める運用があるが、利益相反の関係を生まないよう一般に後見人等は身元引受人になるべきではないとされている（ただし、親族後見人が、「親族」の立場で身元引受人になることはあり得る）。他方、後見人等は、緊急連絡先となり、入院費等を支払い、入院時に必要な物品を準備し、退院支援や本人死亡時の遺体・遺品の引き取り等を行うことができる。これにより、事実上、身元保証人等の機能や役割を代替できるため、後見人等がつくことで安心して必要な医療を受けることができると考えられる（厚生労働省［2019］）。

④　家庭裁判所への定期報告

後見人等は、年1回後見等事務報告（定期報告）を行う運用であることが多い。報告内容に不自然、不明確な点があれば、家庭裁判所は、弁護士等を調査人に選任して調査させたり、監督人に選任したりすることもある。

⑤　後見人等の報酬

　後見人等は、家庭裁判所に報酬付与の審判を申し立て、裁判所が決定した報酬額を本人の財産から受け取る。家庭裁判所は、「後見人として働いた期間、本人の財産の額や内容、事務報告から把握できる後見人の行った事務内容などを考慮して、後見人に報酬を付与するのが相当かどうか、相当である場合には報酬の額をいくらとすべきかを決定」する（東京家裁後見問題研究会［2013］）。後見人等は、通常、年1回の家庭裁判所への定期報告の際に、これに合わせて報酬付与の審判申立てを行う。

　なお、本人の資力が乏しく、専門職後見人が本人から報酬を得られない場合に自治体の「成年後見制度利用支援事業」を活用して後見報酬の助成を受けられる場合がある。

⑥　後見等の終了

　本人の死亡、本人の判断能力の回復に伴う後見等開始審判の取消しにより、後見等は終了する。後見等の終期に関連して、第二期基本計画のもと、適切な時機に必要な範囲・期間で利用するなどの制度設計の見直し（民法改正）も視野に入れた検討が進められている。

⑦　死後事務

　2016（平成28）年に民法が改正され、成年後見人に関してのみであるが、本人が死亡したあとも、一定の要件のもとに、ⅰ）個々の相続財産の保存に必要な行為、ⅱ）弁済期が到来した債務の弁済、ⅲ）火葬又は埋葬に関する契約の締結等といった一定の範囲の事務を行うことができることとされた。

　保佐人や補助人については、民法改正の対象となっておらず、権限範囲が明確でないという問題はあるが、従前同様、民法上の事務管理や応急処分の法理に基づき死後事務に対応している。

⑧　後見監督人等による監督

　家庭裁判所は、前述した年1回の定期報告等を通じて後見人等を監督するが、裁判所の監督だけでは十分でないと判断した場合、よりきめ細やかな監督を期待して、後見監督人、保佐監督人、補助監督人（以下「後見監督人等」という）を選任する。任意後見の場合と異なり、法定後見については、監督人を必ず選任する必要はない。

　後見監督人等は、たとえば、ⅰ）不動産売却や遺産分割等の課題がある場合、ⅱ）後見人等の能力、制度理解に不安があり、助言・教育が期待される場合、ⅲ）管理財産が多額であったり、複雑であって、後見人等への助言が期待される場合、ⅳ）後見人等の職務の適正に疑義があり不祥事防止のための対応が期待される場合等に選任されるといわれている。近時、不正防止の見地から、親族後見人に対して、専門職を後見監督人等に選任するケースが増えている。

　後見監督人等の主な職務は、後見人等の事務を監督することである。後見監督人等は、定期的に後見人等と面談して後見等事務の報告を受け、また時に本人とも面談するなどして、監督の実を上げるよう努める。

　成年後見人が本人に代わって営業または民法所定の重要な行為を行う場合には、成年後見監督人の同意が必要となる。

　また、本人と後見人等の利益が相反する場合には、後見監督人等が本人を代理して当該利益相反行為を行う。

　後見監督人等の報酬は、家庭裁判所が決定する。後見人等が毎年行う定期報告・報酬付与審判申立ての際に、後見監督人等も一緒に報酬付与審判の申立てを行うことが多い。

⑨　後見制度支援信託、後見制度支援預貯金
（a）　後見制度支援信託
　不祥事防止の見地から、後見監督人等による監督という選択肢とは別に、後見制度支援信託という選択肢が後見実務において利用されている。後見制度支援信託については、後述の「信託」の項で説明があるが、簡潔にいえば、本人の財産のうち、日常的な支払いをするのに必要十分な金銭のみを預貯金等（東京家庭裁判所の場合、おおむね 100 万円から 500 万円程度）として後見人が管理し、通常使用しない金銭を信託銀行等に信託する仕組みで、信託財産を動かすためには家庭裁判所の指示書を必要とするものである。いわば、家庭裁判所が鍵を持った金庫に預金をしまっておくようなイメージである。また、信託財産から必要な資金を後見人の管理する生活口座等に定期送金させる設定をとることもできる。
（b）　後見制度支援預貯金
　さらに、近時は、後見制度支援信託に加えて、後見制度支援預貯金を利用できる銀

図 5-3　家庭裁判所における近時の主な不祥事防止ツール

・専門職後見人の選任

〜特に各専門職団体の名簿登載者からの選任

・後見監督人等の選任

・後見制度支援信託、後見制度支援預貯金の活用

行、信用金庫や信用組合が増えている。後見制度支援預貯金は、本人の財産のうち、日常的な支払いをするのに必要十分な金銭を預貯金等として後見人が管理し、通常使用しない金銭を後見制度支援預貯金口座に預け入れる仕組みで、後見制度支援預貯金口座に係る取引をする場合には、あらかじめ裁判所が発行する指示書を必要とする。いわば、家庭裁判所が鍵を持った金庫に預金をしまっておくようなイメージであることについては、後見制度支援信託の場合と同様である。後見人の管理する生活口座等に定期送金できる商品設計になっていることが多いようであるが、できない金融機関もあるようである。

　なお、2012（平成24）年2月から2021（令和3）年12月までの成年後見制度支援信託の累計利用者数は28,273人、後見制度支援預貯金の累計利用者数（ただし、平成30年1月以降）は5,446人であり、信託及び預入財産額の累計は約1兆1090億7500万円である（最高裁判所［2022］）。

　また、上記後見制度支援信託、支援預貯金は後見類型でしか利用できないところ、第二期基本計画において、保佐や補助類型で活用できないか検討が進められている。

（2）任意後見

①　任意後見契約の締結

　まず、本人に契約能力があることを前提に、任意後見人になる予定の者と任意後見契約を締結する。本人は、将来自分の判断能力が低下した場合に、財産管理、身上保護に関して代理権を付与したい事項、及び代理権を付与される任意後見人予定者をあらかじめ決めておく。なお、任意後見監督人選任前の任意後見人予定者を「任意後見受任者」という。任意後見においては、身寄りがない人や頼れる親族がいない人も弁

護士や司法書士のような専門職等を任意後見受任者とすることで将来の後見事務を託することができる。

　任意後見契約は、公証人の作成する公正証書によって締結する。任意後見契約が締結されると、公証人を通じて任意後見契約の登記がされる。

　任意後見契約においては、任意後見人を誰にするか、いかなる事項を委任するかが重要である。弁護士、司法書士のような専門職に相談するなどして任意後見契約の内容を検討し、公証人と条項を協議して、任意後見契約を締結することも多いであろう。その際、ライフプランと併用するなどして、委任内容として自身の人生設計や判断能力低下後のライフスタイルへの思いをより具体的に反映させる工夫も考えられる。

②　任意後見契約の利用形態

　任意後見契約の利用形態には、移行型、即効型、将来型の 3 類型がある。

　「移行型」とは、任意後見契約と同時に、任意代理の財産管理委任契約を締結して、自ら選んだ任意代理人に対して、財産管理等の委託を開始させつつ、判断能力が低下した段階で、任意後見監督人選任の申立てを行い、任意後見に移行させる類型である。現時点で、判断能力が健常であるため、任意後見契約を発効させることができないが、身体能力が低下しているなどの事情により、契約締結時から財産管理等を信頼できる人に任せたいという場合等に利用される。現在締結される任意後見契約の多くがこの類型といわれる。

　「即効型」とは、任意後見契約締結直後に、任意後見監督人選任の申立てを行い、任意後見契約の効力を発効させる類型である。任意後見契約は、判断能力が不十分でも意思能力があれば、締結することができるため、即効型という類型もあり得る。ただし、本人が任意後見契約の内容を理解していることが前提であるため、後日契約能力の有無をめぐって紛争になりやすいという側面もある。

　「将来型」とは、健常な判断能力を有する者が、任意後見契約の締結時点で、財産管理の委託をせず、将来、判断能力が低下したときにはじめて任意後見契約を発効させ、任意後見人に後見事務をしてもらうこととする類型で、任意後見契約に関する法律が想定している典型的なケースといえる。ただし、契約締結から発効まで長期にわたることも多いため、特に本人の判断能力等に多少不安が出てきたときには、見守り契約（ホームロイヤー契約）を別途結ぶことが推奨されることもある。任意後見契約

が発効するまでの間、見守り契約を利用することで、本人の状態を常に把握しておくことが容易になり、判断能力の低下時に速やかに任意後見監督人選任の申立てをしやすくなる（東京弁護士会の高齢者障害者支援センター（オアシス）経由で弁護士に委任する場合、原則月額 1 万円（税別）となっている）。

③　任意後見監督人選任の申立て

任意後見監督人の選任の申立ては、本人の住所地を管轄する家庭裁判所に行う。申立権者は、本人、配偶者、4 親等内の親族または任意後見受任者である。

本人の判断能力が不十分であることが要件になっているため、法定後見でいえば、少なくとも補助類型相当程度に判断能力が不十分であることが必要になる。

申立てに当たって必要な書類、書式については、各家庭裁判所の Web サイトで確認できるので、これを利用して準備を進めることが推奨される。

任意後見監督人選任の申立ての場合も診断書が必要となる。鑑定は原則不要となっている。本人以外の申立ての場合には、本人が意思表示不能の場合を除き、本人の同意が必要である。

家庭裁判所が、所定の要件が充足されていると判断すると、任意後見監督人を選任して、任意後見契約の効力を発生させることになる。任意後見契約の発効とともに、契約書に記載されていた任意後見人候補者が任意後見人に就任し、家庭裁判所を通じて登記がされることになる。

なお、2019（令和元）年 7 月時点で任意後見契約の登記がされている件数（終了して閉鎖されている登記を除く）のうち、任意後見監督人選任登記のされている件数はわずかに約 3％に過ぎず（法務省［2019］）、任意後見契約は締結されても発効していない実情がある。2022（令和 4）年の任意後見監督人選任の審判申立件数もわずかに 879 件にとどまっている（最高裁判所［2023］）。

④　任意後見人の職務

任意後見人は、民法が定める善管注意義務を負い、また、本人の意思を尊重し、その心身の状態及び生活の状況に配慮する義務を負う。意思決定支援の考え方が重要であることは、法定後見の場合と同様である。

任意後見人は、任意後見契約書に定められた権限、義務に従って後見事務を行う。

　任意後見人は、定期的に（3、4 カ月に 1 回程度が多いであろう）あるいは監督人の指示に従って、後見事務を報告することが求められる。多くの場合、任意後見監督人は、年 1 回後見事務の監督状況について裁判所に報告している。

　報酬について、任意後見人は、任意後見契約書に定める報酬額を本人の財産から受け取る。任意後見監督人は、家庭裁判所への年間報告時に報酬付与審判を申し立て、家庭裁判所が決定した金額を本人の財産から受け取る。

⑤　権利擁護支援の地域連携ネットワーク

　成年後見制度利用促進法に基づく流れの中で、全国どの地域においても必要な人が成年後見制度を利用できるよう、各地域において、権利擁護支援の地域連携ネットワークの構築を図ることが目指されている。区市町村はネットワークの中核となり、地域連携ネットワークのコーディネートを担う機関（中核機関）の設置、整備を進めている。中核機関には、従前の保健・医療・福祉の連携（医療・福祉につながる仕組み）だけでなく、新たに、司法も含めた連携の仕組みを構築することが求められている。保健・医療・福祉の現場で虐待や消費者被害等の権利侵害や法的課題を発見したときに、司法、すなわち家庭裁判所や法律専門職と連携して、権利侵害の回復支援等を受けられるような体制をつくることが必要である。

　中核機関は、地域住民からの相談を受け付け、本人に対する権利擁護支援のあり方を検討し、成年後見制度の利用が必要な場合には、後見人等候補者を調整することが期待され（マッチング）、家庭裁判所はこの調整プロセスを踏まえて適切な後見人等を選任する。後見人等選任後、中核機関は、後見人等への支援（モニタリング、バックアップ）をしていくことが期待される。

　全市町村において中核機関の早期整備が必要で、今後中核機関の機能強化、地域の実情に応じて広く他の機関（法テラスや自治会や消費生活センターや金融機関を含む）との連携が求められることになる。そして、この権利擁護支援の地域連携のネットワークを、ほかのさまざまな支援・活動のネットワークと連動させながら、地域における包括的・重層的・多層的な支援体制をかたちづくっていくことによって、地域共生社会の実現を目指していくことになる。

図 5-4　権利擁護支援の地域連携ネットワーク

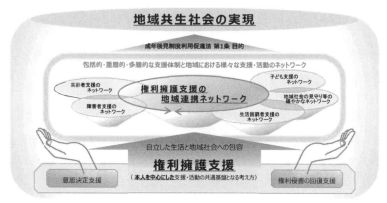

出所：厚生労働省社会・援護局地域福祉課成年後見制度利用促進室「第二期成年後見制度利用促進基本計画の策定について」より引用（https://www.mhlw.go.jp/content/000917337.pdf）

2　信　託

（1）　信託の仕組み

　長寿社会においては、加齢等により認知能力が下がった場合でも適切に資産を管理・運用し、また次世代へスムーズに資産を承継していくことが求められる。その中で信託は、信頼できる第三者の能力を活用することで後見や遺言を代用する機能を有する仕組みであり、有効な選択肢の一つとなり得るものである。本節では、その信託の基本的な仕組み、特徴を概観した上で、実際に信託銀行等で提供されている商品及び昨今活用事例が出てきた家族信託について解説する。

①　信託の仕組み

（a）　信　託　と　は

　信託とは「委託者が、信託行為（信託契約、遺言など）によって、受託者に対して金銭や土地などの財産を移転し、受託者は委託者が設定した信託目的に従って受益者のためにその財産（信託財産）の管理・処分などをする制度」である。

(b)　信託の基本用語

（イ）　委 託 者

金銭、株式、不動産などの財産（信託財産）を受託者に預ける（信託する）者のこと。

（ロ）　受 託 者

委託者から信託財産を引き受け、信託目的に従って、受益者のためにその財産の管理・処分をする者のこと。

（ハ）　受 益 者

委託者の信託財産から生じる利益を受ける者のこと。受益者は、委託者自身とすることも、委託者以外の第三者とすることもできる。前者を「自益信託」といい、後者を「他益信託」という。

（ニ）　信 託 目 的

委託者が信託することによって達成しようとする目的のこと。受託者は、この信託目的に従って信託財産の管理・処分を行う。

(c) 信託の基本的な仕組み

図5-5を見ながら信託の基本的な仕組みを理解していこう。

（ⅰ）　委託者は、自身が保有する財産を信託契約などにより受託者に信託する。信託すると、委託者の財産の所有権は受託者に移転する点がほかの制度にない信託の大きな特徴である[8]。

（ⅱ）　受託者は、信託財産を管理・運用する。委託者及び受益者への大きな責任を負う信託銀行等の受託者には、信託法や信託業法などの法律に基づいてさまざまな厳しい義務[9]が課されており、信託財産は安全に管理される。

---

8) 委託者は、受託者との契約により、または、遺言により信託を設定することができる。このため、委託者は財産権の移転その他の処分をなし得る能力、いわゆる行為能力（民法第4条〜第19条）を有しなければならない。遺言の場合、委託者は行為能力までは必要とせず、遺言能力（民法第961条〜第963条、第973条）があれば足りる（原則として満15歳に達した者は遺言することができる）。
9) 最も基本的な義務として、善良な管理者の注意をもって信託事務を処理しなければならない「善管注意義務」、受益者のために忠実に信託事務の処理をしなければならない「忠実義務」、信託財産に属する財産と受託者自身の財産や他の信託財産に属する財産とを分別して管理しなければならない「分別管理義務」の3つがある。

図 5-5　信託の仕組み

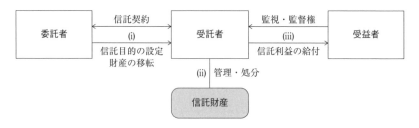

（ⅲ）　受託者は信託財産の管理・運用により得られた利益を信託契約に
　　　　従って受益者に給付する。

②　信託の機能と活用例

　信託には、その仕組みをいかしたさまざまな機能があるが、ここでは長寿
社会において重要となる資産管理や資産承継領域において、特に有効と思わ
れる後見等を代替・サポートする機能と、遺言を代用する機能について解説
する。

(a)　後見等を代替・サポートする機能

　認知能力が低下し、判断能力を喪失するに至る局面において、高齢者の置
かれた環境・状態によっては、資産の管理・処分について十分な判断ができ
なくなる事態も想定される。この場合、資産管理の面で大きな懸念が生じる
こととなる。たとえば、将来の施設入居や医療・介護のために備えておいた
資金を、高額な買い物に使ってしまう、詐欺に遭ってしまう等の思いがけな
い事態になってしまうケースである。

　信託では、信託設定時の委託者の意思（信託目的）を、委託者が判断能力
を喪失する、死亡するといった事情変化が生じた場合でもその影響を受けず、
信託は（信託が終了するまで）存続するという機能を持っている（「意思凍
結機能」という）。たとえば、委託者が元気なうちに一定の金銭を受託者に
信託し、特定の目的以外に払い出しできないようにする、あるいは、金銭を
使いすぎないように一定の金額を定期的に生活費として支払う信託を設定す
ることで、自身の判断能力低下による懸念に備えることができる。

　また、判断能力喪失後の局面においては、親族等の後見人が資産の管理を行うこととなる。特に被後見人が多額の預貯金等の金融資産を保有している場合は、その管理の負担・責任は大きくなる。

　信託の受託者は（図5-5）の（ⅱ）の説明のところで述べたとおり、善管注意義務等の厳しい義務が課せられているため、信託契約に従って事務を忠実に遂行する義務を負う。信託契約に後見人の管理負担を軽減する内容の事務を規定することでその事務を受託者に任せることができる。たとえば、被後見人が保有する金融資産の大部分を信託することでその金融資産の管理を受託者に任せ、日常使う生活費相当の金銭は、信託財産から毎月一定額を生活口座としている金融機関に振り込むように設計することで、被後見人の資産を安全に守りながら、計画的に後見事務を遂行することができる。

(b)　遺言を代用する機能

　本人の相続が開始したあと、高齢の配偶者や子供の生活の安定を願う場合、信託を活用すれば自分の意思で資産の承継方法を決めておくことができる。認知能力が低下し、行為能力または遺言能力がなくなってしまうと、信託の設定や遺言作成ができなくなってしまう。

　委託者本人の生存中は本人を受益者とし、死亡後は本人の配偶者を、その配偶者死亡後はさらに本人の子を連続して受益者として、「次の次」まで受益者を指定することもできる。これは「跡継ぎ遺贈型の受益者連続信託」といわれる。たとえば、非上場企業オーナーが自社株（非上場株式）を信託し、後継者である子を受益者、その後継者の子（委託者の孫）を次の受益者とする信託を設定することで、自社株を親族外に分散させることなく承継させることができる。

（2）　信託銀行の商品

　本項では、信託銀行各社で取り扱っている個人向けの信託商品のうち、「後見等を代替・サポートする機能」「遺言を代用する機能」を活用したものについて解説する。

①　後見等を代替・サポートする機能を持つ信託商品

(a)　解約制限付き信託商品

(イ)　概　要

将来の認知能力の低下に備えて、あらかじめ指定した家族等の同意がないと払い出しができない仕組みの信託商品である。本人以外の者の判断を介在させ、本人の判断のみで払い出しができなくなるよう制限することで、認知能力が低下した際に生じ得る不必要な高額の買い物や振り込め詐欺等への対応として活用できる。

(ロ)　商品性

委託者兼受益者が金銭（信託財産）を受託者である信託銀行等に信託するに当たり、受益者代理人や同意者（以下「受益者代理人等」という）となる家族等をあらかじめ指定する（預入金額の下限や受益者代理人等に指定できる家族等の範囲は各信託銀行により異なる）。解約や払い出しの際には受益者代理人等の同意が必要となる。

特定の目的（有料老人ホーム等施設の入居一時金、高額な医療費）のための支払いや定期的に一定額を指定口座に払い出す場合には、受益者代理人等の同意は不要としている（同様に各信託銀行により商品性が異なる）。

(ハ)　留意点

受益者代理人等に誰を指定するかについては慎重に検討すべきである。たとえば、委託者兼受益者本人の配偶者を受益者代理人等に指定する場合、当該配偶者も加齢により認知能力が低下する可能性も考えられる。一部の信託銀行では、受益者代理人等以外に受託者が所定の書面等により解約理由等を確認した上で払い出す仕組みの商品もあり、受益者代理人等の認知機能の低下にも対処できる。活用を検討する際には、このような商品性のちがいにも着目すべきである。

(b)　後見制度支援信託

(イ)　概　要

後見制度支援信託は、2012年から信託銀行等で取り扱いを開始した後見制度における被後見人の財産管理を支援するための信託商品である。本信託は、特別な法律に基づく制度ではなく、家庭裁判所の指示に基づき、被後見

図5-6　後見制度支援信託の仕組み

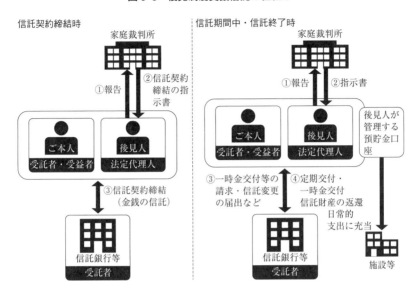

人の財産（金銭）について信託を活用して管理する仕組みである。これにより、家庭裁判所の関与のもとで安全に被後見人の財産を保全することができる（図5-6）。

（ロ）　商品性

委託者兼受益者である被後見人が、金銭（信託財産）を受託者である信託銀行等に信託する。信託契約の締結等の法律行為等については、被後見人の法定代理人である後見人が行う。利用対象は、成年後見制度における被後見人及び未成年後見制度における被後見人であり、成年後見制度の被保佐人や被補助人、任意後見制度における本人は利用の対象外である。

信託された金銭の中から、後見人が管理する預貯金口座に対して、被後見人の生活費用等の支出に充当するための定期交付や、被後見人の医療目的等の臨時支出に充当するための一時金の交付等が行われる。

（ハ）　留意点

本信託を利用するには、被後見人本人のために家庭裁判所へ後見開始の申立てがされることが前提となり、家庭裁判所が本信託の利用に適していると

判断したときに本信託が紹介され、その段階で本信託の利用を検討することとなる。したがって、直接信託銀行等に申込相談を行うものではないことに留意が必要である。

② 遺言を代用する機能を持つ信託商品

(a) 概要

高齢者が委託者兼受益者として、将来の認知能力の低下に備え、生前に信託を設定し、委託者兼受益者死亡後の信託財産の承継者等を定めておくことができる信託商品である。遺言を作成せずとも、(信託財産に限って) 遺言と同様の効果が得られる。

(b) 商品性

代表的な商品は、委託者兼受益者の死亡後、配偶者等の家族が一時金の給付を受けることを信託契約に定めておくものである。これにより、指定された家族は、信託財産たる金銭を遺産分割協議を経ずに受け取ることができる。委託者兼受益者の死亡後、指定された家族が一時金でなく、一定額を定期的に受け取れるものもある。

(c) 留意点

シンプルに信託財産の承継者・金額等を決めておくレディメイド型の商品のほか、前述の受益者連続等の機能をオーダーメイドで設計できる商品もあり、手数料水準も異なる。達成したい目的に応じて利用する商品を検討する必要がある。

(3) 民事信託 (家族信託)

法令による免許・認可を受けた信託銀行等が営業として引き受ける信託は「商事信託」と呼ばれる一方、営業として引き受けられたものでない信託は「民事信託 (家族信託)」と呼ばれる。一般社団法人信託協会の Web サイトでは、信託法改正の背景の一つとして「民事信託の分野でも高齢社会の到来を背景に、後見的な財産管理や遺産承継を目的とする家族信託への期待が高まってきました」と触れている[10]。民事信託に関する統計や調査がないため明らかではないが、昨今、弁護士、司法書士、税理士などの専門職を中心にこの

民事信託を活用する動きが活発になっている。

　一般社団法人家族信託普及協会によると、家族信託は、「資産を持つ方が、特定の目的（たとえば「自分の老後の生活・介護等に必要な資金の管理及び給付」等）に従って、その保有する不動産・預貯金等の資産を信頼できる家族に託し、その管理・処分を任せる仕組み」と定義している。特に自宅や賃貸アパート等の不動産については、実務上、信託銀行の多くが受託していないことが多いため、家族信託の活用余地があるのではないだろうか。

　ただし、信託財産は受託者（家族）名義になるため、受託者として適切に信託財産を管理・処分できる信頼のおける家族がいることが大前提であることに留意しなければならない。

（4）　今後の展望

　高齢化、長寿化に伴い、認知・判断能力の低下や喪失に備えた対応が必要になる。特に資産管理の面においては、認知・判断能力の低下・喪失後は金融サービスを円滑に利用できなくなることが想定される。それに備え、あらかじめ金融資産に関する情報を整理（財産目録の作成、通帳等の管理場所の整理等）し、金融資産の管理方針（運用・取り崩し・使用目的・資産承継等の方針）を決めておき、本人意思を明確にしておくことが重要である。

　本章で学んだ成年後見制度や信託は、その本人意思を実現できる手段の一つとなり得るものであり、今後さらにニーズが高まるだろう。

【本章のポイント】

- 成年後見制度には、本人の判断能力に応じて「後見」「保佐」「補助」という3類型から成る「法定後見制度」と「任意後見制度」がある。
- 「法定後見制度」は、本人の判断能力に応じて成年後見人、保佐人、補助人が選任され、財産管理・身上保護の場面で代理権や取消権（同意権）を

---

10)　一般社団法人信託協会ホームページより。
　　（URL：https://www.shintaku-kyokai.or.jp/trust/history/trusts_modern.html　最終アクセス日 2023 年 7 月 24 日）

使い本人を支援、保護する制度である。

- 「任意後見制度」は、将来判断能力が不十分になった場合に備え、本人が信頼できる人（将来任意後見人になる予定の者）に、財産管理事務等をあらかじめ託しておける制度であり、法定後見で認められている取消権（同意権）はない。

- 成年後見制度は、潜在的利用対象者に対する利用率が低い、「保佐」「補助」の利用者が少ない、意思決定支援・身上保護が軽視されている、後見人等による不祥事等の課題を抱えている。2017 年に成年後見制度利用促進基本計画が閣議決定されるなど、各種課題を改善するための検討が進められており、今後、本制度の実務の運用が大きく変わることが想定される。

- 信託は、信頼できる第三者（受託者）の能力を活用することで後見等を代替・サポートする機能や遺言を代用する機能を有する仕組みであり、認知能力が下がった場合でも適切に資産を管理・運用・承継するための有効な選択肢の一つとなり得る。

【参考文献】

金融庁（2021）「後見制度支援預貯金・後見制度支援信託等 導入状況（令和 3 年 7 月 30 日）」。
厚生労働省（2012）「都市部における認知症有病率と認知症の生活機能障害への対応」（平成 24 年度厚生労働省科学研究費補助金認知症対策総合研究事業 研究代表者 朝田隆）。
―――（2014）「日本における認知症の高齢者人口の将来推計に関する研究」（平成 26 年度厚生労働省科学研究費補助金特別研究事業 研究代表者 二宮利治）。
―――（2019）「身寄りがない人の入院及び医療に係る意思決定が困難な人への支援に関するガイドライン」。
―――（2022a）「障害者白書」（令和 4 年度版）。
―――（2022b）「成年後見制度利用促進に係る取組状況等について（令和 4 年 5 月 18 日）」。
厚生労働省社会・援護局 地域福祉課成年後見制度利用促進室（2022）「成年後見制度利用促進に係る取組状況等について（令和 4 年 5 月 18 日）」。
最高裁判所事務総局家庭局（2021）「中間検証報告書を踏まえた取組の進捗状況について〜家庭裁判所における取組を中心に〜（令和 3 年 3 月）」。
―――（2022）「後見制度支援信託等の利用状況等について―令和 3 年 1 月〜12 月―」『実践成年後見』100 号 139 ページ。
―――（2023）「成年後見関係事件の概況―令和 4 年 1 月〜12 月―」。
東京家裁後見問題研究会（2013）「後見の実務」『別冊判例タイムズ 36』88 ページ。
法務省民事局（2019）「法務省における制度の周知、不正防止の取組の現状等（令和元年 12 月）」。
吉野智（2014）「金融取引に関する実務上の留意点」『実践成年後見』52 号。

第 II 部

加齢に伴う心身の変化とその対応

第6章

高齢者の心理（1）
——加齢に伴う心的機能の変化とその対応

髙山　緑

■本章の目的■

本章では、高齢者の心理的側面を理解することを目的とする。まず記憶、認知機能、知能を取り上げ、知的な能力に関わる機能の加齢変化や年齢差について解説し、その対応について述べるとともに、知的な能力の変化における個人差や可変性などについて説明する。また意思決定と加齢との関係について概説する。次に、高齢期の感情とパーソナリティについて解説する。最後に高齢期のウェルビーイングについて取り上げる。人の心理機能の加齢に伴う変化と適応について理解する。

1　加齢変化に見られる多様性

　加齢変化は一律に「誕生から青年期頃まで能力が上昇し、成人期を通じてそれが維持され、高齢期になると低下（衰退）する」ととらえられる傾向がある。しかし、人間の加齢変化はもっと複雑で、多様性がある。

　多様性には、いくつかの意味が含まれる。第一に、機能により加齢変化が異なるということである。若い時期にピークを迎える機能もあれば、成人期以降にピークを迎える機能もある。加齢変化の様相は、機能によって異なる。第二に、正常な加齢変化か、病気によって引き起こされる変化かによって、加齢変化は大きく異なる。第三に、加齢変化には個人差がある。つまり、低

下する時期や低下のスピードは個人によっても異なる。本章では、正常加齢に見られる、人の心の加齢変化の多様性と個人差に焦点を当てる。

2　知的な能力の加齢変化

　本節では、記憶、認知機能、知能を取り上げ、知的な能力に関わる機能の加齢変化と、その対応について解説する。さらに知的な能力における個人差や可変性などについて説明する。最後に意思決定と加齢について概説する。

（1）　記憶の加齢変化

①　記憶とは

　記憶とは、経験したこと、学習したことを覚え（記銘／符号化）、それを保持し（保持／貯蔵）、あとで思い出すこと（想起／検索）である。記憶機能があることで、私たちは日々新しいことを覚え、機器や道具を操作できるようになり、生活の中のさまざまな出来事を思い出し、人との約束を忘れることなく実行することができる。

②　衰えにくい記憶、衰えやすい記憶

　日常的には、私たちは覚えたり、思い出したりすることをすべて「記憶」という言葉で表現する。しかし、専門的には、記憶はいくつかの種類に分類できる。

　まず、記憶は情報を蓄えておくことができる時間によって、感覚記憶、短期記憶・ワーキングメモリ、長期記憶に分類される。さらに長期記憶は情報を思い出すときに、それを言葉で説明することができる、あるいは思い出していることを意識できる記憶と、思い出すときに言語化しにくい、あるいは思い出していることを意識しない記憶がある。前者を宣言的記憶（または顕在記憶）、後者を非宣言的記憶（または潜在記憶）という。宣言的記憶には意味記憶とエピソード記憶がある。一方、非宣言的記憶の代表的なものには手続き記憶（技能・学習）がある（図6-1）。

　すべての記憶機能が一律に、同様の加齢曲線を描くわけではない。衰えや

図 6-1　記憶の種類

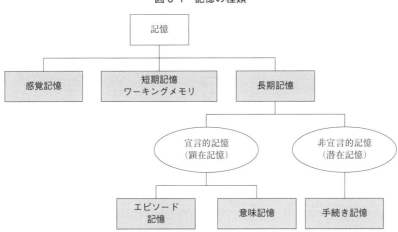

注：非宣言的記憶には手続き記憶以外にも含まれる記憶がある。
出所：佐藤・髙山・増本（2014）をもとに一部修正

すい記憶がある一方で、衰えにくい記憶もある。加齢とともに低下を示す傾向がある記憶としてエピソード記憶がある。エピソード記憶とは、個人が経験した出来事に関する記憶である。エピソード記憶はその出来事の内容（何を経験したか）とともに、いつ、どこでといった時間や空間に関する文脈情報や、そのときの自己の身体的・心理的状態の情報などとともに記憶されていることが特徴である。「先週の土曜日の夜、家族と一緒にレストランに食事に出かけた」というような記憶がエピソード記憶に相当する。

　エピソード記憶は成人期から高齢期にかけて、相対的に早い時期から低下が始まる。スウェーデンの研究グループは、35歳から80歳の成人・高齢者を対象にして、エピソード記憶の加齢変化を検討している（Rönnlund *et al.*［2005］）。研究法により生じるバイアスを調整し、加齢変化を推定したところ、エピソード記憶は55-60歳ころまでは安定しているが、その後、低下することを報告している（図6-2）。このようなエピソード記憶の低下は、日常生活では「スマホをどこに置いたかな？」「家の鍵が見つからない」といった「物忘れ」として自覚される。

　一方、同じ長期記憶の宣言的記憶でも、意味記憶は高齢期に入っても加齢

による衰えをあまり示さない。意味記憶は知識に相当する。意味記憶は通常、同じような経験の繰り返しにより形成され、いつ、どこで獲得したかのような記憶は消失し、内容のみが記憶されたものと考えられる。

　先に紹介したスウェーデンの研究では、意味記憶の加齢変化についても調べている。意味記憶はエピソード記憶とは異なり、55歳まで上昇し、その後の低下も緩やかであることが報告されている（図6-2）。

　意味記憶と同様に、加齢による衰えをあまり示さない記憶機能に、手続き記憶がある。手続き記憶は非宣言的記憶のひとつで、技能や習慣の碁盤となる記憶である。自転車に乗れるようになる、機器の操作ができるようになるなどが相当する。習得するまでには意識的な努力が必要であるが、身につけると、その内容を言語で説明したり、意識して想起したりすることができない、難しい記憶である。

　手続き記憶は加齢による低下をあまり示さない。たとえば自動車の運転をする人は駐車場に車を停めた際、その場所をうっかり忘れることはあっても（エピソード記憶の低下）、運転の仕方（手続き記憶）を忘れることはない。特に若い頃からずっと継続して活動し、身につけてきた技能などの手続き記憶は高齢期になっても保持され、加齢による低下は起きにくい。

③　記憶の過程における加齢変化

　前述したように、記憶の過程には記銘、保持、想起の段階がある。高齢期になると、覚えるのに努力を要するような複雑な内容を記憶するとき、記銘の段階で符号化処理能力に低下が見られる。また、高齢期になると想起する際、記憶した情報をそのまま思い出す能力（再生）には低下が見られる。一方、提示された情報が記憶として保持されているものと同じかどうかを思い出すことができる能力（再認）は、高齢期でも比較的維持される。

　このような加齢変化に対応するために、高齢者に新しい情報を伝えるときには、一度に多くの複雑な情報を伝えるのではなく、一つひとつわかりやすく伝える工夫をするとよい。また、わかりやすい資料を用意しておくと、理解の助けになるだけでなく、あとで思い出すときにも役立つ。

図 6-2　縦断データをもとに推定されたエピソード記憶と意味記憶の加齢曲線（T 値）

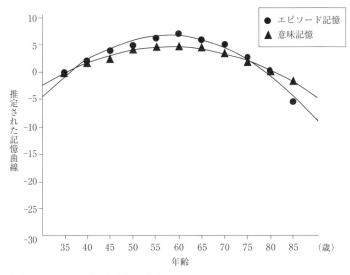

出所：Rönnlund *et al.*（2005）をもとに作成

（2）　知能と認知機能の年齢差・加齢変化とその対応

①　知能と認知機能

　知能と認知機能は、どちらも人間の知的な能力を指す用語である。ただし、学術的に異なる歴史的な背景がある。知能とは「情報を導き出し、経験から学び、環境に適応し、理解し、思考と理性を正しく活用する能力」（American Psychological Association）である。知能は知的な能力の総称として用いられ、記憶、思考、判断、推理などさまざまな能力を含む。それを客観的に測定するために知能検査が開発されている。

　これに対して、認知機能は 1960 年代半ばに認知心理学の登場によって使われるようになった用語である。認知心理学は人間の頭の働きや思考の仕組みを情報処理の観点から明らかにしようする学問である。

　認知とは、広義には人間の情報処理過程全体を指す。この情報処理過程は物理的刺激の入力を受容器で受け止め（入力系）、その情報を処理し（中枢

処理系）、運動、表現など大脳で処理された情報をもとに身体の動きに表す（出力系）プロセスに分けることができる。感覚や知覚と区別する意味では、認知は入力系から入った情報を中枢系で処理する過程を指す。そして、情報処理をする認知過程において作用するのがさまざまな認知機能である。認知機能には、注意、記憶、思考（問題解決、推理、意思決定、連想、想像など）、実行機能などがある。前述した記憶も認知機能に含まれる。

　知能研究と認知機能の研究は歴史的な背景が異なり、使用される用語にもちがいがあったが、最近は互いに影響し合い、重なる点も多く、認知機能と知能は人間の知的な能力を指す同じ言葉と考えられる（山中［2018］）。本節では、知能研究と認知機能研究の知見をもとに、知的な能力の年齢差と加齢変化について概説する。

②　流動性知能と結晶性知能

　心理学では、いくつもの知能モデルが提唱されてきたが、キャッテルとホーン（Cattell［1943］；Horn and Cattell［1967］）が提唱した「流動性知能」と「結晶性知能」の視点からとらえると、知能の加齢変化の特徴がわかりやすい。

　流動性知能とは、新しいことを学習したり、新しい環境へ適応したりするための能力である。新しい情報を獲得して、それを上手に処理し、素早く円滑に操作する能力である。一方、結晶性知能は、すでに蓄えられている知識や経験を生かす能力である。流動性知能は成人期以降、加齢とともに低下する傾向があるが、結晶性知能は高齢期でも高く維持されることが知られている。

　知能の加齢研究の第一人者であるシャイエは共同研究者とともに、シアトル縦断研究において、50年以上にわたり知能検査を用いて知能の加齢変化を研究している。彼らは横断法[1]、縦断法[2]、さらにコホートなどの効果を調整する研究デザインから得られたデータをもとに分析している。彼らの研

1）研究対象となる複数の年齢集団からサンプリングして、集団間の能力や特性等を比較する方法。年齢差を加齢変化と見なす。縦断法と比較すると実施しやすいが、加齢効果とコホート効果（特定の時代や文化の影響）を区別することができない。
2）同じ集団を長期間にわたり追跡する方法。加齢変化をとらえることができるが、練習効果や脱落効果のバイアスが生じる。

究からは、知能の低下は従来考えられていたよりも遅く、数的処理のように50歳代から低下する能力もあるが、おおむね流動性知能に対応する能力は40-60歳にかけて高く維持され、60歳代前半頃から緩やかに低下を始めること、そして顕著な低下は80歳代に入ってからであることが示されている。一方、結晶性知能に対応する能力は80歳頃までは高く維持される（Schaie[2013]；[2016]）。

　高齢期における流動性知能の低下は、日常生活の中では、新しいことを覚えるのに若い頃よりも時間がかかったり、新しい環境に馴染むことに難しさを感じたりするという体験になる。

③　知能と認知機能の年齢差・加齢変化とその対応

　知能や認知に関わる機能のピークがいつ頃あり、その後、どのようなペースで低下するかは機能の種類によって異なる。

　「処理速度」は加齢とともに低下を示しやすい認知機能の一つである。処理速度とは、情報を速く、正確に処理する能力である。また、処理速度は注意や判断などほかの認知機能とも関連している。処理速度のピーク時期は青年期にあると報告する研究もある（Hartshorne and Germine[2015]）。

　「ワーキングメモリ」は記憶機能の一つで、ある情報を保持しながら、その情報を用いて別の認知処理をするときに機能する能力である。たとえば暗算をしたり、会話をしながら運転をしたりするように、複数の情報処理を同時に行う場合や、複雑な思考を整理し、新しい結論を導くような高次の思考が求められるときに、重要な役割を果たす。

　ワーキングメモリも加齢による低下を示しやすい認知機能の一つである。ワーキングメモリのピーク時期は、処理速度のピーク時期よりも遅いが、後述する語彙（言語能力）の機能よりもピークがくる時期が早くおとずれ、低下が始まる（Hartshorne and Germine[2015]）。

　しかし、近年、すべてのワーキングメモリ課題の成績が低下するわけでないこともわかってきた（苧阪[2018]）。イギリスで11万人を対象に5種類のワーキングメモリ課題を実施し、年齢差が検討された（Logie *et al.*[2015]）。その結果、視覚パタンの再生や、色、形、位置の特徴の組み合わ

せの再生などに関わるワーキングメモリでは、20歳から低下が始まるが、空間方位を特定したり、文章を読みながら意味を理解し、文末の単語を再生するときに関わるワーキングメモリでは、成績低下は緩やかになった。さらに継時的に視覚提示した数字の再生などに関わるワーキングメモリは60歳代でも20歳代とあまり成績に差がなく、高く維持されていた。言語的に覚える方略を使える場合は、ワーキングメモリでも著しく低下しないようだ。

　ところで、高齢期になると複数のことを並行して作業しているとき、途中で間違ったり、作業が止まってしまったりすることがある。これはワーキングメモリの低下も関係している。このようなミスや作業の中断を低減するためには、たとえば複数のことを並行して行わず、一つひとつ順番に作業するよう工夫することが考えられる。

　認知過程では必要な情報に注意を向ける一方、必要のない情報には注意を抑制することも必要である。関連のない情報に対して注意を抑制する機能のことを「抑制機能」と呼ぶ。抑制機能も加齢とともに低下することが知られている。

　高齢期になると、注意が散漫になったり、思い立ったらすぐに行動や言動に移してしまったりするような行動が見られることがあるが、これは抑制機能の低下が関連していると考えられている。高齢者と話をする際、静かで落ち着いた空間をつくることは、聴力低下への対応だけでなく、高齢者の注意が散漫になるのを防ぎ、必要な情報に注意を向けるためにも有効な工夫である。

　このように、青年期あるいは成人期の早い時期から低下を示す認知機能がある一方で、低下が始まる時期が遅い認知機能もある。結晶性知能に対応する語彙に関わる認知機能は高齢期になっても維持されること、または低下があってもわずかであることが、これまで多くの研究から報告されている（Singer *et al.* [2003]；Salthouse [1982] など）。この結果は縦断法によるバイアスを調整した研究でも一貫している（たとえば Rabbitt *et al.* [2004] など）。

　また、情動認知のような「社会的認知」に関する課題でも、若年者より成人のほうが、成績が良い。目元の表情の情報だけで、どれだれ正確に情動を

認知するか測定した研究（Hartshorne and Germine［2015］）では、40-60
歳頃、最も得点が高かった。そして高齢期以降では個人差は大きくなるが、
平均値の変動で見ると情動認知の得点はあまり低下せず、維持されることが
報告されている。

（3）　日常生活への適応

　知能や認知機能の加齢変化や年齢差の研究結果を見ていくと、高齢期でも
高く維持される認知機能がある一方、高齢期になると低下する認知機能もあ
ることがわかる。このような認知機能の低下により、日常生活場面でさまざ
まな支障が引き起こされることが予想される。しかし、そのような予想に反
して、概して高齢者は日常生活のいろいろな事柄（日常的な買い物や料理、
薬の摂取の管理、金銭の管理など）に上手に対応していて、日常場面には、
さほどマイナスの影響は見られないことがよくある。このようなことがなぜ
可能なのだろうか。

　パークら（Park and Gutchess［2000］）は、これについて二つの理由を挙
げている。一つ目は、日常生活における複雑な認知課題を遂行するために重
要な要素や、頻度が高く熟知した行動は自動化しているため、多くの認知資
源（ワーキングメモリ、注意など、認知的な活動を行うために必要な心理的
リソース）や努力を必要としないことにある。たとえば、買い物や料理など
は本来、高度の認知資源が求められる行動である。しかし、長年その行動を
繰り返していると、意識的な努力をあまり必要とせず、自動的処理に基づい
て遂行可能なことが多くなる。そのため、たとえ実験室場面で認知課題の成
績が低下を示しても、日常生活場面での行動には必ずしも影響が見られない
のである。

　二つ目は、知識は生涯を通じて維持、あるいは向上することにある。生活
を通して学習してきたことは高齢期においても維持される。これにより問題
解決や日常生活に必要なことに取り組む際、膨大な知識基盤にアクセスする
ことができるため、処理速度やワーキングメモリなどの認知機能に低下が見
られても、それを緩和したり、補償したりすることができる。

　いずれかの認知機能が低下しても、ほかの認知機能が補償し、パフォーマ

ンス自体は維持・向上させられることがある。ソルトハウスは、タイピスト
に必要な認知機能をリストアップし、年齢の異なるタイピストを対象にした
実験を行い、認知機能とタイピストとしてのパフォーマンスに見られる年齢
差を検討した（Salthouse［1984］）。処理速度などをはじめ、認知課題のほ
とんどで、若いタイピストのほうが良い成績を示した。しかし、タイピスト
としてのパフォーマンス（早く、正確に書類を完成すること）は維持され、
若いタイピストと遜色がなかった。ベテランのタイピストは豊富な知識や経
験により、一度に理解できる情報量が増えたことで、処理速度等の低下を補っ
ていたのである。これは補償を示す典型的な研究結果である。

　人間の心理的適応過程では、このような補償がよく見られる。バルテスは
「補償を伴う選択的最適化理論（SOC 理論）」（Baltes and Baltes［1990］）に
おいて、人が生涯を通じて適応するプロセスを説明している。

　この理論によると、何かしらの制約が生じるようになると、人は限りのあ
る時間やエネルギーを振り向ける領域・対象を選択し（選択：Selection）、
選択した領域にリソースを集中させ、機能の維持・向上を図り（最適化：
Optimization）、さらにリソースの低下に対処するために、これまでとは異
なる方法で工夫する（補償：Compensation）ようになると説明している。
個人のある機能の低下を別の機能が補償することもあるし、外部の機器等を
使用して、個人の機能の低下を補償することもある。

　知能と認知機能の加齢変化を日常生活の場面でとらえると、若い時期は新
しいことを学び、吸収していくことに適しているといえる。一方、高齢期に
なると、新しいことを学習したり、新しい環境に馴染むのに、若い頃よりも
時間がかかったり、難しくなったりする。しかし、一方、高齢者はこれまで
の知識や経験を生かして、問題解決することが若い頃よりも上手になる。そ
して情報処理速度などは低下しても、これまでの知識や経験を活用して、そ
の遅れを補い、仕事や作業のパフォーマンスの質を落とさないように工夫す
ることもできるようになる。知識や経験が処理速度の低下などを補償すると
もいえる。

　補償の観点からすると、周囲のサポートや配慮があることで高齢者の機能
低下が補われることもあり、機器等で補償できることもある。ますます本格

化する超高齢社会に向けて、機能低下への配慮や、支援技術の開発は一層重要になってくる。

（4）　加齢変化の個人差

ここまで知的な能力の標準的な正常加齢を見てきた。しかし、低下し始める時期や、低下のスピードには個人差がある。近年、個人差を説明する概念として「認知の予備力」（Stern ［2002］）が注目されている。認知の予備力は、加齢に伴う脳の変化やアルツハイマー病に関連する病理に対する感受性の個人間のちがいを説明するために提案された概念である。認知の予備力が高い者はそうでない者よりも、脳の加齢変化や病理による変化にうまく対応し、機能を維持することができると仮定される（Stern ［2012］）。

認知の予備力を高める要因としては、教育年数、仕事の内容（キャリア達成の高さや仕事の複雑さ）、そして認知的、社会的、身体的に刺激がある余暇活動への積極的な参加などがある（Pettigrew and Soldan ［2021］）。仕事では、絶えず新しいことを学んだり、マネジメントしたり、交渉したりするような複雑性の高い仕事に従事する経験は認知機能の維持と関連性があり（Lane *et al.* ［2017］）、MCI やアルツハイマー病へのリスク低下にも関係することが報告されている（Andel *et al.* ［2005］）。また好奇心を持ち、積極的に社会参加活動をしている者は高齢期において認知機能が高く維持される傾向がある（Hultsch *et al.* ［1999］）。

近年、有酸素運動と認知機能の関連性も注目されている。有酸素運動をすることにより注意、処理速度、記憶、実行機能、空間認知能力など、認知機能全般が向上することが報告されている（Colcombe and Kramer ［2003］）。高齢期でも、継続的に有酸素運動をすることで、前頭葉、頭頂葉の神経活動が増加したり（Colcombe *et al.* ［2004］）、脳の構造において、有酸素運動をした高齢者で前頭葉の灰白質と白質の体積を中心に、脳の体積が有意に増加したことが報告されている（Colcombe *et al.* ［2006］）。

変化のメカニズムについては、今後さらに検討される必要があるが、これらの研究は身体運動が身体機能や健康に関連するだけではなく、脳の活動を活性化させ、正常加齢による脳体積の損失を取り戻し、認知機能を向上させ

る効果があることを示している点で興味深い現象である。これらの研究結果は有酸素運動により脳の構造的変化が仮定できるため、脳の予備力[3]に分類できる。

(5)　可変性のある認知機能

知的な能力の加齢変化を見てきたが、高齢期になり知能や認知機能が低下を始めても、それは必ずしも不可逆的な変化ではない。適切なトレーニングをすると、少なくとも70歳代頃までは認知機能の回復がみられることが知られている。認知機能には可変性がある。

レボックらの研究（Rebok *el al.*［2014］）では、処理速度、推論、記憶のトレーニングを高齢者（ベースライン時の平均年齢73.6歳）に実施し、介入効果を検証した。その結果、介入効果が示され、さらにベースラインの得点から有意な差があることを「効果の維持」とみなすと、処理速度と推論では10年後にも効果が維持されていたことを報告している（図6-3）。

近年、認知症予防を目的としたさまざまなトレーニング方法[4]が開発され、認知機能の維持・低下抑制の取り組みに活用されている。

(6)　意思決定と加齢

判断や意思決定は日常的な物事への判断や意思決定から、リスクを伴う意思決定まで、さまざまなレベルで行われる。そして健康に関する問題や金銭的な問題について判断や意思決定することは、高齢になるほど頻度や重要度が増す可能性がある。

成人を対象にした意思決定プロセスに関する研究の蓄積と比較すると、判断や意思決定と加齢に関する研究はまだ多くなく、研究結果も必ずしも一貫していない。高齢者も若者と同じように意思決定をしているか、加齢ととも

3）予備力には「脳の予備力」という概念もある。脳の予備力はある時点での脳の構造的特徴（たとえば、病前の脳容積や白質の状態など）を指す。脳の予備力の高さは認知機能の低下が始まる閾値へ影響を与え、加齢変化や病理変化から保護する可能性がある（Pettigrew and Soldan［2021］；Stern［2012］）。
4）代表的なものに国立長寿医療研究センターが開発した認知症予防運動プログラム「コグニサイズ」などがある。

図 6-3　認知機能のトレーニング効果

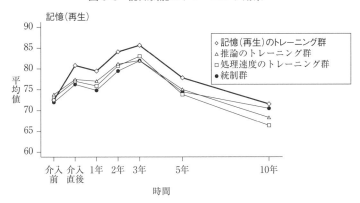

記憶（再生）

◇記憶（再生）のトレーニング群
△推論のトレーニング群
□処理速度のトレーニング群
●統制群

時間

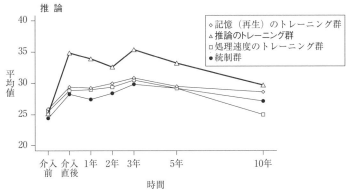

推　論

◇記憶（再生）のトレーニング群
△推論のトレーニング群
□処理速度のトレーニング群
●統制群

時間

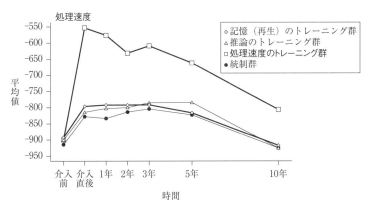

処理速度

◇記憶（再生）のトレーニング群
△推論のトレーニング群
□処理速度のトレーニング群
●統制群

時間

出所：Rebok *et al.*（2015）をもとに作成

に意思決定の仕方に本質的なちがいが生じるのか、という点についてはまだ研究の途上にある[5]。

　そのような制約を認識しつつ、リスクを伴う意思決定と加齢に関する研究から、どのような示唆を得ることができるのだろうか（本章では広く意思決定と加齢の研究について述べる。金融に関係する意思決定と加齢については第1章を参照）。

　ところで、意思決定には二つの異なるプロセス、すなわち感情や過去の経験が深く関わる無意識的、自動的なプロセスと、ワーキングメモリや処理速度などがより強く関与する熟慮による推論プロセスがある。二つのシステムは「システム1」「システム2」とも呼ばれる（Kahneman［2003］；Stanovich and West［2002］）。どちらがより優位に作用するかは状況や課題によって異なるが、どちらも意思決定にとって重要なプロセスである。

　ワーキングメモリや処理速度などの加齢による低下は、熟慮による意思決定（システム2）に影響を与えるだろう。これまでの研究結果からは、判断や意思決定に時間がかかるようになること、判断に関連した情報を検索したり、検討したりすることが少なくなること、判断や意思決定の修正が必要な際に、柔軟性が乏しくなること、体系的な戦略を立てなくなり、認知資源をあまり必要としない方略を好むようになることなどが示唆される（Peters *et al.*［2007］；Sanfey and Hastie［1999］）。認知資源が低下する中で情報処理をしなければならなくなると、システム2にできるだけ負荷をかけずに判断や意思決定するような戦略がとられるようになるようだ。また、高齢者はこれまでの人生の中で蓄積した知識を利用して、意思決定をするのに長けている一方、その場で情報をモニタリングし、判断するのは苦手になるのかもしれないことも指摘されている（Mata *et al.*［2011］）。

　一方、システム1に関わる脳の加齢変化や、認知課題の遂行に見られる年齢差は小さく（Good *et al.*［2001］；Zacks *et al.*［2000］）、また高齢者は時間

---

5) 意思決定のフレーミング効果と加齢の関係については、まだ一定の結論が得られていない（渡部［2018］）。またプロスペクト理論（Kahneman and Tversky［1979］）と加齢の関係についても、まだ頑健な結果はないが、今後さらに検討が進み、意思決定と加齢に関する理解が深まることが期待されている（Peters *et al.*［2007］）。

展望の狭まりとともに、情動へのモチベーションが変化し、感情や情動に関する情報（しばしば肯定的な情報）に以前よりフォーカスする傾向があることが知られている（Carstensen［2006］）。システム1が相対的または絶対的に優位に作用することが増えることで、高齢者と若年者の意思決定に相違が生まれ、必ずしも合理的ではない判断になる可能性があることが研究者たちから指摘されている。一方で、状況によっては、これまでの経験や感情をもとに、限られた少ない情報から、素早く適切な判断ができる可能性があることを指摘する研究者たちもいる（Blanchard-Fields［1998］）。

　また、加齢と関連する適応プロセスが意思決定に影響を与えることもある。たとえば、高齢者は意思決定に対する動機づけの程度に応じて、自身のシステム2の能力を選択的に使用している。そのため、意思決定の内容が自身に関連し、意味のあるものであるときは、意思決定に見られた年齢差は低減することがある（Peters *et al.*［2007］）。これは先述した補償を伴う選択的最適化理論と符合する。

　高齢期の意思決定の特徴を理解し、高齢者自身、そして周囲の者がそれに対して適切に対応・支援するためにも、先述した補償を伴う選択的最適化理論（SOC理論）が意思決定にどのように作用するか、また後述する社会情動的選択性理論（SST）に代表されるように、モチベーションや感情が認知資源といかに相互作用し、意思決定に影響を与えるか、より詳細に解明していくことは社会的にも急務なことである。

3　情動と加齢

　人間にはさまざまな情動がある。怒り、恐れ、不安、悲しみ、喜び、驚きなどの基本的な情動には、それに対応した表情があり、その表情によって、情動は表出され、他者に伝わる。

　情動の表出については、高齢になると若い人と比較して、やや乏しくなることがある[6]。これは表情筋の衰えなどによると考えられる。一方、これま

6）高齢者と若い世代での感情の表出に差がないことを報告している研究もある。

での心理学研究からは、情動の多様性や情動を感じる体験は、若い人と高齢者に有意な差がないことが知られている。高齢者によってはその表出が周囲の人からわかりにくくなることがある一方で、高齢者も若い世代と同様に豊かな感情体験がある。

　また、ネガティブな感情とポジティブな感情の加齢変化・年齢差に関して見てみると、高齢期はネガティブな感情は安定あるいは低下する一方で、ポジティブな感情は上昇することが報告されている（Mroczek and Kolarz [1998]；Stone *et al.* [2010]）。

　コミュニケーションをとるときは、言語によるコミュニケーションだけでメッセージを伝えるわけではない。表情のような非言語によるコミュニケーションからも多くのメッセージが伝達される。そのため、話の内容だけでなく、高齢者の感情にも注意を向けながら、高齢者自身がどのように感じ、考えているか理解することが大切である。

4　パーソナリティ（性格）の加齢変化

　「高齢者は頑固な人が多い」「高齢の人は激高しやすい印象がある」という声を聞くことがある。高齢期になるとパーソナリティは変わるのだろうか。変化があるとすると、それはどのようなものなのだろうか。

　心理学では、パーソナリティが誕生から死を迎えるまで、どのように加齢変化をしていくか、長く研究されてきた。心理学者のロバーツはパーソナリティの加齢変化を検証した研究のメタ分析を行い、生涯を通じたパーソナリティの加齢変化を検討している（Roberts *et al.* [2006]）。

　彼らはパーソナリティの主要な特性である、神経症傾向（感情の安定性）、外向性、開放性、調和性、誠実性を取り上げた。神経症傾向は不安の感じやすさや傷つきやすさの傾向を表す。神経症傾向が低いと、感情の安定性があることを示す。外向性は対人関係面での活動性や、興味関心が外界に向いている傾向を表し、調和性は対人関係面で、調和を大切に協調的な行動をとる傾向を表す。開放性は知的、美的、文化的に新しい経験や価値観に心が開いている傾向、誠実性は責任感があり、勤勉でまじめな傾向を表す。なお、こ

の研究では外向性特性を社会的優越性と社会的バイタリティの二つの側面から分析している。

　メタ分析の結果、社会的優越性、誠実性、そして感情の安定性は 20 歳から 40 歳にかけて上昇し、高齢期にかけて高く安定していること、一方、社会的バイタリティと開放性は青年期に上昇し、その後、維持され、高齢期になるとやや低下することが示された。調和性は青年期から高齢期にかけて上昇していた。もちろん個人差はあるが、この結果は高齢期になると概して新しいものを受け入れる許容性や、社会的なバイタリティは低下する一方、年齢を重ねるとともに精神的に安定し、責任感が高まり、周囲の人たちと協調的に振る舞う傾向が高まることを示している（図 6-4）。

　また、心理学研究では、情動をコントロールする能力（情動統制）も検討されている。情動統制は若い人よりも高齢者のほうが高いことが報告されている。パーソナリティや情動に関わる機能の年齢差や加齢変化の研究を見ると、高齢期になると青年期・成人期より、概して精神的に穏やかで衝動性が抑えられるようになることが見えてくる。

　高齢者がかたくなな態度をとったり、強い情動を表出する場合、その原因は加齢によるパーソナリティの変化というよりは、むしろ「若いときのように、自分が思ったように身体が動かせなかったり、頭の回転がスムーズでないように感じたりする」こと（身体機能や認知機能の低下）へのいらだちであったり、あるいは「自分のことが理解されない」「自分の自尊心が傷つけられた」と感じるようなストレスフルな状況に対して、うまく対応できないときの不適応反応である場合が多いようである。

　このように、高齢者の硬化した態度や強い情動を示す態度が、状況へうまく適応できていないことから生起している場合は、周囲のコミュニケーションのとり方・接し方で、それらを和らげられる可能性がある。情動が高まり、心理的な負担が大きな場面になると、自制が困難になることがある。コミュニケーションをとるときに情動反応にも気をつけることは、高齢者の認知機能を十分に機能させる上でも重要になる。

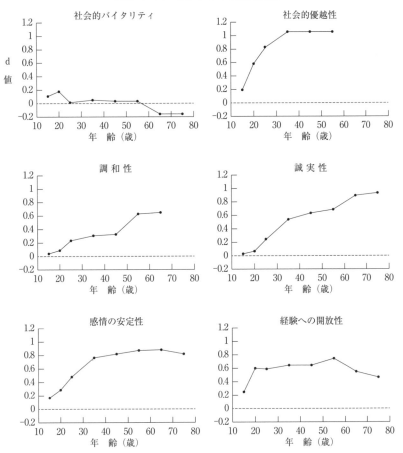

図6-4　パーソナリティの加齢変化

出所：Roberts *et al.*（2006）をもとに作成

5　高齢期のウェルビーイング[7]

（1）　ウェルビーイングとは

ウェルビーイングとは、生活や人生に対する認知的な評価の側面でも、日

---

7)　本章ではウェルビーイングは subjective well-being と呼ばれる概念のことを指す。

常の感情体験の側面でも、肯定的な状態であることを指す。ウェルビーイングは、これまでの人生や現在の生活に対する満足度（人生満足度、生活満足度など）あるいは領域ごと（仕事、経済状態、住居、対人関係、環境など）の満足度、生活の中で感じる感情体験（ポジティブな感情体験、またはポジティブな感情体験とネガティブな感情体験のバランス）、そして自分の存在意義や人生の意義・目的を感じることができること（エウダイモニア）など、多様な側面からとらえることができる（経済協力開発機構（OECD）［2015］）。

（2）　ウェルビーイングの促進要因・抑制要因

　超高齢社会を迎えた現代社会においては、長く人生を過ごすことができることはもとより、高齢期に入り、心身の機能が低下したり、病気の治療や介護が必要となり、これまでのようには動けなくなっても、日々の生活の中で、尊厳を持ち、ウェルビーイングを感じて生活できる社会を構築することが、より重要な社会的課題となる。ウェルビーイングは身体的・心理的・社会的加齢変化に対する心理的適応の指標になり、サクセスフル・エイジングの指標にもなる。そのため、高齢期のウェルビーイングを高めたり、維持したりする要因（促進要因）や、ウェルビーイングを低減させる抑制要因を理解しておくことは重要である。

　ウェルビーイング研究では、抑制因子あるいは促進要因として、これまで50以上の変数が取り上げられ検討されてきた（George［2010］）。その中で、個人的要因では、健康状態が良好であること、自尊心を感じられることや、自分の存在意義があると感じられる体験があること、良い人間関係があることは高齢者のウェルビーイングを維持・向上させる要因となることが繰り返し報告されている。

　一方、身体機能の衰えとともに、経済的な不安があることは高齢期のウェルビーイングを低下させる要因となることが指摘されている。現在、85歳以上のいわゆる超高齢者も増えているが、超高齢期には、特にこの二つの要素がウェルビーイングに対して、高いリスク要因となることが報告されている（Takayama and Smith［2011］）。

　経済的不安をいかに低減できるかは、高齢期のウェルビーイングを豊かに

保つための重要な要素である。日々の生活を大きな経済的不安がなく暮らせることとともに、将来、病気などにより治療や介護が必要になったときにも、それを受けることができる経済的基盤があり、現在、そして将来の経済的不安が小さくとどめられていることは、高齢者のウェルビーイングを保つための重要な要素となる。逆に、経済的な不安があると高齢期のウェルビーイングを低下させたり、精神的な不安を引き起こしたりすることがある。

（3）　高齢期に見られるモチベーションの変化

　ウェルビーイングを感じられる生活を送ることは、どの年代にとっても大切なことである。しかし、高齢期になると、穏やかで安定した生活、安心した生活を送りたいという、ウェルビーイングへの希求が高まり、対人関係や対人行動、認知過程にも変化が生じる。心理学者のカーステンセンは「社会情動的選択性理論（SST）」（Carstensen［1995］）により、そのことを説明している。

　社会情動的選択性理論によると、高齢であることを自覚したり、あるいは若者であっても生命に関わるような大きな病気や怪我に見舞われたりして、自分の人生の限りを意識するようになると（「時間展望の狭まり」を意識するようになる、という）、新しい刺激に満ちた未知の世界を探求したいというモチベーションよりも、穏やかで安定した生活、安心した生活を送りたいという、ウェルビーイングを希求するモチベーションが高まる。

　このようなモチベーションの変化は、対人行動や認知過程にも影響を与える。たとえば、高齢期になると、若いときよりも対人ネットワークが小さくなりやすいといわれるが、その要因は自分や家族、友人が病気になったり、死別したりするなど、ネガティブなライフイベント（人生の出来事）によってのみ引き起こされるわけではない。自分にとってネガティブな関係（不快な思いをするような関係）である人との交流を徐々に疎遠にし、より良い関係にある人との交流を大切にしていくような「積極的な選択」により、ネットワークの縮小が生起している側面もある。つまり、高齢者自身が主体的にネットワークを取捨選択していることもあるのだ。

　また、時間展望の変化により、モチベーションに変化が生じることで、認

知に変化が生起することがある。ある心理学実験では、高齢者と若者にネガティブな情報とポジティブな情報を提示すると、高齢者は若者と比較してポジティブな情報に注意を向け、ネガティブな情報に注意を向けない傾向があることが報告されている（Mather and Carstensen［2005］）。この現象は、「注意の積極性効果（またはポジティビティ効果）」と呼ばれる。

　さらに、ポジティブな感情を誘発する写真、ネガティブな感情を誘発する写真、そして特段の感情を誘発しないニュートラルな写真を見せたあと、しばらくして、さきほど見た写真を思い出す（再生）よう求められると、高齢者は若者と比較してポジティブな感情を誘発する写真を思い出し、ネガティブな感情を誘発する写真は思い出さない傾向がある（図 6-5）。これは、「記憶の積極性効果（またはポジティビティ効果）」と呼ばれる現象である。このような注意や記憶の側面において観察される認知の年齢による相違は、時間展望の変化により生じるモチベーションの変化と関係していると考えられている。

　加齢により脳の萎縮が進み、認知機能が一段と低下すると、このような現象は生起しにくくなるのではないかと考える研究者もいる。しかし、少なくとも認知機能がまだ十分に保持されている高齢者には注意の積極性効果や、記憶の積極性効果が見られる。

6　個人差へのまなざし

　本章では、記憶、知能、認知機能などの知的な能力、情動・感情、そしてパーソナリティの加齢変化や年齢差を見てきた。また、高齢期のウェルビーイングについても取り上げた。平均値レベルで加齢変化・年齢差を見ると、機能によって加齢の仕方は一律ではなく、多様な加齢曲線が描かれることがわかる。

　一方、加齢変化には個人差がある。子どもの発達に個人差があるように、高齢期にも個人差がある。長い生活史のちがいから、高齢期は個人による差がより大きくなる。目の前にいる高齢者の心を理解するとき、高齢者あるいは加齢に対する先入観に歪められることなく、心理機能の加齢変化に対する

図6-5　記憶の積極性効果（ポジティビティ効果）

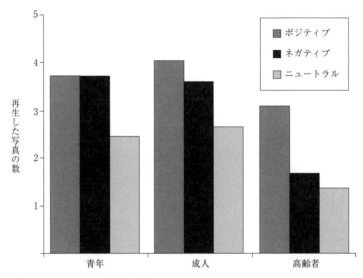

出典：Charles *et al.*（2003）をもとに作成

正確な知識を持ちつつ接するとともに、一人ひとりの個性や個人差に視線を向けることを忘れてはいけない。

【本章のポイント】

- 正常な加齢による変化と病気による変化は異なる。
- 加齢とともに心理機能は変化する。しかし機能により加齢曲線は異なり、変化は一律ではない。たとえば処理速度のように比較的若い時期から衰えを示す認知機能がある一方で、語彙や社会的認知のように高齢期に入ってからも高く保たれる機能もある。
- 知能や認知機能の加齢変化には個人差がある。また可変性・柔軟性もある。
- 高齢者にも若年者と同様に豊かな感情がある。
- パーソナリティの加齢変化については、個人差はあるが、概して、年齢を

重ねると新しいものを受け入れる寛容さや、社会的なバイタリティは低下する一方、思春期・青年期よりも精神的に安定し、責任感が高まり、周囲の人たちと協調的に振る舞う傾向が高まることをこれまでの研究は示している。
- 高齢期になり時間展望が変化すると、穏やかで安定し、安心した生活を送りたいという、ウェルビーイングへの希求が高まり（モチベーションの変化）、対人関係や対人行動、認知過程にも変化が生じることがある。
- 経済的な不安は高齢期のウェルビーイングを低下させることがある。

【参考文献】

経済協力開発機構（OECD）編（2015）『主観的幸福を測る：OECD ガイドライン』桑原進監沢、髙橋しのぶ 訳、明石書店。

佐藤眞一・髙山緑・増本康平（2014）『老いのこころ：加齢と成熟の発達心理学』有斐閣。

苧阪直行（2018）「ワーキングメモリとコグニティブエイジング」松田修（編著）『最新老年心理学　老年精神医学に求められる心理学とは』（pp.15-26）、ワードプランニング。

山中克夫（2018）「高齢者の知能」松田修（編著）『最新老年心理学　老年精神医学に求められる心理学とは』（pp.125-138）、ワードプランニング。

Andel, R., Crowe, M., Pedersen, N. L., Mortimer, J., Crimmins, E., Johansson, B., and Gatz, M. (2005) "Complexity of work and risk of Alzheimer's disease: a population-based study of Swedish twins," *The journals of gerontology. Series B, Psychological sciences and social sciences*, 60 (5), pp. 251-258.

American Psychological Association, APA Dictionary of Psychology https://dictionary.apa.org

Baltes, P.B. and Baltes, M. M. (1990) *Successful aging: Perspectives from the Behavioral Sciences*, Cambridge University Press.

Blanchard-Fields, F. (1998) "The role of emotion in social cognition across the adult life span," In K. W. Schaie and M. P. Lawton (Eds.), *Annual review of gerontology and geriatrics* Vol. 17: Focus on emotion and adult development. (Vol. 17, pp. 238-265). Springer Publishing Company.

Carstensen, L.L. (1995) "Evidence for a life span theory of socioemotional selectivity," *Current Directions in Psychological Science* Vol. 4. No. 5: pp. 151-156.

———(2006) "The Influence of a Sense of Time on Human Development," *Science*, 312 (5782), pp. 1913-1915.

Cattell, R. B. (1943) "The measurement of adult intelligence," *Psychological Bulletin*, 40 (3), pp. 153-193.

Colcombe, S., and Kramer, A. F. (2003) "Fitness effects on the cognitive function of older adults: a meta-analytic study," *Psychological science*, 14 (2), pp. 125–130.

――, ――, Erickson, K. I., Scalf, P., McAuley, E., Cohen, N. J., Webb, A., Jerome, G. J., Marquez, D. X., and Elavsky, S. (2004) "Cardiovascular fitness, cortical plasticity, and aging," *Proceedings of the National Academy of Sciences of the United States of America*, 101 (9), pp. 3316–3321.

――, Erickson, K. I., Scalf, P. E., Kim, J. S., Prakash, R., McAuley, E., Elavsky, S., Marquez, D. X., Hu, L., and Kramer, A. F. (2006) "Aerobic exercise training increases brain volume in aging humans," *The journals of gerontology. Series A, Biological sciences and medical sciences, 61* (11), pp. 1166–1170.

George, L. K. (2010) "Still happy after all these years Research frontiers on subjective well being in later life," *Journal of Gerontology. Series B: Psychological Sciences and Social Sciences* Vol.65B. No.3: pp. 331–339.

Good, C. D., Johnsrude, I. S., Ashburner, J., Henson, R. N., Friston, K. J., and Frackowiak, R. S. (2001) "A voxel-based morphometric study of ageing in 465 normal adult human brains," *NeuroImage*, 14 (1 Pt 1), pp. 21–36.

Hartshorne, J. K. and Germine, L. T. (2015) "When does cognitive functioning peak? The asynchronous rise and fall of different cognitive abilities across the life span," *Psychological science*, 26 (4), pp. 433–443.

Horn, J. L. and Cattell, R. B. (1967) "Age differences in fluid and crystallized intelligence," *Acta Psychologica*, 26 (2), pp. 107–129.

Hultsch, D. F., Hertzog, C., Small, B. J., and Dixon, R. A. (1999) "Use it or lose it: Engaged lifestyle as a buffer of cognitive decline in aging?" *Psychology and Aging*, 14 (2), pp. 245–263. https://doi-org.kras.lib.keio.ac.jp/10.1037/0882-7974.14.2.245

Kahneman, D. (2003) "A perspective on judgment and choice: mapping bounded rationality," *The American psychologist*, 58 (9), pp. 697–720.

Labouvie-Vief, G. (2005) "Self-with-other representations and the organization of the self," *Journal of Research in Personality*, 39 (1), pp. 185–205.

Lane, A. P., Windsor, T. D., Andel, R., and Luszcz, M. A. (2017) "Is occupational complexity associated with cognitive performance or decline? Results from the Australian Longitudinal Study of Ageing," *Gerontology*, 63 (6), pp. 550–559.

Logie, R. H., Horne, M. J., and Pettit, L. D. (2015) "When cognitive performance does not decline across the lifespan," In R. H. Logie and R. G. Morris (Eds.), *Working memory and ageing*, pp. 21–47, Psychology Press.

Mata, R., Josef, A. K., Samanez-Larkin, G. R., and Hertwig, R. (2011) "Age differences in risky choice: a meta-analysis," *Annals of the New York Academy of Sciences*, 1235, pp. 18–29.

Mather, M. and Carstensen, L.L. (2005) "Aging and Motivated Cognition: The Positivity Effect in Attention and Memory," *Trends in Cognitive Sciences* Vol.9. No.JO: pp. 496–502.

Mroczek, D. K. and Kolarz, C. M. (1998) "The effect of age on positive and negative affect: A developmental perspective on happiness," *Journal of Personality and Social Psychology*, 75 (5), pp. 1333–1349.

Park, D.C. and Gutchess, A.H.(2000) "Cognitive aging and every day life," In D. C. Park and N. Schwarz (Eds.) *Cognitive aging: A primer*, pp. 217–232, Psychology Press.

Peters, E., Hess, T. M., Västfjäll, D., and Auman, C. (2007) "Adult Age Differences in Dual

Information Processes: Implications for the Role of Affective and Deliberative Processes in Older Adults' Decision Making," *Perspectives on psychological science : a journal of the Association for Psychological Science*, 2 (1), pp. 1-23.

Pettigrew, C. and Soldan, A. (2019) "Defining Cognitive Reserve and Implications for Cognitive Aging," *Current neurology and neuroscience reports*, 19 (1), p. 1.

Rabbitt, P., Diggle, P., Holland, F., and McInnes, L. (2004) "Practice and drop-out effects during a 17-year longitudinal study of cognitive aging," *The Journals of Gerontology: Series B: Psychological Sciences and Social Sciences*, 59 (2), pp. 84-97.

Rebok, G. W., Ball, K., Guey, L. T., Jones, R. N., Kim, H., King, J. W., Marsiske, M., Morris, J. N., Tennstedt, S. L., Unverzagt, F. W., and Willis, S. L. (2014) "Ten‐year effects of the advanced cognitive training for independent and vital elderly cognitive training trial on cognition and everyday functioning in older adults," *Journal of the American Geriatrics Society* Vol. 62. No.1: pp. 16-24.

Roberts, B. W., Walton, K. E., and Viechtbauer, W. (2006) "Patterns of mean-level change in personality traits across the life course: A meta-analysis of longitudinal studies," *Psychological Bulletin* Vol.132. No.1: pp. 1-25.

Rönnlund, M., Nyberg, L., Bäckman, L., and Nilsson, L.-G. (2005) "Stability, Growth, and Decline in Adult Life Span Development of Declarative Memory: Cross-Sectional and Longitudinal Data From a Population-Based Study," *Psychology and Aging*, 20 (1), pp. 3-18.

Salthouse, T. A. (1982) *Adult cognition: An experimental psychology of human aging.* New York:Springer-Verlag.

――― (1984) "Effects of age and skill in typing," *Journal of Experimental Psychology: General*, 113 (3), pp. 345-371.

Sanfey, A.G. and Hastie, R. (2000) "Judgment and decision making across the adult life span: A tutorial review of psychological research," In D. C. Park and N. Schwarz (Eds.) *Cognitive aging: A primer,* pp. 253-273, Psychology Press.

Schaie, K.W. (2013) *Developmental Influences on Adult Intelligence: The Seattle Longitudinal Study,* 2nd ed., Oxford University Press.

――― (2016) "The longitudinal study of adult cognitive development," In R. J. Sternberg, S. T. Fiske, and D. J. Foss (Eds.), *Scientists making a difference: One hundred eminent behavioral and brain scientists talk about their most important contributions,* pp. 218-222, Cambridge University Press.

Singer, T., Verhaeghen, P., Ghisletta, P., Lindenberger, U., and Baltes, P. B. (2003) "The fate of cognition in very old age: Six-year longitudinal findings in the Berlin Aging Study (BASE)," *Psychology and Aging* Vol.18, No.2: pp. 318-331.

Stern, Y. (2012) "Cognitive reserve in ageing and Alzheimer's disease," *Lancet Neural* Vol.11: pp. 1006-1012. https://doi-org.kras.lib.keio.ac.jp/10.1016/S1474-4422 (12) 70191-6

――― (2002) "What is cognitive reserve? Theory and research application of the reserve concept," *Journal of the International Neuropsychological Society : JINS*, 8 (3), pp. 448-460.

Stone, A. A., Schwartz, J. E., Broderick, J. E., and Deaton, A. (2010) "A snapshot of the age distribution of psychological well-being in the United States," *Proceedings of the National Academy of Sciences of the United States of America*, 107 (22), pp. 9985-9990.

Squire, L. R. (1992) "Declarative and nondeclarative memory: Multiple brain systems supporting learning and memory," *Journal of Cognitive Neuroscience* Vol.4, No.3: pp. 232-243.

Takayama, M. and Smith, J. (2011) "Do social relationships contribute to well-being after age 85? : Findings from Japan and Germany," 119th Annual Convention of the American Psychological Association.

Zacks, R. T., Hasher, L., and Li, K. Z. H. (2000) "Human memory," In F. I. M. Craik and T. A. Salthouse (Eds.), *The handbook of aging and cognition*, 2nd ed., pp. 293-357, Lawrence Erlbaum Associates Publishers.

第7章

高齢者の心理（2）
——高齢者とのより良いコミュニケーションのために

髙山　緑

■本章の目的■

本章では、高齢者とより良いコミュニケーションをとるために必要な知識や技術、そして基本的態度について学ぶ。第一に、高齢者とのコミュニケーションにおいて、高齢期に見られる聴力や視力の加齢変化、認知機能や情動の特徴を踏まえて、コミュニケーションをとるとき、配慮すべき点について学ぶ。第二に、カウンセラーや対人援助に関わる専門家が行っている技法や態度を参考にしつつ、年代にかかわらず、より良いコミュニケーションをとるための技術、態度について学ぶ。第三に、このようなコミュニケーションの知識を踏まえた上で、金融商品・サービスの選択など、リスクを伴う意思決定における同意の意思確認について、医療同意を参考に、注意すべきことを理解する。最後に、より良いコミュニケーションのための知識や技術、基本的態度を身につけた上で、高齢者本人の立場に立って、より良い金融商品・サービスを提案したり、アドバイスしたりすることの重要性について理解する。

1　高齢期の特徴を理解した上でのコミュニケーションの工夫

（1）　聴力・視力の低下とその対応

　高齢期になると、聴力の低下が見られるが、一律に大きな声で話せばよいということではない。たとえば、難聴の症状がある場合、小さな音が聞き取

りにくくなるとともに、小さな音を聞き取ろうとして音を単純に増幅してしまうため、中程度以上の音が大きくなりすぎて不快になることもある。また、同時に聞こえる複数の音を聞き分ける能力が低下したり、連続して聞こえる音を区別して聞き取る能力が低下したりする（高卓・高坂 [2006]）。そのため、声を必要以上に大きくしすぎないことや、静かな環境で、ゆっくり、はっきりとした滑舌で、丁寧に話すことが必要となる。

　加齢とともに高音域の音が聞こえにくくなる傾向がある。若い女性の声は聞きにくいことがあり、低めの声を意識して話すとよい。一方、聴力の低下は高音域のみで見られるわけではない。聴力低下は中音域、低音域でも進む。佐藤（1998）によると、60 歳代から 70 歳代では高音域の聴力低下が顕著に見られ、中音域は 70 歳代後半から 80 歳代後半、低音域は 80 歳代から 90 歳代までに徐々に低下する傾向がある。

　高齢者本人から「右のほうが聞こえがいいから、そちらから話して」などと言ってくださることもあるが、聞きにくそうにされていたら、聞こえの良いほうをうかがい、そちら側から話をするとよい。また、臨床の現場体験から、左右であまり聞こえに差がない場合は、正面から話しかけ、大きく口を開けて発音して口元を見ていただくようにすると聞こえを助けることがあるといわれている（飯干 [2011]）。

　また、聞こえていないけれど、それを聞き返すことによって相手が煩わしく思うのではないかと思い、聞こえているように振る舞うこともあるため、理解を確認しながらコミュニケーションをとっていくとよい。

　さらに、加齢により視覚能力も低下していく。視力の低下が見られ、老眼により手元近くのものが見えにくくなる。また白内障がある場合は、全体が白くぼやけ、淡い色の組み合わせは判別しにくくなる。高齢者とコミュニケーションをとる際、言葉（聴覚刺激）だけでなく、視覚的情報を提示することは効果がある。提示する資料の文字を大きめにしたり、色を使用するときは、はっきりした色合いを使ったりするなどの配慮をするとよい。

　これらコミュニケーション時に必要な配慮の例を図 7-1 にまとめた。

図7-1　コミュニケーションをとるときの配慮

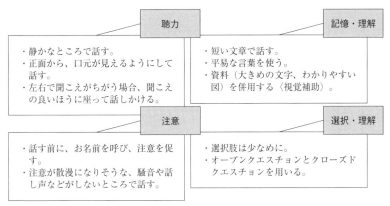

出所：加藤（2016）をもとに一部修正

（2）　認知機能の低下とその対応

　第6章で紹介したように、ワーキングメモリや抑制機能、処理速度などは加齢とともに低下する傾向がある。それらの機能低下に応じて、話し方に配慮をする必要がある。

　抑制機能が低下してくると、周りの騒音等で注意が削がれることがある。周囲の人の話し声や、テレビやラジオの音などがない場所で、また人の出入りなども気にならない静かな環境で話そう。また、話を始める際に名前を呼んで、注意を喚起したりするのもよいだろう。

　ワーキングメモリなどの記憶能力の低下から、一度に覚えたり、理解したりすることが難しくなるので、一つひとつの文章を短く区切って話そう。表情なども確認しながら、理解されているかどうか気をつけながら話していく。わかりやすい図や文字などの資料を使って、視覚的情報も与えながら話を進めると記憶（記銘）を促す。また、後日、思い出す（想起）ときもそれらの資料が役立つ。

　理解を促すために、できるだけ日常的な平易な言葉で説明するようにこころがけよう。また、高齢者自身に馴染みのある表現で伝えることも理解を促

進する。どのような言葉を使って話をすると高齢者に伝わりやすいか、普段から考えておくとよいだろう。

　判断したり意思決定したりすることは認知的な負荷が大きい作業である。高齢者によっては、判断に時間がかかることもあり、多くの選択肢から選択することを好まなくなることもある。高齢者保護の観点を第一として、何かしらの提案が可能であると判断できた際は、高齢者本人の立場に立って検討した選択肢を比較的数を抑えて提案し、その内容について丁寧に説明し、その中から選択していただくような工夫も場合によっては必要だろう。また、選択にあたっては、高齢者が理解・認識・論理的思考・選択の表明をする能力があり、それらを踏まえて同意しているかどうかを確認しながら進める必要がある。

（3）　感情・情動

　コミュニケーションで交わされる会話には、言葉によって話される内容とともに、それに伴う感情がある。感情も言葉で表現されることがあるが、それ以上に、話し手の表情や態度、声のトーンなどから、感情・情動に関する多くのメッセージが発せられる。話し手が何を伝えたいと考えているか、どうしたいと思っているのかを的確に理解するためには、言葉のメッセージとともに、話し手の感情にも配慮し、表情や態度、声のトーンなどにも意識を向けよう。

　情動が不安定になったり、心理的な負担が大きな場面になったりすると、自制が困難となり、適切な判断や意思決定（認知機能）が難しくなることがある。高齢者の認知機能とともに、情動反応にも配慮することは、高齢者の認知機能が適切に作用するためにも必要である。

2　より良いコミュニケーションをとるために
——コミュニケーションの基本的姿勢と技術

　本節では、カウンセラーがクライアントと信頼関係をつくり、コミュニケーションをとっていくときに大切にしている基本的姿勢と、聴く技術について

解説する。

（1）　より良いコミュニケーションのための基本的姿勢

①　ラポールを形成する

コミュニケーションの基本は、まず相手と信頼関係をつくることである。専門的には「ラポールを形成する」という。心理学では、カウンセラーとクライアントの間でお互いに信頼しあい、安心して話をすることができる関係のことを指すが、ラポールを形成することは、カウンセラーとクライアントの関係にとどまらず、さまざまな場面で二者間のコミュニケーションの基礎となる。

ラポールを形成するためには、どのようなことが必要だろうか。一つは相手に興味・関心を持って接することである。これは専門的には「積極的受容」と呼ばれる。相手がどのような人か、何を考えているか、どのようなことをしたいと思っているか、相手を理解したいという気持ちを持って話を聴くことである。話し手は、聴き手が自分の話に関心を持って聴いてくれていると感じると、緊張がほぐれ、安心して話をすることができる。

また、このとき、相手の話に対して、相手の立場に立って共感する態度を持ちながら聴くこと、すなわち「共感的理解」をしながら聴くことも大切である。共感的理解には、相手の考え方、感じ方を尊重して理解することが含まれる。話し手の話す内容が、自分（聴き手）の価値観とはちがい、同意や同感はできなくても、「相手の立場だったら、そんなふうに感じることはわかる」と理解する姿勢を持つことである。

②　傾聴すること（アクティブ・リスニング）

話を聴くということをお伝えしたが、これはただ受け身的に話を「聞く」ことではない。受け身的に「聞き」続けていると、同じ話が延々と繰り返されたり、あるいは話題が次々に展開したりして、いずれにしても、本来話すべき内容をいつまでも話題にできない、といった状況が生まれることがある。

傾聴（アクティブ・リスニング）とは、相手を理解したいという積極的・共感的な姿勢を持ちながら、話し手が話したいこと、伝えたいことをしっか

りと言葉にできるように、適切に質問もしながら能動的に「聴く」ことである。

（2）　より良いコミュニケーションをとるための技法

　ラポールを形成しながら、傾聴していくプロセスの中で、カウンセラーをはじめ、対人援助の仕事に関わる専門家たちが実践しているコミュニケーションの技術・技法がある。本項では、彼ら・彼女らの技法・技術を紹介する。より良いコミュニケーションをとるヒントになるだろう。

①　ノンバーバル・メッセージ

　コミュニケーションにはバーバル・コミュニケーション（言語でのコミュニケーション）とノンバーバル・コミュニケーション（言語以外によるコミュニケーション）がある。表情や視線、手振り、身振り、ジェスチャーなどによるノンバーバル・コミュニケーションを通じても、多くのメッセージが伝わる。特に感情に関するメッセージは、ノンバーバル・コミュニケーションを通じて伝わることが多い。

　ある心理学実験から、好意や反感などの態度や感情のコミュニケーションでは、バーバルとノンバーバルで矛盾したメッセージが発せられるとき、聴き手は話の内容などの言語情報（7%）よりも、声のトーンや速さなどの情報（38%）、表情などの情報（55%）をもとに判断していることが報告されている（Mehrabian［1971］）。聴き手側は言葉だけでなく、自分のノンバーバル・コミュニケーションから発しているメッセージを意識して、穏やかで友好的な態度をとるように心がけよう。

　目線を合わせることも大切である。相手の視界に入り、相手と同じ目の高さで顔が見える位置で話すようにこころがけよう。ただし、ずっと見つめ合うなど、視線を合わせすぎると、強い好意あるいは強い敵意のメッセージを伝えてしまう。相手の胸の上から、目・眉のあたりに自然と視線を向けて、相手が視野に入っていること、そして相手に関心を持っていることを自然なかたちで示そう。

　相手に情報を伝えるとき、身振りや手振りを使うことも有効である。適度

な身振り手振りをすることで、より的確に情報を伝えることができる。しかし、過度なパフォーマンスはかえって理解を阻害することがあるので、注意が必要である。

②　対人距離と座る位置関係

人間には快適に感じる対人距離がある。相手が恋人や配偶者など自分にとって大切な人であれば問題ないが、通常の人間関係では、あまりに近すぎると相手に不快感や恐怖を感じる。一方、あまり離れすぎると相手に親しみが湧かない。環境心理学者のホールによると、通常、45 センチ程度から 120 センチ程度が適度な距離といわれている。これは手を伸ばせば、相手に触れることができる程度に離れている距離感である（Hall［1969, 邦訳 1970］）。

会話をするときは、一般的には正面に向かい合って座る。ただし、相手の緊張感が高いときなどは、机のコーナーを利用して、90 度の角度で座る場合もある。この角度では、必ずしも視線を合わせずに済む一方、視線を合わせたいときは、顔の向きを変えればそれが容易にできる。

私たちは普段の癖で、腕組みや脚組みをしながら会話をすることがある。ただし、このようなポーズは基本的に「拒絶」を表す。相手と良好なコミュニケーションをとる際には、腕組みや脚組みをしないほうが適切である。また、姿勢は直立不動や後傾よりは、むしろ軽い前傾姿勢が望ましいとされている。

③　相手のペースに合わせる

声のトーンや呼吸には人それぞれの特徴がある。相手が話しやすい雰囲気をつくるために、相手の声のトーンや呼吸に合わせてみると、相手がスムーズに話しやすくなることがある。ゆっくり話す人にはその人のペースに合わせてゆったりと、少し早めにテンポよく話す人にはそれに合わせ、テンポよく話す。これはペーシングという技法である。波長を合わせると親近感や一体感が生まれ、相手が安心して話しやすくなる。

また、カウンセラーは相手の仕草や動作、姿勢などをまねてみることもある。これはミラーリングといい、ペーシングと同様の効果がある。

親近感や一体感が徐々に形成されてきたら、落ち着いて理解し、考えられるように、徐々にペースを落ち着かせてゆったりと会話ができるようにしていくとよい。

④ 声の使い方：大きさ、強弱、発音

先述したように、一般的に高齢者と話をするときは、心地よく聞こえる程度の大きさで、やや低めの声を意識してみよう。また、単調になりすぎないように、ポイントを強調して話すと、重要なところを相手が理解しやすくなる。滑舌をよくして聞き取りやすく話すことや、わかりやすい言葉・表現を用いるように心がけよう。

⑤ うなずきやあいづちを大切に

会話が弾むときは、自然とうなずきやあいづちがあるものである。話に耳を傾けながら、うなずいたり、あいづちを打ったりすると、話し手は「私の話を聴いてくれている、興味を持ってくれている」、「私の体験や感情を理解してくれている」と感じたりする。うなずきやあいづちは「あなたの話に興味を持って聴いていますよ」という積極的受容のメッセージとなるとともに、ときに共感的理解をしていることを伝えるメッセージにもなる。

一方、うなずきやあいづちは多すぎると、かえってしっかりと聴いてもらえていない印象を相手に与える。また、気のないあいづち（「あっ、そう」というように）や、何かをしながらの対応も同様の印象を与えるので注意しよう（表7-1）。

⑥ 大切な言葉はそのまま返す

カウンセラーが傾聴する際に用いる技法として、「繰り返し」と呼ばれるものがある。繰り返しとは相手が話す内容について、相手が使ったそのままの言葉を使って返す方法である。

たとえば、金融商品サービスについて説明するために高齢者の自宅を訪問したとき、家族の話題が出ることがある。そのとき「配偶者が2年前に亡くなって、寂しいんです」と言われたとしよう。それが高齢者本人の今の生活

表 7-1　さまざまなあいづちの打ち方

種類	具体例
うなずき	ええ、うんうん、はい
容認	そうですか、そうだったんですね
驚き	へえ、うわあ、びっくりですね、おどろきますね
承認	なるほど、ほお、ふんふん
称賛	すごいですね、さすがですね

出所：飯干（2011）をもとに一部修正

　の中で、とても大きな、あるいは大切なことであれば「2年前にお亡くなりになったのですね」「寂しいのですね」というように、事実や感情をそのまま繰り返す。話し手は自分が伝えたことをそのまま聴き手が返してくれることで、聴き手が話し手の気持ちや伝えたいことを受け止めてくれたと感じたり、感情を共有してくれたと感じたりできる。そして安心して話を進めることができる。このように「繰り返し」は積極的受容のメッセージや、共感的理解のメッセージになる。

　また、自分が発した言葉を聴き手がそのまま返してくれることで、自分の感情や思い、考えを客観的にとらえることができ、再認識できる。それにより会話がさらに発展していく。

⑦　適度なところで要約する

　ある程度、会話が進んだら、その会話の内容を簡明に要約して伝えることも、より良いコミュニケーションをするための技法の一つである。要約の内容が適切であれば、話し手は「ここまで自分が話してきたことが誤解なく伝わっている」と安心し、さらに話を進めることができる。また、もし要約した内容に間違っているところがあれば、話し手に訂正していただくことで、より正確な理解のもとに、今後の会話を進めることが可能になる。

　このように、要約は受容メッセージになるとともに、誤解がある場合には、修正を可能にする。このプロセスは相互信頼の形成にもつながる。

⑧　質問にはオープン・クエスチョンとクローズド・クエスチョンをバランスよく使用する

　話し手が話したいこと、伝えたいことを理解するためには、適切に質問することが重要である。質問には閉じた質問（クローズド・クエスチョン）と開かれた質問（オープン・クエスチョン）がある[1]。

　クローズド・クエスチョンとは、「はい」「いいえ」で答えることができる質問である。事実を確認したり、意思を確認したりするときに有効である。しかし、クローズド・クエスチョンが続くと、質問されるほうは「尋問」されているような気持ちになることがある。また、クローズド・クエスチョンは質問者が知りたいこと、確認したいことを聴くためのものなので、質問されている者からすると、「自分が伝えたいこと、話したいことを話せない」という状況をつくってしまうことがある。

　一方、オープン・クエスチョンは、「誰が」「どこで」「何を」「どのように」したかなど、自由に回答することができる質問である。クローズド・クエスチョンとは異なり、質問を受けたほうは自分の思いや考えを自由に伝えることができる。しかし、オープン・クエスチョンに回答することは、クローズド・クエスチョンよりも認知的な負荷がかかる。そのためオープン・クエスチョンばかりが続くと、答えるほうは疲れてしまう。

　上手な質問の仕方は、オープン・クエスチョンとクローズド・クエスチョンを適度に交えながら質問することである。また、クローズド・クエスチョンで聴きがちな質問をオープン・クエスチョンに変えて質問するような工夫もしてみるとよい。たとえば、金融商品やサービスについて、心配な点を質問するとき、「心配な点はありますか」という質問はクローズド・クエスチョンである。たとえば、これを「どのようなことが心配ですか」「ご心配なことがありましたら、些細なことでもお聴かせください」とすると、オープン・クエスチョンになる。

---

1) これらは認知症の周辺症状の聴取に活用されることもある。詳しくは第9章を参照されたい。

⑨　考えを伝えるときは「私メッセージ」を使う

　カウンセリングの場面では、クライアントから「どうしたらよいですか」と質問を受けることがある。しかし、カウンセリングで大切なことは、カウンセラーが「望ましい」あるいは「正しい」と思う選択をクライアントにさせることではなく、あくまでもクライアントが自分自身の価値観や思いをもとに意思決定をしていくことを支援していくことである。

　カウンセラーが自分の意見をカウンセリング中に伝えることはあるが、そのときは「私メッセージ」を使う。「私でしたら、○○を大切にしたいと思いますので、△△のようにしたいと思います。Aさんはどうしたいと思われますか?」。大切なポイントは、「普通は」「多くの人は」というような、一つの正しい意見があるような言い方をしないということ、そして私メッセージを使ってカウンセラーの意見を伝えたあとに、クライアント本人の思いや考えを聴くことである。

⑩　ネガティブな発言をされるとき

　コミュニケーションの中で、高齢者が健康への不安や家族のことへの不満、将来のことなどの心配、絶望感などを口にすることもある。そのような発言に接すると、聴き手は動揺し、どう返答すればよいかわからず言葉を失ったり、「そんなことはないですよ」と否定してしまったり、「何を言っているのですか」と叱咤したりしたくなる。ネガティブな発言がされたときには、どのように返答するとよいだろうか。

　相手がネガティブな発言をするときは、まずはその人が抱えている不安や心配をそのまま受け止めることである。「○○のようなお気持ちなのですね」「△△と最近、感じられるのですね」と、相手の言葉をそのまま伝えること(繰り返し)で、相手は自分の不安や悲しみなど、そのときの気持ちを聴き手が受容してくれたと感じる。

　実は、人間は「受容してくれた」「わかってくれた」と感じると、安心して心の余裕が生まれたり、ネガティブな感情がやわらいだりする。そして、自然と次の話題に会話を進めることができたりする。一方、どうしても情動が落ちつかないときは、いったん会話は中断し、日をあらためて話したほう

表7-2　応答のバリエーション

種類	内容と具体例
うなずき	「はい」「ええ」「うんうん」「なるほど」など
繰り返し	話のテーマになる事実や、それに伴う感情を表す語を、そのまま繰り返して返す。「○○なんですね」「△△と感じるのですね」
共感	相手の感情体験（どう感じたか）について理解を示す。
受容	否定的、攻撃的な発言も、一度受け止める。
感情の反射	幸せ、怒り、悲しみ、恐れの気持ちを言葉で明確に返す。「それはおつらいですね」「心配ですね」
感情の明確化	曖昧な感情を類推する。「今後の生活にご不安があるようですが」
間・沈黙	話し手が考えをまとめたり、感情を整理したりするために、焦らずに、話し始めるのを待つ。
支持	相手の感情を肯定する。支持する。「そう思うのはもっともなことだと思います」

出所：飯干（2011）をもとに一部修正

がよいときもある。

　応答のバリエーションの例を表7-2に示しておく。

⑪　間や沈黙があるとき

　日常会話では、間や沈黙があると私たちは気まずく感じ、なんとか話題をつなげようとする。しかし、カウンセリグの中では、間や沈黙は、意味のあるものとして丁寧に扱っていく。

　間や沈黙にはさまざまな理由がある。たとえば「この話はもうしたくない」「もうこの話題はやめてほしい」というときに間や沈黙が生じることがある。その時は、無理にその話題を進めないことも必要である。

　また、自分がどうしたいかを迷ったり、相手にどう伝えたらいいのか、考えをまとめたりしているときも間や沈黙が生まれる。まだ伝えていないけれど大切なことを相手に話そうかと迷うときも間や沈黙が生まれる。そのようなときは、聴き手は焦らずに、相手から次の言葉が出てくるまでゆったりと待とう。

⑫　自分の考え方の「クセ」や「偏り」を自覚する

　相手の立場に立って相手を理解するためには、実は自分自身のことを理解すること、つまり自分の考え方のクセや偏りに対して自己認識能力を高める必要がある。なぜなら、自分自身の考え方のクセや偏りは、無意識のうちに他者理解に影響するからである。そのため、自分自身の先入観や偏見、感情移入、偏った関心、自分自身の価値観などを認識し、相手の立場に立って考える必要があるときは、それがどのように影響するかを自覚し、コントロールする必要がある。

　たとえば、高齢者と接するとき、高齢者に対する先入観や偏見（加齢に関する間違った知識に基づいた高齢者へのイメージ）を持っていると、目の前にいる高齢者を理解する際、大きな阻害要因になる。あるいは、相手に対する強い同情や感情移入をしてしまうと、それが肯定的なものであっても、自分の勝手な思い込みを相手に投影してしまいやすくなる。それにより、目の前にいる相手を正確に理解することができなくなる。

　また、ラポールを形成する段階で、自分の偏った関心（たとえば、金融サービスや商品に関することや、自分が知りたいことにしか関心を示さない態度）が強く示されると、ラポールの形成自体が難しくなる。さらに価値観は人それぞれであり、その多様性を認識しないと、相手の思いや考えを考慮せず、自分の考えを相手に押しつけてしまうことにもなりかねない。

3　意思決定に関わるコミュニケーション

　金融商品やサービスの購入に関するような意思決定は、医療同意に関わる意思決定が参考になる。医療同意に関わる意思決定については、第11章で詳しく紹介する。ここでは、上述した高齢者の認知機能の低下と対応との関連で、医療同意能力を確認する場面での聴き方についてのみ紹介する。

　医療同意能力は、（ⅰ）理解、（ⅱ）認識、（ⅲ）論理的思考、（ⅳ）選択の表明の四つから成ると考えられている（Grisso *et al.* [1998]）。また、グリッソらはこれらの能力を確認・評価するための基準と質問の仕方を提案している。

医療同意での（i）理解は、告知された医学的状態と治療、治療に伴うメリットやデメリットを理解しているかがポイントになる。そのため、理解しているかどうか、本人の言葉で説明することを促す。（ii）認識は、説明を受けた疾患や医療行為を自分のこととして認識しているかを確認するため、治療を受けることが自分のためになるか意見を求める。（iii）論理的思考では、治療の選択肢と結果を比較して、選択した理由を述べるように患者に求める。ただし、患者は「不合理な」選択をする権利があるため、選択の結果ではなく、その判断のプロセスに焦点化する。そして、最後に（iv）選択の表明を促す。

　理解と認識はまさに認知機能と関連するが、論理的思考で指摘されていることは、本人の立場に立って、本人にとってより望ましい選択をしているかを重視しているところが重要なポイントである。金融商品や金融サービスに関する意思決定にも、このような考え方を反映させることができるだろう。

4　高齢者本人の立場に立つ

　人は年を重ねるにつれて、若いときに持っていた価値観や優先順位、モチベーションが変化することがある。金融や資産に対する考え方も、時代や社会の影響とともに、本人や家族が病気になったり、身体機能や認知機能の変化を自覚し、実際に日常生活に変化がもたらされたり、家族関係が変化したりする中で、変容することがある。

　また、何を大切にするかは高齢者一人ひとりによって異なる。他者からみると経済的に「合理的」で「正しい」と思われる選択肢も、高齢者本人からすると別の理由で、異なる選択肢を選ぶことが「正しい」こともある。

　高齢者本人の認知機能や金融リテラシーに配慮しつつ、高齢者自身の生活史やパーソナリティ、その人の価値観などを理解しながら、「その人が高齢期をどのように過ごしたいと希望しているか」「高齢者自身が自分の資産をどのように運用し、安心した、豊かな生活をしたいと考えているか」「人生の中で築いてきた資産を如何に次の世代へつなげたいと考え、未来の社会に活かしたいと考えているか」、そして「その人の高齢期のウェルビーイング

を豊かにするには何が必要か」を理解し、高齢者の立場に立って、より良い金融商品・サービスを提案したり、アドバイスしたりすることができる担い手を育てていくことが重要な課題である。

【本章のポイント】

- 高齢者とのコミュニケーションでは、加齢による聴力や視力の変化、基礎的な認知機能の変化に配慮して話し方を工夫する。また、話の内容だけではなく、感情・情動の状態に対する配慮も欠かせない。
- 信頼関係を形成し、安心して話をすることができる関係（ラポール）を形成することはコミュニケーションの基礎となる。ラポールは、相手の話を受容的・共感的に理解し、傾聴する過程で築かれる。
- より良いコミュニケーションの知識を踏まえた上で、リスクを伴う意思決定では、理解、認識、論理的思考、そして選択の意思表明について丁寧に確認する必要がある。
- 高齢者本人の価値観や生活史を理解した上で、高齢者本人の立場に立ち、何がより良い商品・サービスであるか考慮して提案、アドバイスすることが重要である。

【参考文献】

飯干紀代子（2011）『基礎から学ぶ介護シリーズ　今日から実践 認知症の人とのコミュニケーション：感情と行動を理解するためのアプローチ』中央法規。

加藤佑佳（2016）「医療同意の実際：取り組みと課題」成本迅・認知症高齢者の医療選択をサポートするシステムの開発プロジェクト（編著）『認知症の人の医療選択と意思決定支援：本人の希望をかなえる「医療同意」を考える』第2章、クリエイツかもがわ。

佐藤正美（1998）「老年期の感覚機能・聴覚」『老年精神医学雑誌』Vol.9 No.7: 771-774.

高卓輝・高坂知節（2006）「難聴2（感音難聴治療—臨床の最前線 -a）高齢者の感音性難聴とデジタル補聴器の適合」*Geriatric Medicine* Vol. 44 No. 6: 773-779.

成本迅・COLTEMプロジェクト（編著）意思決定支援機構（監修）（2017）『認知症の人にやさしい金融ガイド：多職種連携から高齢者への対応を学ぶ』クリエイツかもがわ。

Grisso, T. and Appelbaum, P. S.（1998）*Assessing competence to consent to treatment: A guide for physicians and other health professionals*, Oxford University Press.

Hall, E. T. (1969) *Hidden dimension: Man's use in public and private*, The Bodley Head Ltd. (エドワード・T・ホール（著）日高 敏隆・佐藤 信行（訳）(1970)『かくれた次元』みすず書房)。

Mehrabian, A. (1971) *Silent messages*, Wadsworth, Belmont, California.

第 8 章

高齢化と身体・感覚器官の変化
——加齢と病気

新井康通

■本章の目的■

急速な高齢化が進む中、認知症、動脈硬化、骨粗鬆症などの慢性疾患や、それに
伴う要介護の増加が懸念されている。中高年の健康問題として重要な肥満やメタ
ボリック・シンドロームと異なり、高齢者の生活の自立を脅かす慢性疾患は、心
臓血管系、骨格筋系、内分泌代謝系など重要な臓器の加齢に伴う機能低下＝老化
を背景として発症する。また、視力、聴力などの感覚機能の低下は円滑なコミュ
ニケーションを妨げ、生活の質(QOL)を損なう。本章では、諸臓器の老化と病
気の関係についての基本的な知見について概説し、高齢者（特に後期高齢者）の
健康を考えるために必要な視点を提供することを目的とする。

1 長寿命化に伴う健康問題

　わが国は、2021 年時点での男性の平均寿命 81.47 歳、女性 87.57 歳（厚生
労働省［2022］）と、男女とも世界のトップレベルであり、世界有数の長寿
国となっている。長寿命化に伴い、人口の高齢化も進んでおり、1960 年代
には 6％前後であった高齢化率は 2022 年では 29.0％となり、2070 年には
38.7％に達すると推計されている（内閣府［2023］）。こうした長寿命化はわ
が国のみならず、世界の国々に共通する現象であり、特にアジア諸国で顕著
に認められている（図 8-1）。

図8-1　世界各国の平均寿命の将来推計

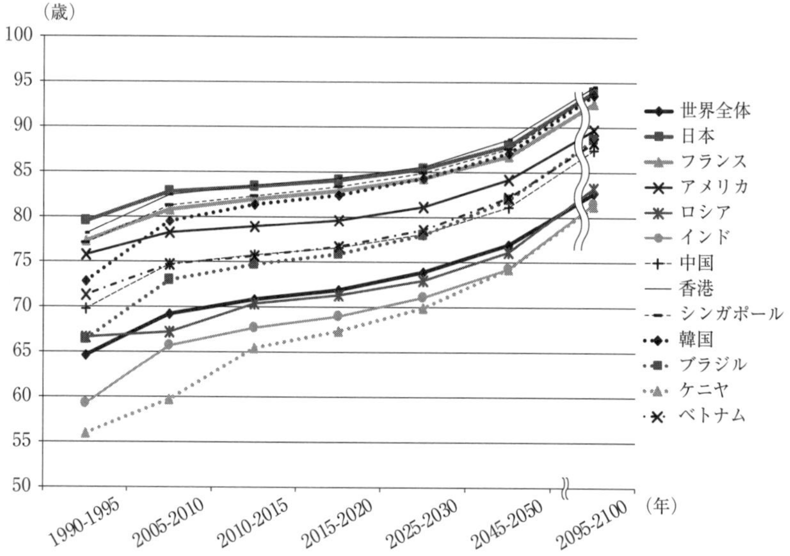

出所：United Nations（2017）より筆者作成

　急速な高齢化の進行、特に75歳以上の後期高齢者人口の増加に伴い、認知症や骨粗鬆症など、老化に関連する病気（老化関連疾患）の有病率や要介護認定率も上昇し、将来の医療費・介護費の増加が深刻な社会問題になりつつある。認知症をはじめとした神経変性疾患、動脈硬化を基盤とした心血管性疾患、骨関節疾患など高齢者の日常生活の自立と生活の質（QOL）を脅かす慢性疾患の最大の危険因子は老化である。言い換えれば、慢性疾患は加齢に伴う全身の臓器の機能低下を基盤として発症する。これは中高年の健康障害として大きな問題となっている肥満やメタボリック・シンドローム、およびこれらを基盤とした糖尿病、高血圧、脂質異常症などの生活習慣病発症モデルとは大きく異なっており、高齢者（特に後期高齢者）の健康を考えるためには特有の視点が必要であることを物語っている。本章では、これまでの高齢者調査からわかってきた身体の老化と病気の関係についての基本的な知見について概説する。

2　重要臓器の老化

　人の一生は、生まれてから成長期・思春期を経て、成人期、高齢期と進み、やがて死を迎える。一般的には高齢期以降の体の働き（生理機能）が低下する過程を「老化」(senescence) という。外見的には年を取るごとに皮膚のしわが増える、頭髪の白髪が増える、腰が曲がる、動作が遅くなるなどの特徴が顕れる。身体の中身を見ると、外見と同様に各臓器も老化していることがわかる。

　Shock（1971）による古典的な研究によれば、加齢に伴う生理機能の低下は、脳、心臓、肺、腎臓、消化管、肝臓などあらゆる臓器で観察されるが、老化の速度は各臓器によって異なっている。肺（呼吸機能）や腎臓の働きは加齢とともに急速に衰える一方、神経の伝わる速度は比較的緩やかに低下する。こうした臓器の働きの低下は健康な人においても観察されるため、「生理的老化」と呼ばれる。

　これに対し、喫煙や肥満などの環境因子やある種の遺伝的な要因による老化の加速は、生理的老化と区別され、「病的老化」と呼ばれる慢性肺疾患や糖尿病などの病気に至る過程は、予防医療や治療の対象となる。臓器の老化に伴って増加する病気はアルツハイマー病や動脈硬化、骨粗鬆症、糖尿病、がん、白内障などのほか、無数に存在する。したがって、高齢者の病気の特徴としては 1）多病であること、2）症状が非典型的であること、3）臓器の老化が病気の発症に影響すること、4）要介護状態に陥りやすくなることが挙げられる（図 8-2）。

　この中で特に 3）は一般の読者にはわかりにくい概念と思われるが、一見元気そうに見える（後期）高齢者であっても生理的な臓器の機能低下はすでに起きており、ちょっとしたストレスで"病気"として発症することがある、ということを指す。ここでは高齢者の寿命や QOL と密接に関連する重要臓器として特に心臓血管系、骨格筋、および内分泌系の老化に焦点を当てて解説する。脳の老化と認知症については第 9 章や第 10 章を参照されたい。

図 8-2　高齢者の病気の特徴

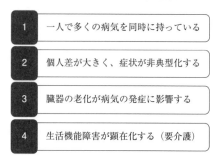

1	一人で多くの病気を同時に持っている
2	個人差が大きく、症状が非典型化する
3	臓器の老化が病気の発症に影響する
4	生活機能障害が顕在化する（要介護）

出所：筆者作成

（1）　心臓血管系の老化

　脳梗塞、心筋梗塞、大動脈解離など心臓や血管の病気（以下、心血管疾患）は世界の死因の第１位を占め、人口の高齢化に伴ってその予防がますます重要になってきている。高血圧に対する薬物治療の進歩により脳出血や脳梗塞による死亡率が低下している一方、最近では高齢者における心不全（心臓のポンプ機能が低下して、全身に十分な血液を送ることができない状態。肺に水が溜まって呼吸が苦しくなったり、四肢がむくんだりする）が急増しており、心不全パンデミックといわれる状態に至っている（Braunwald［2015］）。

　日本においては、50 歳から 85 歳までの死亡原因のトップはがん、2 位は心疾患であるが、90 歳以上の死亡原因としては心疾患が１位（2 位は肺炎。100 歳以上では１位は老衰、2 位は心疾患）である。この背景には、加齢とともに心臓の筋肉（心筋）が肥大化し、筋肉以外の部分（間質）の線維化が進み、心臓全体が固く、広がりにくくなる（左室拡張障害）など、心臓の老化が関係している。また、大動脈弁や僧帽弁の変性や線維化・硬化も進み、狭窄や閉鎖不全などの弁膜症を来すと心不全を引き起こしやすくなる。さらに、高齢者では心房細動などの不整脈が増えることも心臓のポンプ機能の低下につながる。

　加齢に伴い、血管の老化である動脈硬化も増える。悪玉コレステロールとして知られる LDL コレステロールや高血圧、糖尿病、喫煙と並んで、加齢

も重要な動脈硬化の危険因子である。心臓自体に血液を送る冠動脈の動脈硬化が進むと心筋梗塞や狭心症などの虚血性心疾患のリスクが、頸動脈の動脈硬化が進むと脳梗塞のリスクが増加する。後述するが、健康長寿のモデルである百寿者では動脈硬化が少ないことが大きな特徴であり、なぜ百寿者では血管の老化が遅いのか、そのメカニズムを解明する研究が進んでいる。

（2）　筋骨格系の老化

　私たちの身体を支える骨や筋肉（骨格筋）の老化は、QOL、日常生活動作（ADL）の自立に大きな影響を与える。骨の強さ（骨強度）の70％は骨密度によって、残りの30％は骨質によって規定されている。骨密度は女性の場合、18歳くらいでピークに達し、40歳代半ばまでは、ほぼ一定を維持するが、50歳前後（閉経後）から低下する。

　骨密度が一定以下（若年成人平均値の70％未満）に低下し、骨が脆弱になり、骨折を起こしやすくなった状態を「骨粗鬆症」という。高齢社会の到来に伴い、骨粗鬆症の有病率は50歳以上では、女性の24％、男性の4％を占め、統計では日本全国では男女合わせて約1280万人の骨粗鬆症患者がいると推定されている（骨粗鬆症の予防と治療ガイドライン作成委員会[2015]）。

　骨粗鬆症により骨が脆くなると、転倒をきっかけとして、脊椎の椎体骨や、大腿骨近位部、手関節部や上腕骨近位部での骨折を起こすリスクが高くなる。骨折予防のためには骨粗鬆症の早期診断が重要で、骨密度測定・性別・年齢・閉経や危険因子（ステロイド使用）の有無や、X線検査による椎体骨折の有無などをもとに診断され、薬物治療をはじめとしたさまざまな治療が行われる。骨折が起きてしまった場合、大腿骨近位部骨折では、大腿骨頭置換術などの手術および数カ月に及ぶ術後のリハビリが必要となる。

　老化に伴う骨格筋量の減少を基礎病態として発症する骨格筋減弱症（サルコペニア）は、歩行機能やバランス能力の低下を伴い、生活機能障害に直結する健康長寿の阻害要因である。加齢や糖尿病などの疾患により筋肉量が減少することで、握力や下肢筋・体幹筋など全身の筋力低下が起こり、歩くスピードが遅くなる、杖や手すりが必要になる、転倒しやすくなるなどの症状を呈する。

　18歳以上の日本人4003名の全身筋肉量をバイオインピーダンス法[1]で測定した研究では、加齢に伴う筋肉量の低下は特に下肢筋肉に顕著で、20歳代以降、85歳以上までほぼ直線的に減少することが示された（谷本ほか[2010]）。体格や骨格筋量は欧米人とアジア人で異なるため、日本人の場合、サルコペニアは Asian Working Group for sarcopenia（AWGS）によるアジア人のサルコペニア診断基準（①握力：男性26kg 未満、女性18kg 未満、②歩行速度：男女の区別なく 0.8m/ 秒未満　のいずれかを認め、DXA 法やインピーダンス法で四肢筋量の低下を認める場合に診断される）も提唱されている。

　国立長寿医療研究センターの長期縦断疫学研究（NILS-LSA）では、AWGS の診断基準に従い、65歳以上の男性の9.6％、女性の7.7％にサルコペニアを認めた（Yuki *et al.* [2015]）。年齢別の解析では男性では 65 - 74歳で2.3％、75 - 84歳は15.3％、85歳以上は47.8％、女性では 65 - 74 歳で5.0％、75 - 84 歳は 11.7％、85 歳以上は 6.1％と報告され、特に男性において加齢に伴う有病率の増加が顕著であった（Yuki *et al.* [2015]）。

（3）　内分泌代謝系の老化

　私たちの身体が生命活動を続ける上では、体温や血液成分などの内部環境を一定の状態に保とうとする働き（＝恒常性、ホメオスターシス）が必須であり、その調節機構として甲状腺ホルモンや成長ホルモン、性ホルモンなどを分泌する内分泌系が重要な役割を担っている。内分泌系も加齢に伴う変化を受けるが、その代表が性ホルモンである。特に女性においては閉経後にエストロゲンの分泌が急速に低下すると、のぼせ、ほてり、発汗異常、抑うつ気分、不眠などの更年期症状が出現するとともに、心臓血管疾患や骨粗鬆症のリスクが増える。男性においては加齢とともにテストステロンの分泌が徐々に低下し、発症時期の個人差は大きいが疲労感や倦怠感、性欲低下、ED（勃起障害）、不眠、集中力の低下などの症状を来す。

1）　体内に微弱な電流を流して、その電気伝導性のちがいから、水分量、体脂肪、筋肉量などの体組成を測定する方法。

　また、テストステロンの低下はサルコペニアの発症・進展にも影響すると考えられている。甲状腺も加齢の影響を受けやすい内分泌器官で、甲状腺ホルモンが低下すると、疲れやすい、寒さに弱い、体がむくみやすい、体重増加などの症状がみられ、また認知症様の症状を呈することもある。

3　感覚器の老化

　高齢者では上述の重要臓器の機能低下と並行して、視覚・聴覚・嗅覚・味覚・触覚などの感覚機能も低下する。感覚機能の低下は直接、生命に関わる大きな問題となることは少ないが、新聞を読む、書類を精査する、電話で情報のやり取りをするなど、社会生活を送る上では欠かせない機能であり、高齢者の QOL を保つ上では大きな問題である。

（1）　視　力

　視力は加齢とともに低下する。これは、生理的な角膜と水晶体の屈折率の変化や、視細胞の減退や網膜黄斑部の変化によっても影響を受けるが、白内障、緑内障、加齢性黄斑変性症などの病気によって低下する。

①白内障
　ピントを合わせるレンズの役割を担っているのが水晶体であるが、この水晶体のタンパク質が加齢に伴う変化によって混濁すると白内障が起こる。白内障の有病率は加齢とともに増加し、50 歳代で 37-54％、60 歳代で 66-83％、70 歳代で 84-97％、80 歳代ではほぼ 100％に認められる。女性は男性に比べ白内障になるのが早い傾向があり、これは女性ホルモンの低下の影響と考えられている。
　また、喫煙、紫外線、糖尿病、ステロイド内服、肥満などの環境要因の影響も受ける。白内障になると、視力低下、羞明（まぶしく感じること）、近視化（近視が強くなること）などの症状が現れるが、視力の低下の自覚には個人差がある。治療としては、視力の低下や目のかすみが日常生活に支障がない初期の段階では、進行を遅らせる目的で点眼液を使用する。

　白内障が進行して日常生活に支障が見られる場合には、外科的手術が行われる。近年では、手術技術の向上と術後視力の回復が早期に得られるようになったことなどから、以前よりも早期に手術を行う傾向にある。

②加齢黄斑変性

　加齢黄斑変性は、網膜の中心部にある黄斑が加齢などの原因によって障害される病気である。黄斑には、色や形を識別する視細胞が集まっており、文字を読んだりする時など、ものの形をしっかり判別する機能は黄斑に集中している。そのため、黄斑が障害されると、初期には見ようとする部分の直線がゆがむ、真ん中が暗く見えるなどの症状が出る。その程度がひどくなると視力も下がり、さらに色の識別も困難になり、「人の顔が見えない」「読めない」「書けない」状態になる。

　日本を代表する住民コホート研究である久山町研究（福岡県久山町）では、50歳以上の住民の加齢黄斑変性の発症率は0.87％と報告されており、白内障に比較するとその頻度は低い。しかし、加齢黄斑変性は欧米では高齢者の失明の原因として大きな割合を占めており、高齢化の進行や生活習慣の変化に伴い、今後、日本でも大きな問題となることが予想されている。

　加齢黄斑変性には、網膜の色素が枯れてしまう萎縮型と、余分に生えた悪い血管から出血や浮腫を起こす滲出型の二つのタイプがある。萎縮型では何年もかけてゆっくりと進行するのに対し、滲出型では血管が非常にもろく破れやすいため、出血を起したり、血管中の成分が漏れたりして、急激な視力低下の原因となる。

(2) 聴　力

　加齢に伴い、聴力が低下することはよく知られている。通常の聴力検査（125、250、500、1000、2000、4000、8000Hz）の聴力レベルを年齢ごとに比較すると、40歳以降から4000-8000Hzの高音域における低下が徐々に始まり、60歳、70歳と加齢とともにさらに低下し、女性に比べ男性で聴力低下は著しい。

　日本における加齢性難聴の有病率は男性では65-69歳が43.7％、70-74

歳は 51.1％、75 - 79 歳は 71.4％、80 歳以上は 84.3％、女性では年齢群順にそれぞれ 27.7％、41.8％、67.3％、73.3％ と推計される（内田ほか［2012］）。原因としては加齢とともに蝸牛にある感覚神経である有毛細胞が減少するほか、騒音への曝露、生活様式（栄養、喫煙、運動ほか）、合併疾患などが複雑に関係していると考えられる。

　加齢性難聴の特徴は、単に「音」に対する聴力が低下するだけではなく、「言葉」に対する聴力が低下することであり、アラームの「ピーピー」といった純音に近い音に対する聴力低下が軽度であっても、会話の聞き取りは著明に低下する場合が多く見受けられる。

　さらに会話のスピードが速くなると聞き取りづらくなりやすい。加齢性難聴は「聞こえないから不便だ」というだけの問題ではなく、アルツハイマー病の発症率の上昇と関係することが示されている（Gates *et al.*［2002］）。また、聞こえないことで他人との交流を敬遠するようになり、家に引きこもり、うつ病の発症とも関係することも指摘されている（Saito *et al.*［2010］）。

　加齢性難聴の根本的な治療法はまだなく、現在最も一般的な対処法は補聴器を利用することである。早めに補聴器を使用したほうが生活の質の改善につながることが報告されている一方、補聴器を付けて音を大きくしたからといって、聴力低下がすべて解決されるわけではなく、頻回の調整が必要な場合も多い。

4　加齢に伴う臓器機能の低下の集積としてのフレイル

　心臓血管系、骨格筋系、内分泌系、感覚器の老化について概説したが、後期高齢期以降では、複数の臓器機能の低下が同時に進行し、集積することにより個体としての予備力、ストレス抵抗性の低下した状態（＝フレイル）に至ることが注目されている。フレイルとは、「加齢とともに、心身の活力や働き（機能）が低下し、生活機能障害や要介護状態に陥るリスクが高くなった状態」と定義され、端的にいうと健康で自立している状態と、要介護状態の中間にあたる不安定な状態を指し、後期高齢者の要介護に陥る原因として大きな割合を占める。

　フレイルの診断基準としては、Fried らが提唱した体重減少、筋力低下、易疲労感、歩行速度の低下、身体活動の低下の五つの徴候［Cardiovascular Health Study（CHS）基準］がよく用いられる（Fried *et al.*［2001］）。厚生労働省の研究班から CHS 基準をわが国の高齢者に適応した日本版 CHS 基準（J-CHS 基準）が作成されている（佐竹ほか、表 8-1）。

　そのほかには、Rockwood らの提唱するフレイル指数[2]のように、日常生活や、身体機能、精神的健康度などの項目において「できない」項目がどの程度集積しているかを評価する方法も提唱されている（Searle *et al.*［2008］）。わが国でも厚生労働省研究班によって 25 項目から成る基本チェックリストが開発され、介護が必要となるリスクが高い高齢者のスクリーニングに活用されている（佐竹［2018］）。いずれの診断法によってもフレイルは要介護状態や施設入所、転倒・骨折、再入院、死亡などの予後不良のリスク因子としてきわめて重要である。

　フレイルは CHS 基準によると筋骨格系の機能低下を主体とする症候群とも解釈できるが、高齢者心不全患者ではフレイルの合併例のほうが予後が悪化することや、意欲や判断力・認知機能の低下（精神的フレイル）、嚥下（飲み込むこと）や咀嚼機能の低下（オーラル・フレイル）、これらの結果として閉じこもりや社会から孤立（ソーシャル・フレイル）しやすくなるなど、多面的な側面が指摘されており、包括的な機能評価によってフレイルの評価を行い、生活機能の維持・向上を目指して介入することが必要である。

5　健康寿命と寿命格差

　これまで述べてきた重要臓器の老化や、老化関連疾患、フレイルは健康寿命を縮める要因である。これらを加速させる喫煙、不適切な食事摂取、身体不活動などの是正による生活習慣改善は、健康寿命の延長に一定の効果が期待できる。しかし、最近、個人的な要素のみでなく、地域や職場環境、所得

2）　一人で外出ができる、食べ物がむせやすくなった、充実感がない等の老化に関するチェックリストのうち、該当する項目がいくつあるかを示す指数。チェックリストに定型はないが、30 項目以上が望ましい。フレイル指数が高いほうがフレイルの程度が高い。

表 8-1　フレイルの診断基準（J-CHS）

項目	評価基準
体重減少	「6 カ月間で 2kg 以上の体重減少がありましたか？」
筋力低下	握力低下（男性　26kg 未満、女性　18kg 未満）
易疲労感	「（ここ 2 週間）わけもなく疲れたような感じがしますか？」に「はい」と回答
歩行速度の低下	1.0m/ 秒未満
身体活動の低下	「軽い運動・体操をしていますか？」「定期的な運動・スポーツをしていますか？」に「していない」と回答

注：上記の 5 項目のうち、3 つ以上に該当する場合は「フレイル」、1 〜 2 項目に該当する場合は「プレフレイル」、いずれにも該当しない場合は「健常」。
出所：佐竹（2018）より筆者作成

など、社会経済的な要因も健康寿命に大きく影響することが明らかになってきた。学歴や職業、所得などの社会階層と健康に関する研究は、歴史的に社会格差の大きいイギリスやアメリカで先行してきたが、日本でも健康格差についての研究が注目され始めた。

　ハーバード大学公衆衛生大学院のイチロー・カワチ教授は、地域や社会経済状況のちがいによる集団における健康状態の差（＝健康格差）は「命の格差」につながることを指摘している。カワチ教授は、日本でも近年は所得や雇用の格差が拡大していて、子どもの相対的貧困率は OECD 平均を上回っていることなどから、こうした社会的要因が国民全体の健康に与える影響について警鐘を鳴らしている（カワチ［2013]）。

　個人の責任を超えた社会的要因の影響が明らかになってきている。社会環境が健康に影響するメカニズムについては、1）物質的な制限（サービスを購入できない、医療アクセスへの抑制）、2）精神的ストレス（他人と比べた劣等感、相対的剥奪感）、3）人間関係の乏しさ（孤立、サポートが少ない）、4）不適切な生活習慣などが挙げられる（社会階層と健康に関する学際ネットワーク）。その処方箋としては、地域や職場などのコミュニティーへの信頼感、結束力を高め、社会参加を促進するなどのソーシャル・キャピタルの醸成が望まれる。

　慶應義塾大学では、神奈川県川崎市や藤沢市で高齢者の健康や生活満足度

と地域参加、近隣の人との信頼関係との関連を明らかにするための高齢者コ
ホート調査を進めている。健康マネジメント研究科では、藤沢市内の老人ク
ラブの活動を支援し、個人ではなかなか継続が難しい身体活動促進を、集団
として実施することによって達成しようという試み（ポピュレーション・ア
プローチ）が展開されており、認知症予防などの効果が期待される。

6　百寿者の特徴

　高齢期では、加齢とともに重要臓器の機能が低下し、それによってさまざ
まな老年病が増えるため多病であること、また機能の低下集積としてフレイ
ルや要介護状態に陥りやすいことを述べた。

　では、こうした老化や老年病を避け、生涯にわたって健康を維持すること
はできるのであろうか。あるいは老化を遅くし、老年病の発症を少しでも先
送りにすることは可能であろうか。

　筆者の所属する慶應義塾大学医学部百寿総合センターでは、その解を求め
て、1992年から100歳以上の高齢者（百寿者）の研究を続けている。百寿
者は、90歳代までは日常生活動作が自立しており、健康長寿のモデルケー
スと考えられる。わが国における百寿者の数は老人保健法が制定された
1963年には全国で153人であったが、その後増加の一途をたどり、1981年
には1000人を超え、1998年に1万人、さらに2018年は6万9785名を記録
している（図8-3）。

　世界の多くの国々でも同様に百寿者人口は急増しており、これに伴って多
くの国や研究施設で百寿者調査が行われ、最近では百寿者の医学生物学的特
長、社会心理的背景、遺伝的側面など幅広い研究成果が報告されるようになっ
た。

（1）　百寿者の病歴

　2000年から2002年にかけて東京都老人総合研究所（現：東京都健康長寿
医療センター研究所）と共同で東京都在住の百寿者302名（男性65名、女
性237名）の訪問健康調査（Tokyo Centenarian Study）を行った（Takayama

図 8-3　日本の百寿者数の推移（1963-2018 年）

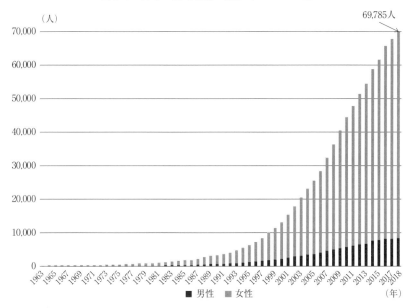

出所：厚生労働省（2018）より筆者作成

et al.［2007］）。この調査の中で特に、加齢に伴い増加する病気と日常生活動作や QOL に影響を及ぼす病気（脳血管疾患、心疾患、高血圧、糖尿病、がん、消化器病、呼吸器病など）について発症年齢と治療状況を調査した。その結果、何らかの慢性疾患を有している百寿者は 97.4％であり、大部分の百寿者は「無病息災」ではなく、さまざまな病気と共存していることが明らかとなった。

　より細かく見ると、定期的に内服薬を服用している百寿者は 64.2％であった。内服薬の種類では、循環器系の薬剤、消化器系の薬剤、精神神経系の薬剤が多かった。病歴として最も多かったのは高血圧で、男女とも 3 人に 2 人が「高血圧あり[3]」であった。白内障と骨折も半数近くに認められた。骨折は、特に女性で多かった。がんは、全体の約 1 割に認め、男性に多かった。

3）高血圧の定義には、治療中または過去に治療歴がある場合と、訪問調査で医師が測定した血圧が収縮期 140mmHg 以上または拡張期 90mmHg 以上の場合を含む。

最も特徴的な所見は糖尿病が少ない（6％）ことであった。厚生労働省（2000）では、糖尿病がある人の割合は30歳代の2.6％、40歳代の6.3％、50歳代の11.6％、60歳代の15.3％、70歳以上の14.7％と示されており、一般の高齢者と比較して、百寿者では糖尿病はきわめて少ないといえる。

（2）　百寿者からスーパーセンテナリアンへ

Tokyo Centenarian Study では、100歳を超えて日常生活動作が自立している百寿者は約2割であり、約8割の百寿者が日常生活に何らかの介護を必要とした。一方、百寿者の中でも110歳まで到達するスーパーセンテナリアンは百歳時点でも日常生活動作が自立しており、認知機能も高く、100歳を超える健康寿命を享受していることがわかった（Arai *et al.* [2014]）。

そこで、慶應義塾大学の広瀬信義特別招聘教授が中心となって全国超百寿者調査を開始した（Takayama *et al.* [2007]；Arai *et al.* [2014]）。世界一の長寿国である日本においても110歳まで到達する人はきわめて稀有であり（平成27年の国勢調査によれば総人口87万人に1人の割合）、十数年に及ぶ全国リクルートの結果、ようやく130名以上のスーパーセンテナリアンの医学調査を行った。

スーパーセンテナリアンの最大の特徴は、100歳時点でも日常生活動作および認知機能が保たれており、健康寿命がきわめて長いことである。特に認知機能が超高齢期まで保たれているという特徴は、認知症の予防法を開発する上で重要である。埼玉医科大学の高尾昌樹教授はスーパーセンテナリアン4例の剖検脳の結果を報告した（Takao *et al.* [2016]）。スーパーセンテナリアン脳は全体的に萎縮が軽度で脳重量も比較的保たれており、アルツハイマー脳病理所見、レビー小体病理も軽く、動脈硬化所見も軽度であった。これらの結果から、スーパーセンテナリアンは加齢に伴う神経病理所見が相対的に軽度であり、認知症に対する防御因子を持っている可能性が指摘され、さらなる分子遺伝学的解析の結果が待たれている。

筆者たちはスーパーセンテナリアンの健康長寿を支える生物学的な要因を同定するため、85歳高齢者、100 – 104歳で死亡した群、105 – 109歳で死亡した群、110歳以上まで生存したスーパーセンテナリアンの4群で老化関連

バイオマーカー（造血能、肝機能、腎機能、脂質・糖代謝、炎症指標、白血球テロメア長）を検討した（Arai *et al.* ［2015］）。その結果、六つの領域のバイオマーカーのうち、炎症指標が 85 歳高齢者、100 - 104 歳、105 歳以上のすべての年齢群において余命を規定する唯一の要因であった。さらに炎症指標はすべての年齢群で ADL（日常生活動作）、認知機能とも有意な関連を示し、加齢に伴う炎症を抑制することが健康長寿達成の重要なカギであることを明らかにした。

7　老年医学の新たな方向へ

　本章では、加齢に伴う身体、感覚器の老化と、高齢者の病気との関連を概説した。加齢に伴う臓器の機能低下が顕在化するのは高齢期（65 歳）以降、特に後期高齢期（75 歳）以降である。平均寿命が 70 歳であった 1970 年当時は認知症や骨粗鬆症に伴う骨折、フレイルは社会的に大きな問題とはなっていなかったが、多くの人が 90 歳まで長生きする時代では、そうした臓器の老化が関連する病気のインパクトがますます大きくなると予想される。

　肥満の是正と動脈硬化性疾患の発症予防をターゲットとしたメタボリックシンドローム対策（メタボ対策）では、「腹囲：男性 85cm 以上、女性 90cm 以上」「中性脂肪：150mg/dL 以上または HDL 40mg/dL 未満」「血圧　収縮期血圧 130mmHg 以上または拡張期 85mmHg 以上」という明確な基準によってリスク集団をスクリーニングすることによって一定の予防効果を上げることができた。

　しかし、老化は自然界に普遍的に見られる現象であり、誰でもある程度の年齢に達すると機能低下は避けられない。たとえば、中国で行われた研究では、4000 人を超える百寿者と 65 - 79、80 - 89、90 - 99 歳の各年代の高齢者の約 1 万 4000 人を対象として、Rockwood らの提唱するフレイル指数を比較した結果、フレイル指数の平均値は年齢が高くなるとともに上昇し、百寿者で最も高かった（Gu *et al.* ［2015］）。しかし、100 歳まで長生きした人は 80 歳時点のフレイル指数は同年代の一般の人に比べれば低かったはずである。つまり、百寿者に代表される健康長寿者は、加齢に伴う機能低下が遅い

集団ととらえることができる。

　最近、老年医学の領域では、日常生活や認知機能、社会参加が実年齢に見合っているか（＝Functional age）という概念を導入して、高齢者の健康指標を開発しようという試みが広がっている。今後は、Functional age を若く保っている人は、どのような生物学的な特徴があるのか（biological age）を明らかにすることによって予防医療に役立てようという方向と、機能が低下しても高齢者がQOLや幸せ感を保ちながら「幸せな長寿」を享受できるためのサポートシステムや地域社会の形成が望まれる。

【本章のポイント】

- 認知症、動脈硬化、骨粗鬆症など高齢者のQOLを脅かす慢性疾患の最大の危険因子は老化である。
- 高齢者の病気の特徴は、多病、症状の非典型化、生活機能の障害の顕在化である。
- 心血管系の老化は動脈硬化、心不全に、骨の老化は骨粗鬆症、骨格筋の老化はサルコペニアにつながり、いずれも要介護の原因として重要である。
- 感覚器の老化はコミュニケーションを妨げ、高齢者のQOLを低下させる。
- フレイルは、加齢とともに心身の活力や働き（機能）が低下し、要介護状態に陥るリスクが高くなった状態を指し、介護予防のスクリーニングに重要である。
- 喫煙や運動不足などの個人的な要素のみでなく、地域や職場環境、所得など、社会経済的な要因も健康寿命に影響する。
- 健康長寿のモデルである百寿者では、糖尿病になりにくい、フレイルの発症が遅いなどの特徴がある。

【参考文献】

内田育恵・杉浦彩子・中島務・安藤富士子・下方浩史（2012）「全国高齢難聴者数推計と10年後の年齢別難聴発症率—老化に関する長期縦断疫学研究（NILS-LSA）より」『日本老年医学会誌』

vol.49, No.2: 222-227.

カワチ，イチロー（2013）『命の格差は止められるか：ハーバード日本人教授の、世界が注目する授業』小学館。

厚生労働省（2000）「第 5 次循環器疾患基礎調査」。

https://www.mhlw.go.jp/toukei/kouhyo/indexkk_18_1.html（最終閲覧日：2023 年 7 月 15 日）

―――「令和 3 年簡易生命表の概況」。

https://www.mhlw.go.jp/toukei/saikin/hw/life/life21/index.html（最終閲覧日：2023 年 7 月 15 日）

骨粗鬆症の予防と治療ガイドライン作成委員会（2015）『骨粗鬆症の予防と治療ガイドライン 2015 年版』ライフサイエンス出版。

佐竹昭介（2018）「基本チェックリストとフレイル」『日本老年医学会誌』vol.55 No.3：319―328.

社会階層と健康に関する学際ネットワーク「日本の「健康社会格差」の実態を知ろう」『平成 21 ～25 年度文部科学省科学研究費 新学術領域研究（研究領域提案型）現代社会の階層化の機構理解と格差の制御：社会科学と健康科学の融合（略称「社会階層と健康」）』。

谷本芳美・渡辺美鈴・河野令ほか（2010）「日本人筋肉量の加齢による特徴」『日本老年医学会誌』vol.47 No.1: 52-57.

内閣府（2023）「令和 5 年版高齢社会白書（全体版）」。

https://www8.cao.go.jp/kourei/whitepaper/w-2023/zenbun/05pdf_index.html（最終閲覧日：2023 年 7 月 15 日）

Arai, Y., Inagaki, H., Takayama, M., Abe, Y. *et al.*（2014）"Physical independence and mortality at the extreme limit of lifespan: Supercentenarians study in Japan," *Journals of Gerontology*, Series A: Biological Sciences and Medical Sciences Vol.69 No.4:486-494.

―――, Martin-Ruiz, C.M., Takayama, M. *et al.*（2015）"Inflammation, but not telomere length predicts successful ageing at extreme old age: a longitudinal study of semisupercentenarians," *EBioMedicine* Vol.2 No.10:1549-1558.

Braunwald, E.（2015）"The war against heart failure: the Lancet lecture," *Lancet* Vol.385, No.9970: 812-824.

Fried, L.P., Tangen, C.M., Walston, J., *et al.*（2001）"Frailty in older adults: evidence for a phenotype," *The Journals of gerontology* Series A, Biological sciences and medical sciences Vol.56 No.3:M146-156.

Gates, G.A., Beiser, A., Rees, T.S., D'Agostino, R.B. and Wolf, P.A.（2002）"Central auditory dysfunction may precede the onset of clinical dementia in people with probable Alzheimer's disease," *Journal of the American Geriatric Society* vol.50 No.3: 482-488.

Gu, D. and Fe, Q.（2015）"Frailty still matters to health and survival in centenarians: the case of China," *BMC Geriatrics* Vol.15 No.159.

Saito, H., Nishiwaki, Y., Michikawa, T. *et.al.* "Hearing handicap predicts the development of depressive symptoms after 3 years in older community-dwelling Japanese," *Journal of the American Geriatrics Society* vol.58 No.1:93-97.

Searle, S.D., Mitnitski, A., Gahbauer, E.A., Gill, T.M. and Rockwood, K.（2008）"A standard procedure for creating a frailty index," *BMC geriatrics* vol.8, No.24.

Shock, N.W.（1971）"The physiology of aging," in Vedder, C.B., Charles, C.（eds.）*Gerontology*, Tomas Publisher, 264-279.

Takao, M., Hirose, N., Arai, Y., Mihara, B. and Mimura, M.（2016）"Neuropathology of supercentenarians – four autopsy case studies," *Acta Neuropathologica Communications* vol.4 No.97.

Takayama, M., Hirose, N., Arai, Y. *et al.* (2007) "Morbidity profile of Tokyo-area centenarians and its relationship with functional status," *Journal of Gerontology*, Series A: Biological Sciences and Medical Sciences vol. 62 No.7: 774-782.

United Nations (2017) *World Population Prospect: The 2017 revision.*

Yuki, A., Ando, F., Otsuka, R. *et al.* (2015) "Epidemiology of sarcopenia in elderly Japanese," *Journal of Physical Fitness and Sports Medicine* Vol.4 No.1: 111-115.

第9章

認知症について（1）
——総　　論

三村　將

■本章の目的■

本章は次章と併せて、加齢を最大のリスクファクターとする認知症およびその関連する医学的病態について、基礎的な理解を得ることを目的としている。認知症とは単一の病名ではなく、数多くの疾患・病気、すなわち「認知症性疾患」の集合体、いわば症候群である。個々の認知症性疾患については次章で詳しく述べている。本章では、それらの「認知症症候群」に共通している問題について概説する。

1　認知症とは

　認知症とは、いったん正常に発達した認知機能や精神機能が後天的な脳の障害により低下し、日常生活や社会生活に支障を来している状態と定義される。同じく知能が低下していても、知的障害ないし精神遅滞という場合は、もともと知能が十分には発達しきっていない状態を指す。

　認知症は以前には「痴呆」と呼ばれていたが、2004年12月に厚生労働省が行政用語として「認知症」に変更することを決定し、その後、今日では学術用語としても、あるいはマスコミや一般的な場面でも、認知症という用語が定着している。

　臨床でよく用いられる診断基準の一つである国際疾病分類第10版 ICD-

10では、「認知症は脳疾患による症候群であり、通常は慢性あるいは進行性で、記憶、思考、見当識[1]、理解、計算、学習能力、言語、判断を含む多数の高次皮質機能障害を示す。意識の混濁はない。認知障害は、通常、情動の統制、社会行動あるいは動機づけの低下を伴うが、場合によってはそれらが先行することもある」と規定されている。

　もう一つの精神科領域でよく用いられる診断基準は、米国精神医学会によるDSM-5である。それぞれの認知症性疾患ごとにその定義は異なっているが、共通する診断基準として表9-1の4項目が挙げられている。

　DSM-5の認知症の診断においては、一つ以上の認知領域において機能が病前よりも低下していること、また、その認知障害が機能的に毎日の生活の自立を阻害するほど重篤であることが重要とされている。言い換えると、日常生活が一人ではうまく営めなくなってはじめて認知症と診断されることになる。逆に、日常生活が障害されていない程度の認知機能低下の場合は、認知症とは診断せず、軽度認知障害（mild cognitive impairment: MCI）と診断される。MCIはいわば認知症の前段階ないし予備軍とみなされるが、MCIの人が必ず認知症になるわけではない。

　認知症においては、一つ以上の認知領域の機能低下を認めるが、それが必ずしも記憶障害というわけではない。一般的には、記憶障害は最もよく目にする認知機能障害だが、必発というわけではなく、実際に後述の前頭側頭葉変性症（frontotemporal lobar degeneration: FTLD）の初期などでは物忘れが目立たないこともある。

　前述のように、認知症それ自体は疾患単位ではなく、さまざまな病因による疾患の集合体である。最も多いのはアルツハイマー病（Alzheimer's disease：AD）を病因とするアルツハイマー型認知症であり、ほかにレビー小体型認知症（dementia with Lewy bodies：DLB）、血管性認知症（vascular dementia：VD）などがある。そのほか、前頭側頭葉変性症やプリオン病などさまざまな疾患が認知症の病因として挙げられる。最近では、これらの疾患の診断に関しては、臨床所見とともに、神経構造（形態）画像や神経機能

---

1) 居場所や時間などの自分が置かれている基本的な状況を把握すること。

表 9-1 DSM-5 における認知症（DSM-5）の診断基準

A. 1つ以上の認知領域（複雑性注意、実行機能、学習及び記憶、言語、知覚 – 運動、社会的認知）において、以前の行為水準から有意な認知の低下があるという証拠が以下に基づいている： （1）本人、本人をよく知る情報提供者、または臨床家による、有意な認知機能の低下があったという懸念、および （2）標準化された神経心理学的検査によって、それがなければ他の定量化された臨床的評価によって記録された、実質的な認知行為の障害
B. 毎日の活動において、認知欠損が自立を阻害する（すなわち、最低限、請求書を支払う、内服薬を管理するなどの、複雑な手段的日常生活動作に援助を必要とする）
C. その認知欠損は、せん妄[2]の状況でのみ起こるものではない
D. その認知欠損は、他の精神疾患によってうまく説明されない（例：うつ病、統合失調症）

出所：日本精神神経学会（2014）より筆者作成

画像、血液や脳脊髄液のバイオマーカー、遺伝子異常といった検査所見が重視される傾向にある。

2　認知症の疫学

　2012 年の時点でわが国の 65 歳以上の高齢者における認知症有病率は 15％程度（462 万人）で、認知症の前段階とみなし得る MCI は約 500 万人とされている。2022 年現在、認知症は 600 万人程度と見積もられており、さまざまな疫学研究の結果を踏まえると、これをはるかに上回る MCI の人がいると推測されている。

　認知症全体における病因別の分類統計では、日本においても欧米と同様に、以前は血管性が多いとする報告もあったが、近年の疫学研究ではアルツハイマー型が最も多いとされている。性差については、アルツハイマー型は女性に、血管性は男性が多いとされている。純粋のアルツハイマー型は約 35％、アルツハイマー型と血管性の混合型認知症（mixed dementia：MD）は約 15％、レビー小体型は約 15％、血管性は約 10％、前頭側頭葉変性症（FTLD）は約 5％となっている。

　2）せん妄とは、さまざまな原因で生じる軽度の意識混濁ないし意識の変容のこと。

図 9-1　年齢階層別の認知症有病率（2012 年）

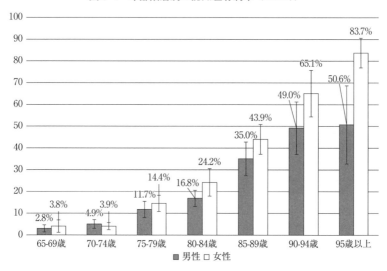

出所：朝田（2013）より筆者作成

図 9-2　認知症の危険因子と保護因子

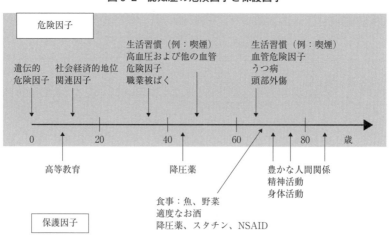

出所：Fratiglioni（2004）より一部改変

図9-3　日本における認知症の経済的影響

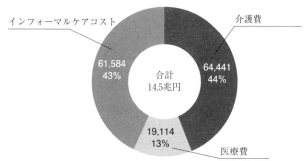

単位：億円

出所：Sado *et al.*（2018）より筆者作成

認知症の最大の危険因子は加齢である。65-69 歳における認知症有病率は 3％前後だが、75 歳以上では急増し、たとえば 80-84 歳の女性だと約 24％、つまり 4 人に 1 人が認知症になる（図 9-1）。ほかの危険因子として、遺伝的危険因子（アポリポ蛋白 E apolipoprotein E［ApoE］の ε 4）、家族歴、頭部外傷、糖尿病、心血管系疾患、喫煙などが挙げられる。一方、防御因子としては、運動、適切な食事、余暇活動、活発な精神活動、社会参加などが挙げられる（図 9-2）。

また、認知症に関わる社会経済的影響についても試算されている（図 9-3）。これによると、2014 年の時点でわが国の認知症にかかる社会的コストは医療費が 2 兆円弱、公的介護費が 6.5 兆円弱、そしてインフォーマルケアコストが 6 兆円強となっており、総額は 14.5 兆円に上る。これは当時の国家予算の 1/6 に匹敵する額であり、さらに年々この社会的コストは増大していくことが見込まれている。

3　認知症の臨床所見

（1）　診察の心得

認知症の人の診察において、頭部コンピュータ断層撮影（computer tomography: CT）や頭部磁気共鳴画像（magnetic resonance imaging:

MRI）、単一光子放射断層撮影（single photon emission CT: SPECT）による脳血流計測といった脳画像検査や、多種多様な認知機能検査（神経心理学的検査）は診断確定のためのきわめて有力なツールとなる。

しかし、そのような検査を用いる目的や解釈がしっかりしていないと、点数だけが一人歩きして過剰診断や過少診断、あるいは誤診につながる危険がある。あくまでもこれらの検査は、これから述べる患者の生活状況の聴取、問診、身体所見や精神現症の評価に裏打ちされたものでなければならない。換言すると、検査所見に影響を与える何らかの要因はないかということにも十分気を配る必要がある。たとえば、その日の体調はどうか、前日の夜にしっかり眠れているか、最近何か気がかりな心配事があって悩んでいないかなどである。

認知症の人の診察は、精神症候学（症状評価）を中心に、その人の生活状況の聴取、問診、身体所見、神経学的所見を織り交ぜて、総合的に手際よく行っていく必要がある。

(2)　生活状況の聴取

認知症の診断基準には「日常生活や社会的活動に支障があること」が要件として盛り込まれているが、その判断は診察室内での診察や検査のみでできるものではない。認知症が重症になってくると、いわゆる日常生活動作（activity of daily living: ADL）が障害されてくる。ADL には食事やトイレ、入浴や整容、さらに移動といった、私たちが日常生活の中でごく当たり前に行っている習慣的行動が含まれる。

これに対して、特に初期の認知症では手段的 ADL（instrumental ADL: IADL）の聴取がとても大切となる。IADL とは何らかの道具を用いた日常生活行動を指す。すなわち料理、家事、洗濯、掃除、買物といった基本的な内容から、金銭管理、服薬管理、交通機関の利用、電話・スマートフォンの利用、運転といった応用的な内容まで、独居の状況を想定して、さまざまな問題点を確認する。金融ジェロントロジーの立場からも、この IADL はきわめて重要で、認知症のごく初期には、不動産管理や証券・銀行の窓口決済などがうまくいかないことで気がつかれることもある。認知症が進行してく

ると、日常生活の金銭管理や買物に支障を来すようになってくる。

　生活状況の聴取においては、もともとのその人がどのように暮らしていたかを知っておくことが決定的に重要である。病前から一人暮らしで何でも自分でやっていたのか、あるいは配偶者や同居の家族が日常生活をすべてサポートしていたのか。仕事をしていたのか、していたならばどのような仕事なのか、いつまでしていたのかなどである。金融ジェロントロジーの観点でも、毎月の収支を含め、もともとの経済状況はどうであったのか。中にはお金に不自由なく、金銭感覚がまったくなくても、余暇や趣味にアクティブにお金を使っていた人もいれば、毎月きちんと家計簿をつけていたような人もいる。

　また、概して男性は料理、家事、洗濯などをもともとしない（できない）場合もある。反対に、女性では自動車運転をしない人が多いが、最近では高齢女性の自動車運転免許保有率も高くなってきている。

（3）　問診時のポイント

　問診を行う際には「今日はどうやってここに来ましたか？」「お住まいはどちらですか？」「年齢は？」「体の病気はありますか？」といった無難な質問から始め、相手とのラポール（信頼関係）[3]を深めつつ、その返答を通じて見当識障害や態度、人格変化などについても評価を行っていく。無礼にならないように気をつけながら、年齢を尋ねてみると、ある程度逆向健忘の評価ができる。

　逆向健忘とは、認知症発症前の（本来は普通に記憶できていたはずの）出来事を思い出すことができない現象を指す。たとえば著明な逆向健忘があるアルツハイマー型の人では、実年齢が 80 歳でも 50 歳と答えることも稀ではない。このような場合、ざっくり考えて、30 年くらいの逆向健忘があるのだろうと推測する。

　しかし、そのようなアルツハイマー型の人でも一般的には意味記憶は保たれている。意味記憶とはエピソード記憶の対になる概念で、前者は言葉や知

3）ラポールについては、第 7 章 2（1）および第 12 章のコラム 12-3 を参照のこと。

識など百科事典的記憶、後者は出来事に関連した日記的記憶を指している。重度のアルツハイマー型で年齢を極端に若く言う人でも、意味記憶が保たれているならば生年月日を尋ねても、正確に答えることができる。反対に、意味記憶が顕著に障害されている意味性認知症（semantic dementia: SD）の人では、実年齢は正確に答えても、生年月日の意味がわからず、「生年月日って何ですか？」と聞いてくることもある。同様に、「利き手はどちらですか？」と尋ねても、「利き手って何ですか？」と聞き返してくることがある。

　問診中にはこのような言語の異常、特に失語の有無についても評価する。アルツハイマー型では語健忘といって、物の名前が出てこないことがよくあるため、「あれ」「それ」など代名詞の多用や回りくどい表現が多くなる。また、相手の言った言葉や話を理解できなくなり、会話がかみ合わなくなることもある。前頭側頭葉変性症では会話の文脈と関係のない文が唐突にワンパターンで出現し、同じフレーズを繰り返すことがよく起こる（滞続言語やオルゴール時計現象）。

　診察中の指示が思うように患者に伝わっていないと感じる場合、まず難聴で聴力が低下していないかを疑う。しかし、難聴ならよほどの重症でない限り、耳元で大声で話せば通じるが、そうしても理解が困難な場合、失語に伴う聴覚的理解の障害（聞こえているのに、相手の言っていることが理解できない）がないかを確認する。

（4）　起始と経過

　認知症の症状の発症様式が急性か亜急性かあるいは慢性かは、認知症の診断において決定的に重要である。

　急性発症の場合、脳血管障害や頭部外傷、身体的要因や薬剤性のせん妄など、むしろ認知症以外の問題を念頭に置く必要がある。ときに解離性健忘（記憶喪失）など、精神的なストレスといった特殊な心因性の場合もある。数日から数週程度で症状が明らかとなり、増悪してくる亜急性発症の場合、脳炎や代謝性脳症、硬膜下血腫、腫瘍性病変などを考える。

　これに対し、アルツハイマー型を含む多くの認知症は慢性発症であり、いつとはなしに発症し、ゆっくりと進行していく疾患である。アルツハイマー

型に関しては、脳内にアミロイドの蓄積が生じてから健忘などの症状が顕在化して臨床的に認知症段階に至るまで、平均 15 - 20 年を要するといわれている。脳内にアミロイドの蓄積を認めるものの、まったく記憶障害すらない前臨床期 アルツハイマー病（プレクリニカル preclinical AD）と呼ばれる段階から、MCI を経てやがてアルツハイマー型認知症に進行していくのである。

　診察にあたっては、本人や家族に「はじめにおかしいと感じたのはいつですか」と尋ねてみるが、物忘れを主訴とする典型的なアルツハイマー型では、むしろ記憶障害の始まりがいつなのか特定できないのが普通である。また、患者の中には「人の名前が出てこなくなった」とか、「台所に行ったが、何をしに来たのか忘れてしまった」といった訴えで受診してくる場合が少なくない。前者のようないわゆる「度忘れ」（固有名詞の想起障害）や後者のような内容に関する展望記憶の障害は、病的なのか正常範囲なのかの判断が難しい。近年では、このような境界的な物忘れ症状で初診しても、あとになって認知症の初期症状であったことが判明してくるケースにも遭遇するため、注意深く経過を観察していく必要がある。

　初診時にある程度の評価、検査を行ったら、その後は通常、1 - 6 カ月くらいの間隔で通院してもらう。その際、前回受診から今回の受診までの間にどのようなことがあったかを、日時がわかるようなかたちでメモにしてきてもらうと、診断の参考になる。これは進行の程度を確認したり、特定の症状がいつから出てきたのかを考えたりする際にも有用である。また、家族が本人の前では言いにくいようなことがある場合にも、このようなメモは利便性が高いといえる。

4　中核症状の評価

　認知症の症状は大きく中核症状と周辺症状という二つの症状群に分けられる。認知症の中核症状と呼ばれるものは、前述の ICD-10 の定義にもあった記憶や見当識、理解、計算、言語、判断など、いわゆる認知機能の障害を指している。一方、周辺症状とは、精神症状や行動障害を指し、一般に認知症の行動・心理症状（behavioral and psychological symptoms of dementia:

BPSD）と総称される。

（1）記憶障害

　記憶障害は認知症における中核症状の主体を成すものであり、典型的なアルツハイマー型ではほぼ全例に認められ、徐々に進んでいく。認知症は通常「何度も同じ話をする」「さっき食事をしたのを忘れている」「薬を飲み忘れる」「物をどこにしまったか思い出せない」「昨日どこに出かけたか覚えていない」「新しいことが覚えられない」といったさまざまなかたちの記憶障害で気づかれる。金融ジェロントロジーの立場からは、「前日に説明した契約の内容を覚えていない（あるいは聞いたこともないという）」「通帳や印鑑を紛失してしまった」といったことが典型的ではないだろうか。

　認知症における記憶障害は、数分から数日くらいの間など比較的最近に自分が体験した出来事（近時記憶）を想起できない、あるいは新しい情報を学習できないというエピソード記憶の障害である。近時記憶は日常生活で最も急速に忘却が起こる部分である。

　実際の診察にあたって、診察前1日の出来事としては、昨夕や今朝の食事の内容や、診療機関までの交通手段を尋ねる。診察前1カ月の出来事としては、本人や近親者の冠婚葬祭、重要な来客、国内外のニュースやスポーツの結果などが参考になる。これらは金融ジェロントロジーの場面でも、ちょっとした雑談の中で確認してみることもできるだろう。

　記憶障害があって、周囲の状況変化についていけないと、見当識障害が目立ってくる。見当識の障害は、日にちや月、年などの時間から始まり、やがて自分のいる場所、さらにまわりにいる人物へと広がっていく。

　記憶障害について、アルツハイマー型では初期には自分でもおかしいと思っていることもあるが、多くの場合は病識（気づき）が乏しく、指摘されてもうまく取り繕ってごまかしてしまう（取り繕い反応）。これはアルツハイマー型に特徴的な徴候であり、わからないことを質問されると「わかりません」とは答えず、「そんな難しいことを聞かれても」とか「今日は体調が悪いので」など、うまく言い訳をする反応のことである。

　もう一つ、「振り返り徴候」も特徴的である。これは本人が質問に答えら

れない場合、あるいは適切に答えられたか自信がない場合、同席している家族や同伴者を振り向いて「あなた答えて」などと言う場合である。これらはいずれもアルツハイマー型ではむしろその人の人格、人柄が保たれていることを反映した現象であると考えることができる。

（2）　他の中核症状

記憶障害以外に、最も重要な中核症状は、実行（遂行）機能の障害である。エグゼクティブというのは日本語としても使われる用語だが、実行機能とは、一言でいうと、日常生活場面で問題解決に際して動員される複雑な認知機能の総称であると考えられる。「料理の手順がおかしい」「金融機関や役所の手続きができない」「スーパーでいつも同じものばかり買ってくる」といった症状があると、実行機能障害による問題解決能力の低下を疑う。アルツハイマー型に代表される認知症性疾患では、通常この実行機能障害と記憶障害の組み合わせが患者の日常生活を大きく障害することになる。

また、「よく知っているはずの道に迷う」「しまったものが見つけられない」「茶碗を食器棚のいつものところにしまえない」といった症状があった場合、視空間認知機能、構成機能に問題がある可能性を考える。前述の記憶障害のところで「通帳や印鑑を紛失してしまった」という訴えに触れたが、実は目の前の棚に置いてあったり、バッグの中に入れたはずの貴重品を見つけることができないと訴えるような場合、記憶障害ではなく、むしろ視空間認知機能、視覚的探索機能の問題かもしれない。

前述のように、認知症で失語を認めることは稀ではない。アルツハイマー型では多くの場合、流暢によく話すが、ものの名前が出てこなかったり（語健忘）、話の理解が障害されていたりして（聴覚的言語理解の障害）、会話がうまくかみ合わない。アルツハイマー型では反対に、病初期から話せなくなること（非流暢性失語）は通常ない。病初期から発語が極端に減少したり、話すのに強い努力を要するときには前頭側頭葉変性症、特に原発性非流暢性失語（primary non-fluent aphasia: PNFA）のようなアルツハイマー型以外の認知症を念頭に置く。前述のように、言葉の意味がわからなくなる語義失語を呈する場合は意味性認知症を疑う。

5　周辺症状の評価

　認知症においては、中核症状とともに、その周辺症状の把握がきわめて重要である。周辺症状ないし BPSD（認知症の行動・心理症状）は ICD-10 や DSM-5 の中に十分記載されていないが、だからといって重要性が低いというわけではない。むしろ、周辺症状と呼ばれてはいるものの、むしろ認知症当事者の苦痛や、家族や介護者の負担という面では、中核症状よりさらに重要性が高いともいえる。認知症の対応やケアにあたってはむしろ中心となる問題である。

　一般に、BPSD に含まれる問題として、幻覚・妄想、抑うつ・アパシー（意欲低下）、不安、易怒性・脱抑制 4)、睡眠障害、食行動異常（拒食・過食・好みの変化）、強迫・常同行動 5)、徘徊などが挙げられる。これらはたとえば物盗られ妄想 6) などにおいて、記憶障害や視空間認知障害など、中核症状と密接に結びついている場合もあるが、直接は関連がないように見える場合もある。また、当事者の気持ちになってみると、単身生活をしている認知症女性の被害妄想など、妄想の中に括られても、高齢者の心性として理解可能な場合が多いと考えられる。

　妄想を聴取する際には、「困っていることはありますか」といったオープンエンドな質問（答が一つとは限らない質問）から始め、「最近世の中物騒ですが、物を盗られることはありませんか」といったクローズエンドな質問（答が一つに決まってくる、あるいは「はい」「いいえ」で答えられる質問）を徐々に組み入れていく。物盗られ妄想は通帳・鍵・印鑑の「三点セット」が多いが、洋服や櫛、ティッシュペーパーに至るまで、あらゆる物がなくなることがある。その背景には「こんなものまで盗られて悔しい、馬鹿にされている」という高齢者の特有の心性が関与する場合もある。また、「しまい

---

4)　脱抑制：衝動や感情を抑えることが難しくなる状態のこと。
5)　常同行動：何かに駆り立てられているように目的のない行動を繰り返すこと。
6)　物盗られ妄想：認知症において自分が見つけられない財布や鍵などを誰かに盗られたと主張する妄想。

忘れや置き忘れ」といった健忘が中核症状として認められることも多いため、確認しておくことが必要である。

　周辺症状は特定の疾患でよく見られる特異性の高いものから、どんな認知症でもそれなりに認めることがある特異性の低いものまで、さまざまである。たとえばレビー小体型の幻視や前頭側頭葉変性症の常同行動は診断基準に明示され、疾患特有の病変部位と連動しており、疾患に特徴的な症候である。一方、アルツハイマー型の物盗られ妄想は、その神経基盤が想定はされているものの、その発症にはさまざまな身体・心理・環境的要因も関与していると考えられる。

6　認知症の重症度

　ここでは代表的な認知症性疾患であるアルツハイマー型の進行と重症度についてのみ触れることとする。アルツハイマー型は緩徐進行性の変性疾患であり、その臨床経過は認知症の前段階（MCI）-前期（初期）ないし早期-中期-後期に分けて考えると理解しやすくなる。この経過はおおむね境界域-軽度-中度-重度という重症度の分類を反映している。最近では、医学的にも、あるいは社会的にも、より早期（軽度）の段階が注目されるようになっている。以下に典型的な臨床経過のアウトラインを述べる。

（1）　認知症の前段階（軽度認知障害）

　前述のように、アルツハイマー型をはじめとする認知症は、自立して日常生活機能を営めなくなった状態とされている。しかし、臨床現場では、正常な加齢によるものとも言い難く、上記の認知症の定義にも当てはまらない、いわゆるグレーゾーンにいる高齢者を見かけることが少なくない。

　Petersen と Mayo Clinic のグループは、将来、アルツハイマー型に移行するリスクのあるこれらグレーゾーンを MCI と呼ぶことを提唱した。彼らは、①記憶障害の自覚があり、家族によってそれが確認されること、②日常生活能力は保たれていること、③記憶以外の全般的な認知機能は正常であること、④標準化された検査により客観的な記憶障害を認めること、⑤認知症

ではないこと、⑥臨床認知症尺度（Clinical Dementia Rating: CDR）のスコアが0.5であることを満たすものをMCIとしている（Petersen［2004］）。今日、Petersenたちのこの基準は健忘型MCIとされている。

　物忘れを自覚して外来を受診し、初診時に記憶障害が認められたが認知症とはいえない患者、すなわちMCI患者を追跡調査していくと、1年あたり約10-15％の患者がアルツハイマー型に移行することが報告されている（Petersen［2006］）。その意味で、MCIは認知症の前段階ないしリスク群であるといえ、今後のアルツハイマー型に対する根治療法・疾患修飾薬[7]のターゲットはMCIにあるといえる。

　さらに、最近では、物忘れすらない「健常高齢者」でありながら、アミロイドPETないし髄液検査で中枢神経系にアミロイドの蓄積が確認される前臨床期アルツハイマー型の存在が広く知られるようになってきた（図9-4）。

　厳密な区分は困難だが、特に金融ジェロントロジーの立場から見ても、MCIを正常加齢の延長線上とみなし得る早期MCIと、早期アルツハイマー型との共通点の多い後期MCIに分けて考えることは臨床的には有用であると考えられる。

（2）　認知症前期（軽度）

　典型例では、症状は健忘が中心で、他の認知機能障害は目立たない。しかし、語健忘やアパシー（感情がなくなったり無気力になる状態）が見られることがある。日常生活は軽度に障害されていて、仕事や家事に支障はあるものの、まだ多くのことを自分で行える段階である。

（3）　認知症中期（中度）

　記憶障害が進行し、日常生活上の障害程度が増す。実行機能障害も目立ち、失語による聴覚的言語理解の障害も出現し、他者の言うことを理解するのが難しくなる。BPSDが顕在化してきて、物盗られ妄想や不穏、焦燥などが出現してくる。IADLが障害され、買物や食事の支度、運転などがうまくでき

7）疾患修飾薬とは、病理学的変化の進行過程に作用する薬のこと。

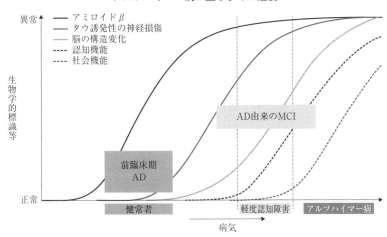

図9-4　前臨床期アルツハイマー病から軽度認知障害、
アルツハイマー病に至るまでの進展

出所：Jack *et al.*（2010）より一部改変

なくなる。

（4）　認知症後期（重度）

　認知症症状が徐々に重度となっていく。運動機能も低下してきて、失禁も認めるようになる。身体機能も衰えてきて、尿路感染症や嚥下性肺炎[8]、転倒による骨折など、さまざまな合併症を併発しやすくなる。

8）嚥下（えんげ）性肺炎とは、物を飲み込む能力（嚥下力）が低下することにより、食べ物などと一緒に細菌が気道に入ってしまうことで引き起こされる肺炎のこと。誤嚥（ごえん）性肺炎ともいう。

7　検査所見

（1）　認知機能検査（神経心理学的検査）

①　検査時の注意

　認知症の人の中には物忘れの現実に不安を抱いているケースも少なくない。いきなり難度が高く、長時間に及ぶ検査を行うことは本人の不安を煽るだけでなく、プライドを傷つけてしまうおそれもある。すでに 3 節 (3) 項の診察の心得のところでも述べたが、本人の行動観察や病歴聴取を十分行った上、検査施行の際には事前に十分説明をすること、また同日に複数の検査を施行せずに、本人の負担を見ながらペース配分していくことが重要である。特に超高齢者や検査になじみのない人の場合には、いきなり定型的な神経心理学的検査を行うようなことは厳に慎むべきである。

　また、これもすでに述べたことだが、神経心理学的検査に際しては、難聴や失語が存在したり、検査に非協力的であったり、検査への動機づけが低かったりすれば、当然ながら成績が低下する。たとえば前頭側頭葉変性症患者に知能検査を実施する場合には、知的には保たれていても、検査への関心が低ければ低成績となる。検査結果はあくまでも総合的に評価、判断していく必要がある。

②　スクリーニングテスト

　認知症のスクリーニングテストとしては、ミニメンタルステート検査（Mini-Mental State Examination: MMSE）と改訂長谷川式簡易知能評価スケール（Hasegawa Dementia Scale-Revised: HDS-R）が広く用いられている。それぞれ 30 点満点で 11 項目、9 項目の質問から構成され、その中でも直後再生 [9]・遅延再生 [10] の項目に着目することにより、記憶障害の有無を検討することができる。

　最近では Montreal Cognitive Assessment 日本語版（MoCA-J）もよく用い

---

9) 直後再生とは、単語や図形などを見たり聞いたりした直後に何があったかを答えること。
10) 遅延再生とは、単語や図形などを見たり聞いたりした後、しばらく時間を置いてから何があったかを答えること。

図 9-5　75 歳以上で自動車運転免許更新時に実施される認知機能検査の下位検査

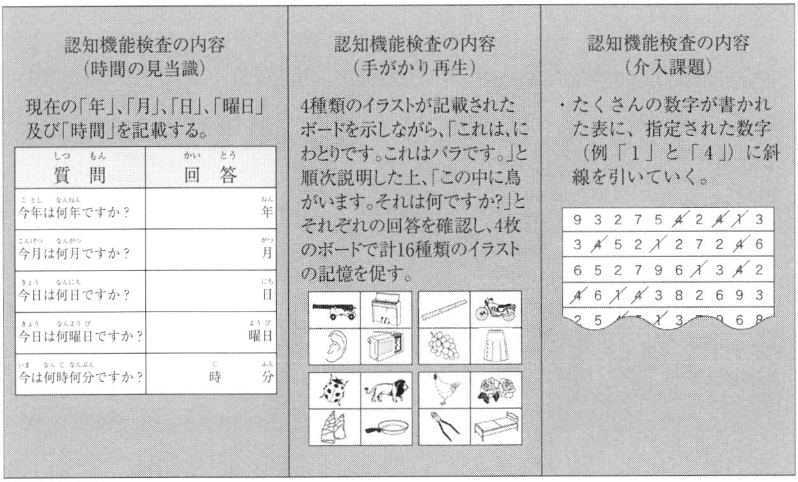

認知機能検査の内容（時間の見当識）

現在の「年」、「月」、「日」、「曜日」及び「時間」を記載する。

質問	回答
今年は何年ですか？	年
今月は何月ですか？	月
今日は何日ですか？	日
今日は何曜日ですか？	曜日
今は何時何分ですか？	時　分

認知機能検査の内容（手がかり再生）

4種類のイラストが記載されたボードを示しながら、「これは、にわとりです。これはバラです。」と順次説明した上、「この中に鳥がいます。それは何ですか？」とそれぞれの回答を確認し、4枚のボードで計16種類のイラストの記憶を促す。

認知機能検査の内容（介入課題）

・たくさんの数字が書かれた表に、指定された数字（例「1」と「4」）に斜線を引いていく。

出所：一般社団法人 全日本指定自動車教習所協会連合会 HP より引用

られている。もう少し詳細な検査で、アルツハイマー型の進行度の評価に用いられるものとして、Alzheimer's Disease Assessment Scale- Japanese version Cognitive Subscale（ADAS-Jcog）がある。

　現在、75 歳以上で自動車運転免許を更新する際には、一律「認知機能検査」を受けることが求められている。この「認知機能検査」には時間の見当識、手がかり再生、時計描画の三つの下位検査が含まれている。図 9-5 は各下位検査の詳細を示している。

　なお、健忘型 MCI においては、スクリーニング検査では正常範囲になることが前提となる。すなわち MMSE では 24 点以上、HDS-R では 21 点以上となるが、一方でより詳細な記憶検査では基準値を下回り、客観的検査所見としても記憶障害の存在が確認できる。

(2)　画像所見

　認知症の診断においては、神経画像所見は診断の決め手となる重要な検査である。特に有用性が高いのは、頭部 CT・脳 MRI といった神経構造画像、

脳血流 SPECT・ポジトロン断層撮影（positron emission tomography: PET）といった神経機能画像である。

（3） バイオマーカー

アルツハイマー型については、現時点で診断に最も有用と考えられているのは脳脊髄液マーカーであり、老人斑・アミロイドの主要構成成分であるアミロイド β 蛋白と神経原線維変化を構成するリン酸化タウが注目されている。アルツハイマー型患者の脳脊髄液においてはアミロイド β 蛋白が低下しており、リン酸化タウは上昇している。最近、血液検査でアミロイドが測定できる可能性が注目されており、近未来的にはアミロイドを含めた各種の血液マーカーが利用できるようになると期待されている。

8 治 療

（1） 薬物療法

① 対症療法

認知症の中核症状に対しては、現時点でアルツハイマー型に対して4剤、レビー小体型に対して1剤の抗認知症薬（向知性薬）が保険適用となっているが、これらはすべてアルツハイマー型を根本から治療する根治薬（疾患修飾薬）ではなく、あくまでも中核症状の進行を遅らせることができる対症療法である。

このうち3種類は神経伝達物質の一つであるアセチルコリンの分解に関わるコリンエステラーゼを阻害する薬剤であり、ドネペジル、ガランタミン、リバスチグミンがある。このうちドネペジルは軽度から重度までのすべてのステージで使用が認められているが、ガランタミンとリバスチグミンは軽度～中等度までの段階で使用が認められている。

一方、メマンチンはやはり神経伝達に重要な役割を果たす NMDA の受容体拮抗薬であり、グルタミン酸を介する神経毒性が関与するという考えに基づいている。メマンチンは中等度以上のアルツハイマー型が対象となる。

現時点でアルツハイマー型に適応症を有する対症療法は、MCI に対して

は適応を認められていない。

②　根治薬・疾患修飾薬

　この主体はアミロイド β 蛋白をターゲットとした介入であり、免疫療法、β セクレターゼ阻害薬、γ セクレターゼ阻害薬、アミロイド β 蛋白オリゴマー化阻害薬といったメカニズムの薬剤が含まれている。これらのうちいくつかは、すでにわが国でも治験段階に入っているが、まだ確実に効果を示せている薬剤はないのが現状である。

　しかしながら、今後は MCI、さらにその前段階の前臨床期アルツハイマー型に対する根治療法によるアルツハイマー型の発症予防が薬物療法のターゲットになってくると考えられる。

③　周辺症状への薬物療法

　周辺症状への治療については、後述の対応・ケアが中心となるが、薬物療法としては、中核症状に対する抗認知症薬が周辺症状の一部にも有効な場合がある。また、BPSD が強い場合や急性増悪時には、抗精神病薬、抗うつ薬、抗てんかん薬・気分安定薬、抗不安薬、睡眠薬、漢方薬などを症状に応じて使用する。

　特に、抗精神病薬は幻覚・妄想や攻撃性、不穏を示す患者にしばしば使用されるが、保険適用外であるとともに、認知症高齢者に使用した場合に相対的に死亡率が上昇することが知られている（Zhai, Yin, Zhang［2016］）。したがって、抗精神病薬を使用することのメリットがデメリットを上回ると判断した場合のみ使用を考えるべきで、薬物療法への過度な期待は禁物である。

（2）　非薬物療法

①　対応の基本

　認知症への対応の基本としては、本人の周辺症状を否定するのではなく、まず見守り、その心理的背景を探っていく。周辺症状の背景には、孤立感、自信欠乏、自尊心の低下といった高齢者特有の心性があり、これらへの適切な対応が症状の軽減につながると考えられる。

　認知症の人への関わりを考える際、個々の人に応じた介護、すなわちパーソン・センタード・ケアを心がける必要がある。そのためにはまず、その人がいかなる認知症性疾患であるのか、またその疾患ではいかなる症状と問題が特徴的であるのかを十分に知っておかなければならない。日常生活上の問題点には疾患ごとの特徴があり、それに応じた問題解決を図っていく必要がある。

　さらに、認知症の人はその病前性格や生活歴などにより、問題点や介護の要点が異なってくる。当然ではあるが、本人のニーズや尊厳を重視した関わりが求められる。認知・行動障害の背景にある個別の要因に気を配り、当事者の安心できる療養環境を整えることが重要である。

　介護者の対応が本人の周辺症状に大きく影響するため、適切な対処法を指導していくとともに、介護者自身のストレス軽減を図ることも重要である。介護者への十分な疾患教育や対処法の工夫の指導、あるいは介護者の休息のために当事者をレスパイト入院とするなど、環境調整を行う。

　多くの場合、介護者は本人の認知機能の低下や問題行動の出現を目の当たりにして、当惑し、不安になったり、落ち込んだり、ときには怒ったり、否認したり、さまざまな情動反応が生じている。一見、理解不可能な行動について、行動の背景要因を介護者に説明し、十分に理解してもらう。介護者の態度や構えが変わるだけで、患者自身の問題行動が減り、ひいては介護者にもゆとりが生まれて、介護負担が軽減することにつながる。

②　認知リハビリテーション

　認知症に対する認知リハビリテーションは実施の方法からみて、大きく二つの方向性に分けられる。一つは現実見当識訓練、回想法、芸術療法、バリデーション・セラピー[11]、デイケアなどの集団リハビリテーションである。これらの技法のうち、現実見当識訓練とデイケア以外は有効性のエビデンスがまだ十分確立されていない。もう一つは、特に病初期の症例について、障害の様態に応じてテーラーメイドに行われる個人リハビリテーションである。

11）バリデーション・セラピーとは認知症の人とのコミュニケーション術のこと。

9　今後増加が予想される認知症高齢者への対応に向けて

　認知症に関しては、国全体の施策も重要である。2015年には新オレンジプランが策定され、認知症の本人と家族介護者を支えるための枠組みとしての認知症ケアパスも整備された。新オレンジプランの中では7つの認知症施策推進総合戦略が謳われて、やさしい地域づくりの対応が求められている（図9-6、9-7）。

　超高齢化が進むわが国では、認知症の人の数は今後もさらに増えていく。もはや認知症は国民病とも言い得るような頻度の高い疾患群であるといえる。このような中では、いかに認知症の発症を抑止できるかという視点とと

図9-6　2015年の認知症施策推進総合戦略（新オレンジプラン）

認知症施策推進総合戦略（新オレンジプラン） 〜認知症高齢者等にやさしい地域づくりに向けて〜の概要
・高齢者の約4人に1人が認知症の人又はその予備群。高齢化の進展に伴い、認知症の人はさらに増加　2012（平成24年）年462万人（約7人に1人）⇒㊟2025（平成37年）年約700万人（約5人に1人） ・認知症の人を単に支えられる側と考えるのではなく、認知症の人が認知症とともによりよく生きていくことができるような環境整備が必要。

新オレンジプランの基本的考え方

認知症の人の意見が尊重され、できる限り住み慣れた地域のよい環境で自分らしく暮らし続けることができる社会の実現を目指す。

・厚生労働省が関係府省庁（内閣官房、内閣府、警察庁、金融庁、消費者庁、総務省、法務省、文部科学省、農林水産省、経済産業省、国土交通省）と共同して策定
・新プランの対象期間は団塊の世代が75歳以上となる2025（平成37）年だが、数値目標は介護保険に合わせて2017（平成29）年度末等
・策定に当たり認知症の人やその家族など様々な関係者から幅広く意見を聴取

七つの柱	①認知症への理解を深めるための普及・啓発の推進 ②認知症の容態に応じた適時・適切な医療・介護等の提供 ③若年性認知症施策の強化 ④認知症の人の介護者への支援 ⑤認知症の人を含む高齢者にやさしい地域づくりの推進 ⑥認知症の予防法、診断法、治療法、リハビリテーションモデル、介護モデル等の研究開発およびその成果の普及の推進 ⑦認知症の人やその家族の視点の重視

出所：厚生労働省「認知症施策推進総合戦略（新オレンジプラン）の概要」より引用

図9-7　認知症に対する地域づくりの四本柱

| 新 | Ⅴ　認知症の人を含む高齢者にやさしい地域づくりの推進 |

①　生活の支援（ソフト面）
・家事支援、配食、買物弱者への宅配の提供等の支援 ・高齢者サロン等の設置の推進 ・高齢者が利用しやすい商品の開発の支援 ・新しい介護食品（スマイルケア食）を高齢者が手軽に活用できる環境整備

③　就労・社会参加支援
・就労、地域活動、ボランティア活動等の社会参加の促進 ・若年性認知症の人が通常の事務所での雇用が困難な場合の就労継続支援（障害福祉サービス）

②　生活しやすい環境（ハード面）の整備
・多様な高齢者向け住まいの確保 ・高齢者の生活支援を行う施設の住宅団地等への併設の促進 ・バリアフリー化の推進 ・高齢者が自ら運転しなくても移動手段を確保できるよう公共交通を充実

④　安全確保
・独居高齢者の安全確認や行方不明者の早期発見・保護を含めた地域での見守り体制の整備 ・高齢歩行者や運転能力の評価に応じた高齢運転者の交通安全の確保 ・詐欺などの消費者被害の防止 ・成年後見制度（特に市民後見人）や法テラスの活用促進 ・高齢者の虐待防止

出所：厚生労働省「認知症施策推進総合戦略（新オレンジプラン）の概要」より引用

図9-8　サクセスフル・エイジングの概念

病気や障害がない

サクセスフルエイジング

人生への積極的関与

高い身体・認知機能を維持

出所：筆者作成

もに、認知症になっても安心して暮らせる社会を目指すという視点も重要であると考えられる。

　近年、サクセスフル・エイジングという考え方が注目を浴びている。これは図9-8のように、単に疾患がないというだけではなく、高い機能を維持したり、さらに積極的に人生に関与しているといった点も重要と考えられている。

【本章のポイント】

- 認知症の概念と診断基準について述べた。
- 加齢が最大の危険因子となる認知症について、現在の有病率について述べた。
- 社会・経済学的視点からみた認知症の問題について述べた。
- 認知症の臨床所見や生活状況の聴取、問診時のポイント、検査所見などについて述べた。
- 認知症では中核症状としての認知機能障害と BPSD と呼ばれる精神症状・行動障害を認める。
- 認知症の治療について、薬物療法と非薬物療法、対応のポイントなどについて述べた。

【参考文献】

朝田隆（2013）『都市部における認知症有病率と認知症の生活機能障害への対応』厚生労働科学研究費補助金（認知症対策総合研究事業）総合報告書。
　（http://www.tsukuba-psychiatry.com/?page_id=806　：最終アクセス日　2023 年 7 月 15 日）
一般社団法人 全日本指定自動車教習所協会連合会 HP　「認知機能検査の方法及び内容」。（http://www.zensiren.or.jp/kourei/what/what.html 最終閲覧日：2023 年 7 月 15 日）
厚生労働省「認知症施策推進総合戦略（新オレンジプラン）の概要」。
鈴木則宏（シリーズ監修）高尾昌樹（編）（2016）『神経内科 Clinical Questions & Pearls 認知症』中外医学社。
中島健二（2013）『認知症ハンドブック』医学書院。
二宮利治（2015）「厚生労働科学研究費補助金厚生労働科学特別研究事業　日本における認知症の高齢者人口の将来推計に関する研究」。
日本神経学会（監修）認知症疾患治療ガイドライン作成合同委員会（編）（2010）『認知症疾患治療ガイドライン 2010』医学書院。
日本精神神経学会（監修）（2014）『DSM-5 精神疾患の診断・統計マニュアル』　医学書院。
三村 將（編）（2010）『新しい診断と治療の ABC66: 認知症』最新医学社。
───・山鳥 重・河村 満（編）（2009）『認知症の「みかた」』医学書院。

Fratiglioni, L., Paillard-Borg, S. and Winblad, B.（2004）"An active and socially integrated lifestyle in late life might protect against dementia," *Lancet Neurology* Vol.3 No.6: 343-353.
Jack, C. R. Jr., Knopman, D. S., Jagust, W. J., Shaw, L. M., Aisen, P. S., Weiner, M. W., Petersen, R.

C. and Trojanowski, J. Q. (2010) "Hypothetical model of dynamic biomarkers of the Alzheimer's pathological cascade," *Lancet Neurology* Vol.9 No.1: 119-128.

────── (2004) "Mild cognitive impairment as a diagnostic entity," *Journal of Internal Medicine* Vol.256 No.3: 183-194.

────── (2006) "Conversion," *Neurology* Vol. 67, No. 9 Suppl 3, S12-3.

Sado, M., Ninomiya, A., Shikimoto, R., Ikeda, B., Baba, T., Yoshimura, K. and Mimura, M. (2018) "The estimated cost of dementia in Japan, the most aged society in the world," *PloS One* Vol.13, No.11: e0206508.

Zhai, Y., Yin, S. and Zhang, D. (2016) "Association between antipsychotic drugs and mortality in older persons with Alzheimer's disease: A systematic review and meta-analysis," *Journal of Alzheimer's Disease* Vol.52 No.2, 631-639.

第10章

認知症について (2)
——代表的疾患と治療・予防

田渕 肇

■本章の目的■

さまざまな認知症研究が進んでいるとはいえ、認知症は現時点では、治療はもとより、進行を止めることができない。しかし、認知症のリスクを下げる方法が研究からわかっており、また早期診断・早期対応で進行を遅らせたり、認知能力低下に備えたりすることができる。本章では対応不能と目をつむるのではなく、正しい知識を持って冷静に対応できるようにする。

1 わが国の認知症の現状

これまでの章でも述べたように、すでに高齢社会であり超高齢化を迎えるわが国では、認知症患者の数も年々増加している。認知症有病率の高い80歳以上の高齢者の割合はさらに増加すると予想されていることから、今後も認知症患者数はますます増加すると見込まれる。

認知症患者の増加により、さまざまな社会的な問題が生じている。高齢者の自動車運転による事故、高齢者虐待や介護殺人、孤独死などが連日のようにニュースとなるが、その背景には認知症がしばしば関係している。悪質な訪問販売などの消費者被害は認知症高齢者が対象となりやすい。社会全体でみても、介護費・医療費・家族等によるケアのコスト（社会的コスト）が甚大であることも課題である。

　このような現状・将来の予想の中で、認知症を正しく理解し、その対応方法を知ることは重要である。残念ながら、いまだ認知症を根本的に治療する方法は確立されていないが、根本治療に向けてさまざまな研究が進められている。

　また、認知症を早期発見し、早期介入することで、認知症に伴う多くの問題にうまく対応できる可能性がある。さらに進行を抑制するための手段についての研究も進められている。本章では、認知症の概要・予防・診断・治療などについて、認知症症例も呈示しながら説明する。

2　正常加齢と認知症のちがい

（1）　記憶障害の質のちがい

　加齢に伴い、身体能力の低下だけでなく、何らかの認知機能の低下が認められることは当然である。しかし、その変化はすべての認知機能に等しく生じるわけでなく、加齢の影響を受けやすい機能と、影響をあまり受けない機能があることも知られている。たとえば、処理速度や新奇かつ複雑な処理を必要とするような課題の成績は低下しやすく、知識や言語的な能力、経験の積み重ねなどを必要とするような課題の成績は比較的保たれる。

　健常高齢者でも認知症高齢者でも、物忘れは生じる。もちろん、物忘れにも程度のちがいがあるため、認知症患者に起こる物忘れの場合は、日常生活上のトラブルなどにつながる場合が多い。しかし、物忘れの重症度だけでなく、忘れ方のちがいもあるため、両者の物忘れの訴え内容はしばしば異なる。

　図10-1 に示したように、健常者の物忘れは、一時的には忘れているが、あとで思い出すことができるようなものが多い。一方で認知症の場合、その出来事をあとで聞いても思い出すことができない。もちろん健常者でも、思い出すことができないような場合もあるが、認知症患者と比べるとその頻度は少ない。

　このちがいは記憶のメカニズムから考えると整理しやすい。記憶のシステムを構成する因子について、図10-2 に簡単に示した。何らかの情報に注意が向けられ、その情報が脳に書き込まれ（記銘）、長時間保存され（保持）、

図 10-1　健常者と認知症高齢者の物忘れ

健常者

きのう映画に行った。
好きだった女優が出ていたが、
名前がどうしても思い出せない。

妻から、帰ってくるまでに
風呂を沸かしておいてと言われた。
すっかりし忘れていた。

認知症

きのう映画に行った。
という話を妻からきいたが、
行ったことが思い出せない。

妻が頼みごとをしたそうだ。
そんな話は聞いていない。
そもそも妻は外出してたの？

出所：筆者作成

必要時に取り出される（想起）。

　たとえば、旅行先でのエピソードに関する記憶について考えてみる。楽しかった風景や出来事は、五感や言葉を通じて脳の中に書き込まれる（記銘）。その内容は脳の中に蓄えられる（保持）。旅行先での出来事の話になった時には、蓄えられた内容を思い出して語ることができる（想起）。このどの部分が欠けても、エピソードに関する記憶は成立しない。

　高齢の健常者では、しばしば想起が悪くなる。つまり脳の中のどこかに保持されている出来事に関する情報がうまく取り出せない。そのため、何かのきっかけがあれば、たとえば旅行先の写真を見た時には「行ったことを思い出した。そういえばあの時こういうことがあったね」という話ができる。

　認知症高齢者でもこのようなタイプの物忘れをすることがあるが、しばしば経験した風景や出来事を記銘できず、脳の中に保持されない。そのため、先ほどの健常高齢者のようにあとになって旅行先の写真を見ても想起することができず、「これは何？」という反応につながる。

（2）　病識のちがい

　認知症では、しばしば病識（病的な状態であることを自分で認めているこ

図 10-2　記憶のメカニズム

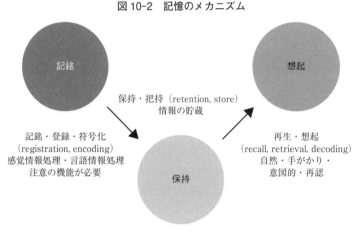

記銘

想起

保持・把持（retention, store）
情報の貯蔵

記銘・登録・符号化
（registration, encoding）
感覚情報処理・言語情報処理
注意の機能が必要

保持

再生・想起
（recall, retrieval, decoding）
自然・手がかり・
意図的・再認

出所：筆者作成

　と）がなくなる。加齢によってごく軽度の物忘れが始まった頃は、どちらか
というと周囲の人たちよりも気にする傾向がある。
　認知症の専門外来であるメモリークリニックを受診する患者では、物忘れ
の自覚は強いが、検査をするとまったく記憶に問題がない高齢者は少なくな
い。しかし、Reisberg and Gauthier（2008）によると、徐々に物忘れが進
行し、軽度認知症といわれる程度の状態になると、逆に本人の自覚は徐々に
低下していく傾向がある。病状の進行と、物忘れに関する訴えの強さに関す
る関係を図 10-3 に示した。
　図 10-3 の横軸は、Reisberg *et al.*（1982）による Global Deterioration
Scale というスケールで評価した認知症重症度で、1 が正常で物忘れの自覚
がない、2 が正常で物忘れの自覚がある、3 が軽度認知障害（認知症のグレー
ゾーン）、4 が軽度認知症、5 が中等度認知症、6 が重度認知症を示している。
縦軸は物忘れに関する訴えの強さで、1 がなし、4 が中等度、7 が重度となっ
ている。その中の実線は本人、点線はその配偶者の回答を示している。認知
症重症度が 3 の軽度認知障害までは本人と配偶者の訴えの強さはあまり差が
ないが（むしろ本人のほうが強い傾向）、その後認知症の重症化に伴い配偶
者の訴えは強くなっていく一方で、本人の自覚は徐々に低下していく。

図 10-3　認知症の進行と物忘れの自覚

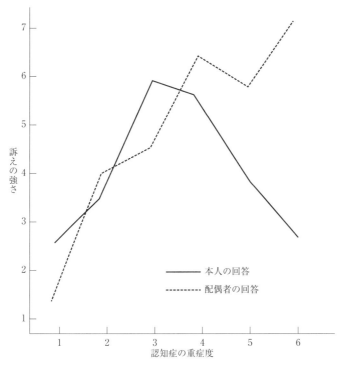

出所：Reisberg and Gauthier（2008）より一部改変

　このような物忘れの自覚の低下が、正常加齢と認知症と物忘れの訴えのちがいにつながる。両者の訴えの例を図 10-4 に示した。

　認知症患者が約束を忘れていたこと自体を忘れてしまっているのは、本節（1）項で示した「記銘力障害」と関連している。健常者が忘れてしまったのは、これも上記の想起の問題といえるが、特に未来の出来事を適切な時に思い出すための記憶である「展望記憶」が成立するために必要な「存在想起」と呼ばれる能力に起因している。

　また、健常者では、自分が約束を忘れていたことを思い出し、指摘されたあとには「忘れないように」と行動の振り返りや修正ができるが、認知症の場合は忘れていることの自覚がなく、怒り始めることがある。

図 10-4　健常者と認知症高齢者の物忘れの自覚

● 健常者
　「そういえば約束していたな」
　「今度からは忘れないようにちゃんとメモしておこう」

● 認知症
　「そんな約束した覚えはない」
　「人のことを認知症呼ばわりして腹が立つ」

出所：筆者作成

　さらに、認識の欠如は記憶障害に関することだけでなく、日常生活全般に及ぶため、日常生活活動上のさまざまなトラブルが生じる。知らないところに出かけると迷ってしまうという自覚がないため、家族の制止を無視して出かけてしまい、迷子になることもある。入浴などを家族がサポートしようとしても、「バカにするな」と怒り出してしまうこともある。認知症の介護における介護者の負担は、必ずしも認知症に伴うさまざまな能力低下だけでなく、病識の欠如により引き起こされている部分が少なくない。

3　認知症の診断

　認知症とは、図 10-5 に示したとおり「一度獲得した認知機能が、進行性を持ち、かつ不可逆的に低下し、日常生活に支障を来している状態」と定義することができる。

　通常、認知症患者は問題なく成長・発達をしたあと、加齢とともに認知機能が低下していく。認知機能低下が緩徐に進行し、一時的に若干の改善がみられることはあるが、長期的にみると元の状態には戻らない。

　しかしこれだけでは、通常の加齢による認知機能低下と変わりない。ちがいは、認知症の場合には認知機能低下の速度が健常者と比べて速く、どこかの段階で、日常生活上の問題が生じることである。この「問題が生じる」レベルになった時点で「認知症」と診断される。

　このような変化が生じるのは、健常者と異なり、背景には脳や身体の何ら

図 10-5　認知症とは

正常に発達した認知機能が進行性を持って障害される

年を取れば、物忘れするのはあたり前？

認知機能の障害により日常生活上の問題が生じる

なぜこのようなことが起きるのか？

脳や身体的な病気が原因

出所：筆者作成

かの病的な変化が発生する。その疾患を認知症疾患と呼ぶ。

（1）　認知症の原因

認知症の原因となる疾患はさまざまであり、すべてを記載することはできないが、主な認知症の原因疾患の例を図 10-6 に示した。

認知症の原因疾患の中ではアルツハイマー病（によるアルツハイマー型認知症）が一番多く、認知症患者の半数以上を占める。次に多いのは脳梗塞や脳出血などの血管障害（による血管性認知症）、さらにレビー小体病（によるレビー小体型認知症）が続き、認知症の 90％以上はこの三つの疾患が原因となる。さらに、ピック病（などによる前頭側頭型認知症）を加え、四大認知症と呼ぶこともある。

以下では四大認知症について、特徴を説明する。

（2）　アルツハイマー型認知症

図 10-7 に、メモリークリニックを受診した比較的典型的なアルツハイマー型認知症患者の経過を示した。

アルツハイマー型認知症は、急に発症することはなく、緩徐に症状が進行する。最初期に見られる症状として不安や抑うつ、自発性や意欲の低下なども知られているが、これらの症状だけでは、認知症とは診断されない。次第

図 10-6　認知症を来す疾患の例

- ●血管障害：脳梗塞、脳出血
- ●変性疾患：アルツハイマー病、レビー小体病、ピック病
　　　　　　皮質基底核変性症、進行性核上性麻痺
- ●感染症：ヘルペス脳炎、進行麻痺、エイズ脳症、プリオン病
- ●腫瘍：脳腫瘍、傍腫瘍症候群
- ●中枢神経疾患：神経ベーチェット、多発性硬化症
- ●外傷：慢性硬膜下血腫、慢性外傷性脳症
- ●髄液循環障害：正常圧水頭症
- ●内分泌障害：甲状腺機能低下症
- ●中毒、栄養障害：アルコール中毒、ビタミンB_{12}欠乏

出所：筆者作成

に物忘れの訴えが見られるが、多くの場合高齢発症であるため、当初は正常の加齢変化との区別が難しい。

物忘れの程度が強くなってくると、日常生活に支障が出始め、医療機関で「認知症」と診断される。

アルツハイマー型認知症の初期に見られる記銘力障害やその他の認知機能障害の兆候を図 10-8 に示した。

認知症診療の現場では、「認知症とアルツハイマーはどうちがうのか」という質問を受けることがよくある。もちろん「認知症の原因の一つがアルツハイマー病である」ということだが、認知症とアルツハイマーのちがいは広く理解されているとはいえない。

認知症の定義に述べたとおり、認知症はさまざまな認知機能低下によって日常生活活動に支障が出ている状態であり、必ずしも物忘れが伴うわけではない。「認知症になると物忘れをする」という一般的な理解は、アルツハイマー型認知症で病初期から物忘れが目立つことが関連していると推測される。

アルツハイマー型認知症などの診断に役立つ検査として、比較的簡便に実施可能な改訂長谷川式簡易知能評価スケール（HDS-R）（表 10-1、加藤ほか［1991］）やミニメンタルステート検査（MMSE）などが知られている。これらの検査結果がすぐに認知症診断に結びつくわけではないが、有力な診断補助ツールとして広く用いられている。HDS-R の点数が 30 点満点中 20 点以下の場合は、認知症の可能性が高いと考えられる。

アルツハイマー病では病初期から物忘れが目立つが、運動機能は保たれ、

図 10-7　症例：72 歳男性　アルツハイマー型認知症

【主訴】本人：特に困っていることはない
　　　　家族：物忘れが激しい
【現病歴】
退職してしばらくした4年前頃から、趣味などへの関心が薄れてきた。
その後うつ気分も出現し、家にこもりがちでちょっとしたことにも不安を感じ
たり、眠れないこともあった。しかし徐々にうつ気分は改善した。
2年前頃からは、友人との約束を忘れてしまうことがあったり、ちょっとした
物忘れなどが心配となったため、近医を受診するが「老化現象で特に問題な
い」と言われた。1年前頃から、家族に何度も同じことを尋ねたり、電話の内
容をまったく覚えていないなど、物忘れが目立つようになってきた。また、旅
行に行ったときに家族とはぐれてしまった。
最近、怒りっぽいこと（忘れを指摘されたときなど）、夜間に興奮状態となる
ことがあり、家族のすすめでメモリークリニック受診となった。

出所：筆者作成

図 10-8　アルツハイマー型認知症の初期兆候

●新たに覚えることができない（記銘力障害）
・簡単な用事を済ませたあとに、前の会話を思い出せない
・質問に答えているうちに、質問内容を忘れる
・用事をしているうちに、その目的を忘れる
・片付けのあと、しばらくすると片付けた場所がわからない

●その他の症状
・方向感覚が悪くなる（迷いやすくなる）
・着衣の乱れが目立つようになる
・同じものを何度も買ってしまう
・料理や家事が手抜きになる

出所：筆者作成

言語の問題（失語症）が起こることも少なく、感覚器の異常なども起こらない。

　しかし「視空間構成能力」と呼ばれる機能については、かなり早い段階から低下することが多い。この機能は、自分と周囲の位置関係や、立体的・平面的な構造などを理解する能力である。

　筆者は、アルツハイマー病のごく初期を疑った患者に対して、自宅での車庫入れに関するトラブルについて尋ねることがある。「最近、車庫入れの時に、車をこすってしまうことがあるんです」と回答する患者の場合、物忘れがごく軽度であったとしても、アルツハイマー病が発症している可能性がある。

表 10-1　改訂長谷川式簡易知能評価スケール

1	お歳はいくつですか？（2年までの誤差は正解）		0　1
2	今日は何年何月何日ですか？　何曜日ですか？（年月日、曜日が正解でそれぞれ1点ずつ）	年	0　1
		月	0　1
		日	0　1
		曜日	0　1
3	私達が今いるところはどこですか？ （自発的にできれば2点、5秒おいて家ですか？　病院ですか？　施設ですか？　のなかから正しい選択をすれば1点）		0　1　2
4	これから言う3つの言葉を言ってみて下さい。あとでまた聞きますのでよく覚えておいて下さい。（以下の系列のいずれか1つで、採用した系列に○印をつけておく） 1：a) 桜 b) 猫 c) 電車、2：a）梅 b) 犬 c) 自動車		0　1 0　1 0　1
5	100から7を順番に引いて下さい。 (100−7は？、それからまた7を引くと？　と質問する。最初の答えが不正解の場合、打ち切る)	(93) (86)	0　1 0　1
6	私がこれから言う数字を逆から言って下さい。 (6-8-2、3-5-2-9を逆に言ってもらう、3桁逆唱に失敗したら、打ち切る)	2-8-6 9-2-5-3	0　1 0　1
7	先ほど覚えてもらった言葉をもう一度言ってみて下さい。 （自発的に回答があれば各2点、もし回答がない場合以下のヒントを与え正解であれば1点） a) 植物 b) 動物 c) 乗り物		a：　0　1　2 b：　0　1　2 c：　0　1　2
8	これから5つの品物を見せます。それを隠しますのでなにがあったか言って下さい。（時計、鍵、タバコ、ペン、硬貨など必ず相互に無関係なもの）		0　1　2 3　4　5
9	知っている野菜の名前をできるだけ多く言って下さい。（答えた野菜の名前を右欄に記入する。途中で詰まり、約10秒間待っても答えない場合にはそこで打ち切る） 0〜5＝0点　6＝1点　7＝2点　8＝3点 9＝4点　10＝5点		0　1　2 3　4　5
		合計得点	

出所：加藤ほか（1991）より引用

　また、診察室で図10-9に示した手指構成を模倣してもらっている。Tabuchi *et al.*（2014）によると、左図（ハト）は比較的やさしいが、右図（逆きつね）は、初期のアルツハイマー型認知症であっても、模倣ができたのは

図 10-9　簡易検査の例（ハト・逆きつね）

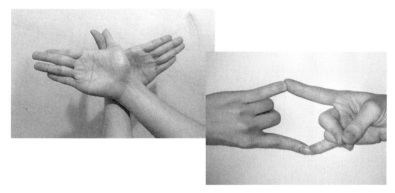

→アルツハイマー病では**視空間構成能力**が障害される
例：車庫入れがうまくできなくなる

出所：筆者作成

3 割強程度であった（健常高齢者は 9 割以上が模倣できた）。

　図 10-10 に、メモリークリニックを受診した比較的若年の例を示した。この症例は、物忘れが心配でみずから外来を受診し、画像検査や詳細な認知機能検査を実施したが、検査結果に問題は見られなかった。

　一方で、物忘れに加え、不安・うつ気分の訴えもあった。しかし、しばらくすると「物忘れもあまり気にならなくなってきた。気にしすぎかもしれない」とのことで、いったん終診となった。この時点では認知症は疑われず、軽度のうつ病ないしは環境に対する反応による不安状態と思われた。

　初診後、3 年経った時点で、本症例は再度メモリークリニックを受診した。そのときは本人だけでなく家族も同伴していた。本人から「物忘れはやっぱりひどくなってきている」とのことであったが、家族からも同様の訴えがあった。画像検査上は特に異常を認めなかったが、詳細な認知機能検査を実施したところ、ごく軽度であるが、記憶検査成績の低下がみられた。経過について図 10-11 に示した。

　その後も認知機能低下は緩徐に進行し、日常生活活動上の支障が目立つようになってきた。現在は軽度アルツハイマー型認知症の診断で、メモリークリニックに通院し加療を続けている。

図 10-10　症例：52 歳男性　自覚的物忘れ

【主訴】　物忘れ
【現病歴】　昨年の夏頃に職場の引っ越しがあり、仕事に追われて疲れを感じるようになった。そのころから物忘れを自覚するようになった。書類を提出したと思ったが、実は自分が持っていた（出し忘れ）ことが何度かあった。データの入力ミスをしたり（他人のNoを入れてしまう）、駅前で定期入れを置き忘れることがあった。作年10〜11月頃は特に疲れが強く、気分が沈む感じもあった。
【初診後】
「物忘れはあまり気にならなくなってきた」「子供の頃から忘れっぽいので、ストレスなどでひどくなっていたのかもしれない」「気分も落ち着いていて、特に疲労も感じていない」とのことで本人希望もあり、終診となった。

→診断：うつ病？、認知症の前駆症状？

出所：筆者作成

図 10-11　症例：52 歳男性　自覚的もの忘れ

初診後3年

本人談）仕事は続けているが、約束や注文を忘れたり、抜けが多い。記録した紙や、重要な書類を失くすことも。上司から「もう一度診てもらうよう」言われ、総合病院内科等を受診し検査を受けたが「特に問題ない」と言われた。しかし、自分でもやっぱりだめかなと思う。
兄談）職場の人や母親の介護をしているケアマネジャーからも「よく約束を忘れる」と言われる。職場でもミスが多く困っているみたい。

→診断：軽度認知障害

現在

物忘れは徐々に進行、しばらく通院した後に休職・早期退職。本人・家族の希望で抗認知症薬を開始。母親の死去後は単身生活。
現在（初診後7年）、日時に対する見当識障害あり。スポーツクラブに一人で通っているが、自転車の置き場所がわからなくなったり、置き忘れて紛失することもあり。他人との約束も忘れがちで、しばしばトラブルとなる。本人は物忘れを自覚している。デイケア等への参加には拒否的で、自宅に閉居しがちの生活。元同僚が声をかけてくれて、ときどき外出している。

→軽度認知症（アルツハイマー病）

出所：筆者作成

　図 10-11 で紹介した症例では、認知機能低下が生じるかなり前から、自覚的な症状がみられていた。

　では、アルツハイマー病はいつから始まったのであろうか。アルツハイマー病の原因に関する現在最も有力な仮説として、「アミロイドカスケード仮説」が唱えられている。本仮説に従えば、まず脳の中にアミロイドβ蛋白と呼ばれる「ゴミ」が貯まっていく。このアミロイドβ蛋白の蓄積が、リン酸化タウの蓄積を促進する。リン酸化タウの蓄積により、神経細胞が損傷され、脳

の機能が失われていくというものである。

　本仮説で唱えられている時系列の変化については、215 ページの図 9-4 を参照いただきたい。

　アミロイド β 蛋白が、認知症が発症するどのくらい前から蓄積するのかについては、正確なことはわかっていない。若年発症の進行が早い遺伝性アルツハイマー病では約 15 年程度先行するといわれている。一般的な高齢発症のアルツハイマー病の場合は 20 年から 25 年程度先行すると考えられている（Bateman *et al.*［2012］）。

　軽度認知症から初期アルツハイマー型認知症に至ると、神経細胞が損傷され、いわゆる脳萎縮がみられるようになる。脳萎縮については、脳画像検査で確認することが可能である。

　アルツハイマー病患者と健常高齢者の脳 MRI 画像を図 10-12 に示した。病初期の脳萎縮は、記憶と関係が深い「海馬」「海馬傍回」と呼ばれる領域で目立つ。

　一方で、前出の図 9-4 に示したとおり、アルツハイマー病の原因であるアミロイド β 蛋白の蓄積は、認知機能低下や神経損傷（脳萎縮）が見られる前から始まっている。生前にこれらの蓄積をとらえることは難しかったが、最近はアミロイド PET と呼ばれる手法により、症状が出現する前にアミロイド β 蛋白の蓄積を確認することができるようになってきており、発症前診断の有力な手段として注目されている。

　メモリークリニックでのアミロイド PET 検査の結果の例を示した（図 10-13）。両者とも臨床的には認知機能低下を認めなかったが、左の症例はアミロイド PET 検査が陽性であり、潜在的なアルツハイマー病と思われた。

（3）　血管性認知症

　図 10-14 に、メモリークリニックを受診した比較的典型的な血管性認知症患者の経過を示した。

　血管性認知症とは、脳梗塞や脳出血といった脳血管障害が原因で生じる認知症である。脳梗塞とは脳の血管が詰まって、脳の一部に血液が流れなくなり、その部分の脳の働きが消えてしまう病気であり、脳出血では脳の血管が

図 10-12　アルツハイマー病の脳 MRI 画像

アルツハイマー病　　　　　　　健常高齢者

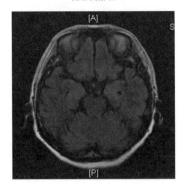

出所：筆者作成

図 10-13　アミロイド PET 検査 （MMSE: ミニメンタルステート検査）

アミロイド陽性　　MMSE　30/30　　　アミロイド陰性　　MMSE　28/30
　　MRI　　　　　　PET　　　　　　　　MRI　　　　　　PET

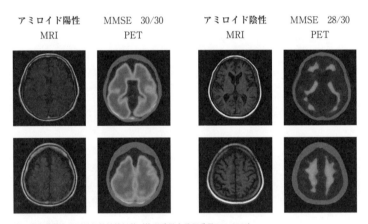

注：慶応義塾大学医学部精神神経科（倫理委員会承認番号 20140020）
出所：筆者作成

　破れて出血し、その部分の脳細胞がたまった血液によって押されてさまざまな症状が生じる。血管性認知症は認知症全体の約 20%を占め、男性に多く発症する。

　血管性認知症の特徴について、表 10-2 に示した。

図 10-14　症例：71 歳男性　血管性認知症

> 【主訴】意欲がない。怒りっぽい。
> 【現病歴】
> 長らく高血圧と糖尿病で内科通院している。退職後はゴルフに出かけたりしていたが、ここ数年は家で過ごすことが多くなった。それほどひどくはないが以前に比べると、物忘れが進んできた（本人の自覚もあり）。家族からは「ボッとしていることが多い」とか「怒りっぽくなった」と言われるようになった。動かなくなったせいか、**歩く速度が遅くなり、つまずきやすくなってきている。**
> 最近、急に言葉につまることが増えた。また、**夕方から夜**になると意識がぼーっとして**行動にまとまりがなくなる**ことがある。内科のDrや家族から勧められ、メモリークリニック受診となった。

出所：筆者作成

表 10-2　血管性認知症の特徴

	アルツハイマー	血管型認知症
認知障害のはじまり	あまりはっきりしない	比較的急の発症
記憶障害・認知障害	緩徐進行性	変動性に進行
全身状態・神経症状	あまり問題ない	構音障害（仮性球麻痺） 歩行障害（パーキンソニズム）
既往歴		脳卒中、高血圧、糖尿病
その他	病識に欠けることが多い 女性に多い	意欲低下・うつ 男性に多い

出所：筆者作成

　症状としては記憶障害に加え、さまざまな認知機能低下が見られることは、ほかの認知症とあまり変わりない。しかし症状の現れ方には特徴があり、突然出現したり（脳の血管が急に詰まることがあるため）、ある分野のことはしっかりできるのに、ほかのことは何もできないなど、症状がまだらに認められることもある。

　また、歩行障害や麻痺、呂律不良など、身体的な症状を伴うことが少なくない。高血圧、糖尿病、心疾患などの脳血管障害のリスクを持っていると起こりやすいと考えられている。

（4）　レビー小体型認知症

　レビー小体型認知症は、アルツハイマー型認知症、血管性認知症に次いで

多い認知症で、報告により差があるが、認知症の原因の約 10-20％程度であるといわれている。記憶障害を中心とした緩徐進行性の認知機能低下が見られることはアルツハイマーと似ているが、ほかにもいくつかの特徴がある。

　認知機能が変動しやすいこと（1 日の中で変動することもあるし、月単位での変動がみられることもある）、幻視が出現しやすいこと（子供が座っている、壁に虫が這っている、置物が人の姿に見える、など）、パーキンソン症状がみられること（体が固くなり動きづらい、手が震える、つまずきやすい、など）、などがしばしば認められる。

　メモリークリニックを受診したレビー小体型認知症患者の例を図 10-15 に示した。

　レビー小体型認知症の原因は、レビー小体（α - シヌクレインという蛋白からできている）と呼ばれるゴミが、脳内に蓄積することである。これらの蓄積が神経細胞を損傷させ死滅させて、認知機能低下が生じる。

　レビー小体はパーキンソン病の原因としても知られている。この二つの病気は同じ原因だが、脳内の異なる場所で生じるため、病初期の症状が異なる。そのため病気の進行とともに多くの患者でパーキンソン症状が見られるようになり、認知症に加えてパーキンソン病の治療が必要となってくる。

(5)　前頭側頭型認知症

　前頭側頭型認知症では、脳の一部である「前頭葉」「側頭葉前方」の萎縮がみられ、ほかの認知症には見られにくい特徴的な症状が出現する。

　症状の特徴を図 10-16 に示した。

　症状の大きな特徴として、あまり記憶障害が目立たないということがある。一般的には「認知症＝物忘れ」という認識があるため、前頭側頭型認知症の患者は認知症と理解されないことも多い。

　また、比較的若年で発症することが多いため、社会的な逸脱行為の背景に認知症があると思われにくい。そのため、医療につながらず、反社会的な行為により逮捕されたり、職を失うなどの社会的制裁を受ける患者が少なくない。

　メモリークリニックを受診した前頭側頭型認知症患者の経過を図 10-17

図 10-15　症例：77 歳女性　レビー小体型認知症

【主訴】意欲低下、幻影が見える、物忘れ
【現病歴】
生来健康、活動的な性格。72歳年頃から、物忘れを自覚することがあった。 75歳頃から友人と外出しても足に力が入らず遅れると訴えるようになり、同時に意欲低下が出現した。物忘れは徐々に進行していたが，生活上大きな問題はなかった。
昨年になり、実際には亡くなっている夫が「部屋にいる」と訴え、その後からは「何人かの知人が自宅にきている」と訴えることもあった。夜間だけでなく日中にも同様の訴えがあった。心配した家族と精神科を受診したところ「幻覚症」と言われ、抗精神病薬が開始された。しかし通院後から自分の中心がわからなくなり、まっすぐ歩けない、歩き出すと走り出して止まらないなどの歩行障害が増悪し、通院も困難となった。また震えが出現するようになり、うまく食事ができなくなった。幻覚もなかなか改善せず、歩行障害も続くため、当院メモリークリニック受診となった。

出所：筆者作成

図 10-16　前頭側頭型認知症の特徴

・記銘力はあまり障害されない

・性格や人柄が変化する

・無関心・自発性の低下・感情の鈍麻

・わが道をいく行動（Going My Way）

・時刻表的生活・繰り返し行動

・食行動の異常・味覚変化

・言葉の意味が理解できない

出所：筆者作成

に、脳画像検査結果を図 10-18 に示した。

　この症例では病院を受診するかなり前から、家族が変化に気づいていた。しかしその変化を「認知症の発症」と考えず、「性格が変わった」「わがままになった」などと認識されていた。逸脱行為がかなり目立つようになってはじめて専門病院を受診することになったが、初診の時点ではまだ高度な仕事を続けていた。MRI 画像検査では、右の側頭葉を中心にはっきりとした脳萎縮が認められた。

図 10-17 症例：64 歳男性 前頭側頭型認知症

【主訴】（本人）記憶力の低下
　　　　（家族）食生活の変化・日課へのこだわり・倫理観の低下
【現病歴】
（本人）受診をすすめられた。ちょっとした忘れの自覚はある。
（家族）以前に比べて、怒りっぽくなった。**物忘れはほとんどない。**毎日ケーブルテレビの**野球ばかりみている。**同じ時間に風呂に入るようになったが、ちゃんと体を洗わない。味覚が変わり、自分の好きな物ばかりを食べている（毎日カステラ）。デパートで、売っているパンに指を入れることがあった。最近、自動車事故を起こしたが、そのまま**自動車を置いて家に帰ってきたため**、心配した家族とともに当院を受診した。
【生活歴】
大学院卒業後、会社員を経た後、独立し自営業を営んでいる。**現在も大学の非常勤講師として週1日出勤している。**

出所：筆者作成

図 10-18 前頭側頭型認知症の MRI 画像

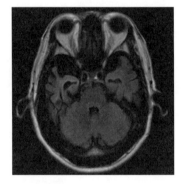 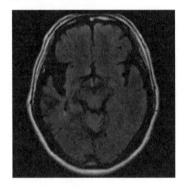

出所：筆者作成

4 認知症の治療と予防

　残念ながら、現時点では認知症に対する根本的な治療法はない。しかし、さまざまな方法により、1. 発症予防（一次予防）、2. 早期発見と早期介入（二次予防）、進行の予防（三次予防）が行われている。

　以下では、比較的有効だと考えられている予防方法の例を紹介する。また、アルツハイマー病に対する薬物療法についても解説する。

（1）　認知症の発症予防

　アルツハイマー病をはじめとする認知症の危険因子や保護因子は多数報告されている。若年期には社会・経済的なことが関与しており、十分な教育を受けることは保護因子として作用する。中年期から老年期にかけては、高血圧・糖尿病・高脂血症などのいわゆる生活習慣病の予防が叫ばれているが、これらは認知症の発症を促進する重要な因子であることがわかっている。

　また、うつ病や対人交流の減少は危険因子であるが、身体的な活動や対人交流の増加は発症の抑制につながる（Fratiglioni *et al.*［2004］）。

①　生活習慣病

　生活習慣病は、血管リスクを高めるため、特に血管性認知症の発症リスクを高めることは繰り返し報告されている。高血圧とアルツハイマー型認知症については必ずしも一致した結論が得られていないが、老年期の重度な高血圧はアルツハイマー型認知症の発症に関与すると考えられている（Qiu［2005］）。

　糖尿病とアルツハイマー型認知症の関係については近年大きく注目されており、大規模調査の結果などからは、非糖尿病の場合と比べて約 2-4 倍にリスクが高まると考えられている。

　高脂血症との関係については、発症を促進する・抑制する・関連しない、など調査によりさまざまで、一定の結論が得られていない。

　一方で、高脂血症の治療薬（スタチン）がアルツハイマーの発症予防効果につながるという報告もある。

　バランスのよい適切な食事によって、生活習慣病を改善し、老化を予防しようという話はテレビ番組などでもよく取り上げられているが、一部の食品については、認知症予防の効果が報告されている。例を挙げると、青魚などに多く含まれる不飽和脂肪酸の一つであるドコサヘキサエン酸（DHA）やエイコサペンタエン酸（EPA）、赤ワインやコーヒーなどに含まれるポリフェノール、緑黄色野菜に含まれる抗酸化作用を持つビタミン E などの成分が知られている。

　大規模の疫学調査などで有用性が示唆されることもあるが（Kalmijn *et al.*［1997］）、無作為化比較試験などではほとんど確認できていないなど、食品やサプリメントに関する効果は、いまだよくわかっていない。たとえば、かなり期待されていたビタミン E に関しても、詳細な調査を行ったところ効果は十分に認めらなかった（Petersen *et al.*［2005］）。

　筆者もよく、患者さんや家族からサプリメントや食事に関する質問を受ける。上記の食品などをバランスよくとることは、特に副作用もないので止めることはないが、一部の患者さんについてはサプリメントを多量に摂取し、肝機能障害を起こすことがある。効果に対して十分な根拠があるともいえないため、あまり過剰に期待することには問題があると思われる。

②　運動トレーニング

　一方で、生活習慣病対策に次いで有力と思われる予防法は運動トレーニングであり、多くの疫学研究により運動習慣が認知症発症（アルツハイマー病発症）の抑制に役立つことが示されている。

　高齢者に対する有酸素運動は、記憶機能などの認知機能の低下を抑制し、認知症の発症予防につながると考えられている。筋力トレーニングは以前はあまり期待されていなかったが、近年は認知面の効果にも言及されている。

　最近は、運動トレーニングと認知機能トレーニングを同時に行うようなトレーニング方法が注目されている。愛知県の国立長寿医療センターが中心になり行っている「コグニサイズ」（引き算をしながら早足で歩くなど）などが評判になっている。

（2）　認知症の早期介入（薬物療法）

　前述したとおり、認知症を根本的に治療する方法はまだない。しかし、アルツハイマー型認知症においては、病初期に損傷される神経系は、情報伝達にアセチルコリンが関与している神経系が多いことから、アセチルコリンの分解を抑制し働きを強化するような薬剤（コリンエステラーゼ阻害薬）がよく用いられている。さらに、これらの薬剤はレビー小体型認知症の症状抑制にも効果的であることがわかっている。

　認知症、特にアルツハイマー病については、世界中で根本治療に向けた研究・治験が実施されている。現時点において、有力とされていたいくつかの薬剤は、脳内のアミロイドβ蛋白の蓄積を減少させることができた。しかしいまだ治療薬として承認を得られた薬剤はない。その理由は、脳内のアミロイドβ蛋白を取り除いても、認知症患者の症状そのものはまったく改善されなかったためである。それにはいくつかの要因が考えられるが、最大の原因として「投与の時期が遅すぎた（The Lancet Neurology［2016］）」ことが取り上げられている。

　すでにアルツハイマー型認知症を発症した患者において原因物質と考えられるアミロイドβ蛋白を取り除いても、認知症の進行はもはや止められないということである。そのため、最近では治験の対象が軽度認知障害（認知機能低下は見られるが、認知症にはなっていない）や発症前アルツハイマー病（まったく症状がないが、アミロイドPETなどを実施すると脳内にアミロイドβ蛋白が蓄積していることが確認できる）に移行しており、根治療法の方向は「治療」から「発症予防」へと変わりつつある。

◆コラム 10-1：認知症の介護

　認知症を介護するときにまず大事なことは、「この介護のやり方だったらいつまでも続けることができる」ようなやり方で介護を開始することである。

　多くの家庭は、家族ができる限りのことをしようと思って、スタートダッシュを切ってしまう。あまり頑張りすぎると、数年後には、介護している家族のほうが先に疲弊してしまう。しかし、介護はスタート時より徐々に負担が増大していくのが通常である。さらに負担が大きくなる時期を乗り切るためにも、余力を持って介護を進めていくことが望ましい。

　とはいえ、「本人が嫌がるから」「周囲の手前もあるから」と、ヘルパーや施設利用を拒否する介護者は少なくない。

　介護のやり方はさまざまであるが、患者の気持ちをうまく汲み取ることが重要である。たとえば、自宅にいるにもかかわらず、夜中になって「これから家

に帰る」と訴える認知症患者がいる。この患者に対して「ここは自宅であること」「今は夜中であること」などを説明しようとしても、伝わる可能性は低い。伝わらないだけでなく、患者が「どうして帰らせないんだ」と怒り始めたり、帰れないことが不安で、落ち着かなくなることもある。場合によっては、このやり取りが一晩中続いてしまう。

　このような場合、「じゃあ帰ろうか」というのも一手である。実際に一緒に外に出て、家の近くを歩いてみる。歩いているうちに、認知症患者はどこから出てきたのかを忘れている。しばらくして自宅を見つけ、「帰ってきたね」と伝えれば、患者は安心を得ることができる。その後はゆっくり眠れるかもしれない。話を合わせ、忘れることを逆に介護に生かすことは有効である。

　認知症高齢者とうまくつきあうために、患者本人の気持ちを考えて、プライドを傷つけないように接することも必要である。「簡単に言わないとわからない」「わかっていないから教えてあげないといけない」などと考えて、小さな子供に対するような対応をしてしまう場合があるが、認知症高齢者にしてみれば「若造が馬鹿にしやがって」ということになりがちである。

　入浴をいつも拒否する認知症の男性がいた。介護者が「入浴して下さい」と促しても、拒否されていた。しかし、あるとき2種類のシャンプーを準備して「今日はどっちを使いますか」と尋ねたところ、みずからシャンプーを選んだため、「ではそれを使いましょう」と促したところ、素直に入浴に応じたとのことであった。このように自分の行動を自分で決めているという実感やプライドを尊重することで、うまく介護を進められることがある。

（3）　認知症の進行予防（生活環境の整備）

　認知症患者にとって、生活環境が変わることは日常生活に大きな影響を及ぼす。たとえば筆者の外来に通院していた認知症患者は、普段は自宅から駅前のスーパーへの買物に、いつもどおりの道順で問題なく行くことができた。しかし、ある日いつもの道が工事のため使えず、ちょっと回り道をしただけで道に迷ってしまった。それでパニックを起こしてしまい、どんどん間違った離れた方向に歩き始め、結局自宅からかなり遠く離れた場所で保護された。

　メモリークリニックに通院している別の患者の例であるが、軽度のアルツハイマー型認知症でありながら、自宅で大きな問題なく一人暮らしができている高齢女性がいた。ある時、少しずつ認知症が進行することを心配した実娘が、母親を自分の家に引き取り、同居を始めた。その後すぐにその実娘がメモリークリニックを受診し、「母親の認知症が急に進んだ」と訴えた。

　話をよく聞くと、「一人暮らしをしているときは、買物に行くこともできた。自炊もしていた。ゴミ出しもしていた。それがこっちにきてから、まったく何もできなくなってしまった」とのことであった。これもよく考えると当たり前のことかもしれない。何十年も前から住んでいる家の近くは、迷わず行動することができたし、行き慣れたスーパーでは、どこに何があって、どのように会計するかなど、問題なく手続きすることができた。使い慣れたキッチンを使うこともできたし、いつもの場所から箸や皿を取り出し、いつもの場所に戻すので、わからなくなることはなかった。しかし娘の家から一歩外に出ると、帰る道順はわからない。スーパーに行ってもどこに何があるのかわからない。どこに箸や皿があるかわからず、また使ったあとに洗って食器棚に戻しても、あとになってどこに戻したのか忘れてしまうので、新たに取り出すことはできない。

　この患者の認知機能障害は特に進んだわけではなかったが、日常生活活動の自立度は大きく低下した。このように、良かれと思って調整した環境の変化が、思わぬ方向に転ぶこともある。

　一方で、認知症患者が大きなトラブルに合わないように、環境を整えることも必要である。自動車運転については社会問題にもなっているが、免許返納には納得しない患者も多い。必要ならば家族や主治医から各都道府県の「運転適性相談窓口」に相談し、自主返納でなく取り消しの手続きを進めることも可能である。

　認知症患者が詐欺などさまざまな金融トラブルに巻き込まれることも少なくない。成年後見制度というと敷居が高い感もあるが、後見制度の中には本人に必要な事項だけに補助人をつけるようなシステムもある（表 10-3）。うまく利用することで、未然にトラブルを防ぐことができるかもしれない[1]。

表 10-3　法定後見制度

	主な対象	申立人	支援する人	できること
補助	判断力が不十分 （軽度認知症）	本人・配偶者・四親等以内の親族等	補助人	特定の行為
保佐	判断力が著しく不十分 （中等度認知症）	（身寄りがない場合や、親族が拒否した場合は市町村長が申し立てすることができる）	保佐人	法定の行為
後見	ほとんど判断できない （重度認知症）		後見人	すべての行為

出所：筆者作成

5　認知症へのさらなる対応の必要性

　繰り返しになるが、認知症には、いまだ根本的な治療法がない。しかし、これまでに述べたような予防を積極的に行うことや、生活環境・社会的な環境を整えることで日常生活活動の幅を広げることができる。それが認知症発症のタイミングを遅らせることになる。以前から積極的に認知症対策に取り組んでいる英国では、20年間で認知症患者が24％も減少したと報告されている（図 10-19、Matthews *et al.* ［2013］）。これからもさらに超高齢化が進むわが国においても、認知症へのさらなる対策が望まれる。

1）成年後見制度についての詳細は第5章（吉野・大内・石崎）を参照のこと。

図 10-19　英国における認知症患者

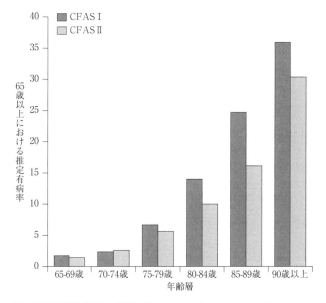

注：CFAS とは認知機能と加齢研究（Cognitive function and aging study）のこと。
出所：Matthews *et al.* （2013）より引用

【本章のポイント】

• 本章では、認知症についての知識を深めることを目指した。

• 認知症による物忘れの場合、自身が経験した出来事をあとで聞いても思い出すことができないが、記憶のメカニズムにおける「記銘」がうまく機能していないためであると考えられる。

• 認知症の原因疾患はさまざまあるが、症状はそれらの原因により障害される脳の部位により変わってくる。

• アルツハイマー型認知症が認知症の半数以上、さらに血管性認知症、レビー小体型認知症を合わせると、認知症の 90％以上はこの三つの疾患によって引き起こされている。

- 問診だけでなく、さまざまな認知機能検査や MRI などの画像検査を用いて診断を行う。

- 現時点では認知症に対する根本的な治療法はないため、発症予防（一次予防）、早期発見と早期介入（二次予防）、進行の予防（三次予防）が重要である。

- 家族などが認知症介護に関わる際には、介護者の負担も考えることが非常に重要であり、認知症の症状の特性を理解することで、持続可能な方法でケアを提供できるようにしなければならない。

- 認知症患者本人がトラブルに巻き込まれないために、認知症患者目線での環境や制度の整備が必要である。

【参考文献】

加藤伸司・下垣光・小野寺敦志・植田宏樹・老川賢三・池田一彦・小坂敦二・今井幸充・長谷川和夫（1991）「改訂長谷川式簡易知能評価スケール（HDS-R）の作成」『老年精神医学雑誌』Vol 2、No.11: 1339-1347.

国立社会保障・人口問題研究所（2017）『日本の将来推計人口（平成 29 年推計）』。

総務省（2018）「1. 高齢者の人口」『統計からみた我が国の高齢者-「敬老の日」にちなんで-』。https://www.stat.go.jp/data/topics/topi1131.html（最終閲覧日：2019 年 2 月 27 日）

Bateman, R.J., Xiong, C., Benzinger, T.L., Fagan, A.M., Goate, A., Fox, N.C., Marcus, D.S., Cairns, N.J., Xie, X., Blazey, T.M., Holtzman, D.M., Santacruz, A., Buckles, V., Oliver, A., Moulder, K., Aisen, P.S., Ghetti, B., Klunk, W.E., McDade, E., Martins, R.N., Masters, C.L., Mayeux, R., Ringman, J.M., Rossor, M.N., Schofield, P.R., Sperling, R.A., Salloway, S. and Morris, J.C.; Dominantly Inherited Alzheimer Network (2012) "Clinical and Biomarker Changes in Dominantly Inherited Alzheimer's Disease," *New England Journal of Medicine* Vol.367 No.9: 795-804.

Fratiglioni, L., Paillard-Borg, S. and Winblad, B. (2004) "An active and socially integrated lifestyle in late life might protect against dementia," *Lancet Neurology* Vol.3 No.6: 343-353.

Jack, C.R. Jr., Knopman, D.S., Jagust, W.J., Shaw, L.M., Aisen, P.S., Weiner, M.W., Petersen, R.C., and Trojanowski, J.Q. (2010) "Hypothetical model of dynamic biomarkers of the Alzheimer's pathological cascade," *Lancet Neurology* Vol.9 No.1: 119-128.

Kalmijn, S., Launer, L.J., Ott, A., Witteman, J.C., Hofman, A. and Breteler, M.M. (1997) "Dietary fat intake and the risk of incident dementia in the Rotterdam Study," *Annals of Neurology* Vol.42 No.5: 776-782.

Matthews, F.E., Arthur, A., Barnes, L.E., Bond, J., Jagger, C., Robinson, L. and Brayne, C.; Medical Research Council Cognitive Function and Ageing Collaboration (2013) "A two-decade comparison of prevalence of dementia in individuals aged 65 years and older from three geographical areas of England: results of the Cognitive Function and Ageing Study I and II," *Lancet* Vol.382 No.9902: 1405-1412.

Petersen, R.C., Thomas, R.G., Grundman, M., Bennett, D., Doody, R., Ferris, S., Galasko, D., Jin, S., Kaye, J., Levey, A., Pfeiffer, E., Sano, M., van Dyck, C.H. and Thal, L.J.; Alzheimer's Disease Cooperative Study Group (2005) "Vitamin E and donepezil for the treatment of mild cognitive impairment," *New England Journal of Medicine* Vol.352 No.23: 2379-88.

Qiu, C., Winblad, B. and Fratiglioni, L. (2005) "The age-dependent relation of blood pressure to cognitive function and dementia," *Lancet Neurology* Vol.4 No.8 :487-499.

Reisberg, B., Ferris, S.H., de Leon, M.J. and Crook, T. (1982) "The Global Deterioration Scale for assessment of primary degenerative dementia," *American Journal of Psychiatry* Vol.139 No.9: 1136-1139.

———— and Gauthier, S. (2008) "Current evidence for subjective cognitive impairment (SCI) as the pre-mild cognitive impairment (MCI) stage of subsequently manifest Alzheimer's disease," *International Psychogeriatrics* Vol.20 No.1: 1-16.

Tabuchi, H., Konishi, M., Saito, N., Kato, M. and Mimura, M. (2014) "Reverse Fox test for detecting visuospatial dysfunction corresponding to parietal hypoperfusion in mild Alzheimer' s disease," *American Journal of Alzheimer's Disease and Other Dementias* Vol.29 No.2: 177-182.

The Lancet Neurology (2016) "Solanezumab: too late in mild Alzheimer's disease?" *Lancet Neurology* Vol 16, No.2: 97.

第11章

高齢者・認知症の意思決定能力について
――評価と支援

江口洋子

■本章の目的■

高齢者が資産管理を行うにあたっての意思決定能力について、医療同意をベース
にした学術的な評価方法を理解する。この分野も研究途上であり、金融取引全般
に適用できる理論を待つ必要はあるが、まず基本的な考え方を理解する。

1 医療同意の現状

　医療行為を患者が決めるには、医療行為に対する十分な説明を受けること
（情報開示）、説明を理解して意思決定すること（医療同意能力）、自由な意
思により同意すること（自発性）が重要となる。病院における情報開示は、
医師が患者に対して、場合によっては看護師やソーシャルワーカーなどのコ・
メディカル[1]が医療行為に関する説明の補助を担いながら行われる。説明さ
れた医療行為について本人の理解が十分得られない場合には、本人の意識レ
ベルが低下していて緊急の治療が必要な場合を除いて、本人の理解が最大限
発揮できるようなタイミングや平易な言葉を用いながら十分に説明を行う。
　情報開示が医療側からの働きかけであるのに対して、医療同意能力や自発
性は、患者本人の能力や状況によるものとなる。もし、本人の理解が最大限

---

1) 医師・看護師以外の医療従事者を意味する。

発揮できるようにして十分に説明を行ったとしても本人の理解が十分得られないと思われる場合には、患者の医療同意能力が保たれているかどうかを評価し、保たれていない場合や疑わしい場合には、（意思を推定できることも含めて）本人にとっての最善の医療を考えることができる者に代諾を求めることとなる。

　内閣府の高齢社会白書によると、2021 年には全世帯のうち 65 歳以上の者がいる世帯の割合は 49.7％で、そのうち 65 歳以上の者の単独世帯は28.8％、夫婦のみの世帯は 32.0％である（内閣府［2023］）。また、65 歳以上の者のうち約 7 人に 1 人（有病率 15％）が認知症であると報告されている（内閣府［2017］）。このような社会的な状況の中で、認知症高齢者が自分の治療について本当に理解しているかどうかの判断が難しいことや、同意能力が低下している本人に代わる代諾者を探しても身寄りがなく、治療方針の決定が難しいことで、医師が困っているという報告（本間［2007］）がある。今後も認知症を発症した独居の高齢者が受診し、医療行為に対する判断を求める機会に医師がこのような問題に直面する可能性が増加すると考えられる。

2　医療同意能力（医療行為に対する意思決定能力）の評価

　医療行為に対する意思決定能力は、アッペルバウムとグリッソらが考えた四つの能力に分解して考えることが今日の主流となっている（Appelbaum and Grisso［1995］）。四つの能力とは、理解、認識、論理的思考、選択の表明である。「理解する能力」とは、医師から説明された病気や、それに対する医療行為の内容を理解する力である。

　「認識する能力」とは、患者が説明された病気にかかっていることを認識する能力と、病気と医療行為の選択肢の結果を自分自身の状況に照らし合わせて認識する能力である。

　「論理的思考の能力」とは、複数の治療の選択肢とその結果を比較し、自分が一つの医療行為を選択した場合に及ぼされる結果を推測して述べることができる力である。この能力について考える場合には、患者の負担が少ないにもかかわらず比較的大きな便益がもたらされるような医療行為を拒否する

図 11-1　判断の複雑さと意思決定能力の関係

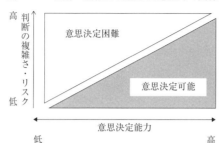

出所：成本（2016）より筆者作成

ような場合は別として、一般的に非合理的な選択肢を選んだとしても、能力が低下しているとはいえないことに気をつけなければならない。この能力評価で大切なのは、論理的に比較する力や論理的に因果関係を考えることができる力である。

「選択を表明する能力」とは、みずから選択する治療について安定して表明できる能力である。表明は言語的な手段とは限らず、十分に口頭で伝えることが難しい場合には、書字やジェスチャーなどで伝えることで代用できると考えられる。

医療行為に対する意思決定能力は、医療行為の内容の複雑さや、その医療行為を受けることにより与えられる便益やリスクの大きさなどによって判断の難しさが異なり、必要となる能力の程度が異なると考えられる。

たとえば、予防注射のように安全性が比較的高く便益が大きい医療行為と、肺炎のリスクが高い高齢者に対する胃瘻造設[2]というような日常生活の質に大きな変化をもたらす外科的手術を伴う医療行為では、求められる意思決定能力には差があると考えられる（図 11-1）。

このように、医療行為に対する意思決定能力の有無について判断する際には、四つの能力を区別して評価すること、どの程度の意思決定能力が求められる医療行為なのか、求められている能力が現在の能力と比較して十分かど

2）胃瘻造設とは経口的に栄養摂取が困難になった場合に、経腸栄養の投与経路を造設する目的で行われる内視鏡的治療をいう。

うかということが、重要なポイントになる。

　もし、ある医療行為を受けるかどうかの判断をするのに意思決定能力が不足している場合には、代諾者が本人の意思を推測して代諾する[3]。

3　フィナンシャル・キャパシティ（Financial Capacity）

（1）　Financial Capacity（FC）の定義

　Financial Capacity[4]（以下、FC）は、国内外でも比較的新しい研究の分野で、さらに医学、法学、経済学などの複数の学問領域に関わる問題であるため、概念も複数あるといわれている（Marson［2016］）。そのため、用語に対しても統一された定義がないことに注意を払う必要がある。

　FC の研究は、アメリカのアラバマ大学教授で、臨床神経心理学者であり弁護士でもあるマーソン博士が率いる研究グループが精力的に行っている。彼は、FC を「医学・法学的な概念であり、自身のための利益追求や価値観に則して、金銭や資産を自立して管理する能力」と定義している（Marson *et al.*［2013］）。また、別の国内研究者は、「人がみずからの金銭や財産を計画的、合理的、かつ適切な方法で管理する能力」と定義している（櫻庭ほか

---

3)　医療行為よりも広く認知症高齢者の意思決定を支援するためには、近年に厚生労働省より公表や改定がなされた「障害福祉サービスの利用等にあたっての意思決定支援ガイドライン」（2017.3.31）、「人生の最終段階における医療の決定プロセスに関するガイドライン」（2018.3.14改訂）、「認知症の人の日常生活・社会生活における意思決定支援ガイドライン」（2018.6）を参照のこと。いずれのガイドラインも、話し合いには本人にも参加してもらい、本人の意見を尊重しながら他職種の者が繰り返し話し合った上で支援を決めることの大切さが述べられている。

4)　Financial Capacity と Financial Literacy（金融リテラシー）について
経済協力開発機構（OECD）はアトキンソンとメッシー（2012 年）による定義を承認し、金融リテラシーを、「金融に関する健全な意思決定を行い、究極的には金融面での個人の良い暮らし（well-being）を達成するために必要な、金融に関する意識、知識、技術、態度及び行動の総体」としている。それに対して、FC はすでに個人が獲得した金融リテラシーや個人の多様な意思による行為（必ずしも経済的合理性に従う場合だけではない）をまとめた概念となる。
Adele Atkinson and Flore-Anne Messy（2012）"Measuring Financial Literacy: Results of the OECD INFE Pilot Study," *OECD Working Papers on Finance, Insurance and Private Pensions*, No. 15
OECD/INFE（2012）*HIGH-LEVEL PRINCIPLES ON NATIONAL STRATEGIES FOR FINANCIAL EDUCATION.*

[2004])。FC は、日本語では「財産管理能力」や「金銭管理能力」などという、現在のところ統一された用語はないようである。

　医学では、FC は人が自立して生活を送るために重要な日常生活動作（Activities of daily living；以下、ADL）の一つとして考えられる。ADL は活動の複雑さで基本的 ADL と手段的 ADL に区別されている。基本的 ADL とは移動、階段昇降、入浴、トイレの使用、食事、着衣、排泄などの基本的な日常生活活動のことで、手段的 ADL は、買い物、食事の準備、服薬管理、金銭管理、交通機関を使っての外出など、より複雑で多くの労作が求められる活動のことで、FC は手段的 ADL の一部に分類される。

　臨床で主にアルツハイマー病患者の ADL を評価する Disability Assessment for Dementia（以下、DAD）という評価尺度と、全般的な認知機能を検査するミニメンタルステート検査（Mini-Mental State Examination: MMSE）[5]の関係について、メタ解析[6]が行われている（Arrighi et al. [2013]）。研究の結果から、MMSE の得点が高い、すなわち、認知機能が比較的保たれていることを示唆する者であっても、DAD の「勘定の支払いの準備（買い物に出かける前の財布、お金、クレジットカード）などをする」「金銭の取り扱い（支払い、貯金、家計）に関心を示す」「勘定の支払いや両替ができる」という金銭の取り扱いに関わる項目ができないことがある。つまり、自立して地域で生活している高齢者の中にも、財産管理能力が低下している者が存在している可能性があるといえる。

（2）　FC の構成要素

　FC には二つの側面がある。「金銭を実際に取り扱う能力（Performance aspect：金銭管理）」と「個人の財産に対する意思決定能力（Judgement aspect：意思決定）」である。

　金銭を実際に取り扱う能力とは、お金のやり取りに伴う計算、財産管理に

5）30 点満点で、得点が高いほど認知機能が保たれていることを示す。23 点以下は、認知機能の低下が疑われる。
6）メタ解析とは、過去の研究を系統的、批判的に検討し、量的、系統的に統合する方法のことを指す。

関わる用語の理解、買い物や銀行での対応などの、生活における金銭のやり取りなどを適切に行う能力である。個人の財産に対する意思決定能力は、自分の財産をどのように扱うかということを、自分のさまざまな状況を参照しながら本人にとって合理性がある判断をする能力である。次項では、二つの側面を評価する方法を述べる。

(3) FC の評価方法

FC を測る検査は、先述のマーソン博士らが、フィナンシャル・キャパシティ・インストルメント（Financial Capacity Instrument；FCI）（Marson [2000]; Griffith *et al.* [2003]）を作成しており、これを使用して認知障害患者、認知症、あるいは精神疾患を有する患者の金銭管理能力についての研究が行われている。FCI は、9 のドメイン、すなわち①基本的金銭スキル、②金銭概念についての知識、③現金取引、④小切手帳の管理、⑤銀行取引明細書の管理、⑥金銭的判断（詐欺に気づく能力）、⑦請求書の支払い、⑧自分名義財産の判別と相続・承継の理解、⑨投資の意思決定から成る検査である。

これまでの FCI を用いた研究からは、認知症を発症していない軽度認知障害においても、複雑な労作が必要な金銭管理能力は低下すること、認知症が進行するほど複雑なものから単純なものに至る金銭管理能力が低下することとされている。その他の検査としては、Financial Competency Questions（Bassett[1999]）、Prior Financial Capacity Form（Wadley *et al.* [2003]）、Current Financial Capacity Form（Wadley *et al.* [2003]）、Semi Structured Clinical Interview for Financial Capacity（Marson *et al.* [2009]）、Financial Competence Assessment Inventory（Pachana *et al.* [2014]）などがある。

日本では、先行して開発された FCI を参考にして、日本の金銭管理の状況に合わせた検査として、フィナンシャル・コンピテンシー・アセスメント（Financial Competency Assessment Tool; FCAT）が開発された（櫻庭ほか [2004]）。

検査は、六つの下位項目、すなわち　①基本的金銭スキル（小銭、札を見せて金額を問う問題、お金の勘定、日常生活に関係する計算問題）、②金銭概念（金銭に関する単語の意味を問う問題）③金融機関の利用（銀行窓口で

図 11-2　FCAT の下位検査
③金融機関の利用、④物品購入のシミュレーションで使用する物品の一例

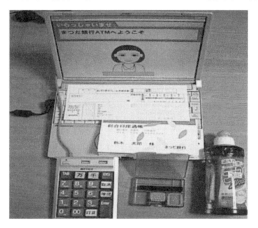

出所：筆者作成

通帳からお金を引き出すシミュレーション、ATM からお金を引き出すシミュレーション）（図 11-2）、④物品購入（スーパーで日常生活品の買い物をするシミュレーション）⑤金銭的判断（いろいろな金銭を取り扱う場面を想定し、適切な応対ができるかどうかをみる問題）⑥収支の把握（日常生活での収支の把握ができているかどうかを問う質問）から成る。

　FCAT では、主に日常生活で頻繁に行う金銭管理に関して設問されている。また、金銭管理の検査を主体としながらも、下位検査⑤金銭的判断に、本人の意思決定の設問が含まれていることが特徴的である。この検査を使用した研究では、熊沢ほか（2004）は、初期アルツハイマー病においても金銭管理能力が低下していると結論づけている。一方で、江口ほか（2009）では、健忘型軽度認知障害[7]と、平均年齢を合わせた健常高齢者とを比較した際には、FCAT の成績には差がみられなかった。

　これは海外での研究とは異なる結果だが、その理由の一つとして、日本は、

―――――――――――
7）認知機能低下に関する訴えが聞かれ, 認知機能は年齢相応より低下はしているが認知症の基準を満たさず、基本的な日常生活には支障がない状態を軽度認知障害といい、記憶障害があるタイプは健忘型軽度認知障害という。

海外のように小切手や当座口座を使用する機会が少なく、金銭の取り扱いが比較して簡単であることが考えられる。

（4）　意思決定能力の評価方法

　個人の財産に対する意思決定能力については、本章2節で説明したアッペルバウムとグリッソの四つの決定能力と同じように考える方法がある。すなわち理解する能力、認識する能力、論理的に考える能力、選択を表明する能力である。具体的な例を挙げると、理解する能力とは、金融機関で受けた説明（たとえば、口座の利用法、サービス、成年後見制度など）の内容を理解することをいう。

　認識する能力とは、現在の自分の財産管理の状態を把握していることや、金融機関で受けた説明を自分のこととして考えられることをいう。論理的に考える能力とは、サービスのメリットやデメリットなどの情報を比較しながら、どの選択が自分に有益であるかを導き出せることをいう。選択を表明する能力とは、自分の意思を一貫してはっきりと表明できることをいう。

　その他の評価の方法として、アッペルバウムとグリッソの四つの決定能力を含み、そのほかに患者本人の社会的背景や心理特性などを考慮したパーソン・センタード・アプローチを取り入れた the Lichtenberg Financial Decision-making Rating Scale（Lichtenberg *et al.* ［2018］）もある。

（5）　意思決定能力に及ぼす影響因子

　主に前頭葉[8]が担うと考えられている認知機能が意思決定に影響を及ぼす。健康に対する意思決定の研究からは図11-3のような認知機能が影響を及ぼしていると報告されている。

　意思決定能力は、認知機能の低下だけでなく、そのほかさまざまな因子に影響を受ける。精神状態、意識状態、本人の価値観や信念、金融取引の経験や金融リテラシー、学歴、職歴、財産に対する判断の複雑さなどである。そのため、意思決定能力は、意識レベルが正常で、かつ精神状態が安定してい

8）大脳の前方部の部位、葉。

図 11-3　意思決定に及ぼす認知機能[9]

理解する能力	・ワーキングメモリ、結晶性言語知識、ヘルス・リテラシー
認識する能力	・社会的認知、セルフ・モニタリング、実行機能
論理的に考える能力	・ワーキングメモリ、抽象概念能力、プランニング、洞察能力
選択を表明する能力	・心的柔軟性、セットの転換、表出性言語

出所：Palmer *et al.* (2011) をもとに筆者作成

るときに、本人の従前の考え方や現在の状況を十分に把握した上で、時間をかけて丁寧に評価する必要がある。また、複数回の面接を行い、表明する意思が一貫しているかどうかも確認する必要がある。

4　FC の評価と支援のあり方

　次のケースの場合、FC はどのように評価され、どのような支援を行うべきだろうか。

ケース：80 歳代の男性 A さん：「自分の遺産は、娘に多めにあげたい」と考えている。配偶者とは死別、子供は 2 人（娘、息子）。介護付き有料老人ホームに入居中。MMSE 検査　24／30 点（日時の間違いはあり、計算の間違いはなし、単語の想起が

---

9)　ワーキング・メモリ：作業記憶、作動記憶とも呼ばれ、情報を一時的に保持しつつ、作業するための能力や過程を指す。繰り上がりや繰り下がりがある複雑な計算など。
　ヘルス・リテラシー：健康を高めたり維持したりするのに必要な情報にアクセスし、理解したり、利用したりするための、個人の意欲や能力を決定する認知・社会的なスキル。
　セット（心の構え）の転換：いったん、抱いたり、操作したりした概念や心の構えから他の概念や心の構えに移ること。
　表出性言語：口頭から発せられる言語。

できない）

聴覚、視覚は生活を過ごす上で問題なし。検査での指示の理解が悪い時がある。物忘れがある。

「ここに入所する際には、娘が支払いをしてくれた」

「毎月必要な費用は娘が支払ってくれている」

「自分はここが気に入っているので、娘に引き続き支払いをお願いして、ずっと住み続けたい」

（1）　金銭管理能力の評価

　Ａさんは明らかな物忘れがあることから軽度の認知機能の低下が疑われる。そのため、複雑な労作が必要な金銭管理能力は低下している可能性がある。一方で、MMSE検査の結果は、認知症発症レベルの認知機能低下はないと推測される。また、計算能力も保たれている。現状では、支払いなどは娘が代行しているが、追加で質問や検査を実施して、本当に自分で支払いができないのかという点について確認する必要がある。

（2）　意思決定能力の評価：Ａさんの意思決定の四つの能力

　これまでのＡさんの言動を四つの能力に当てはめて考えると（図11-4）、どの能力にも欠損がなく、意思決定能力は保たれているように思える。しかし、「娘のほうに多く」という曖昧な表現に関して、子供に対する財産の配分とその根拠が具体的に言えるかどうか、さらに追加の質問が必要である。

　Ａさんのケースでは、これまでの検査や言動の記録だけではFCの評価をすることが困難であったが、追加の検査や質問により明らかにできると思われる。現時点での支援としては、Ａさんは物忘れがあるため、説明や確認事項を書いたメモを用意して、何度も本人が確認できるような工夫をすることがある。

　また、メモには日付と説明者名と連絡先を書いておき、尋ねたいときに誰に聞けばよいかの情報も伝えるとよいと考えられる。

　Ａさんのケースに限らず、本人に対する適切な支援を行うためには客観的な評価と丁寧な聞き取りにより、能力の低下がどの部分でどの程度である

図 11-4　意思決定能力の評価

理解する能力	・財産は子供（娘・息子）に等分に分配される（法定相続）
認識する能力	・現在の入居費や生活費は、娘が支払ってくれている
論理的に考える能力	・今後もこの施設に住み続けたい。息子には支払い能力がないようだから、娘に支払って欲しい。
選択を表明する能力	・娘にはこれまでの支払い分と今後の支払いもあるので遺産を多めにあげたい

出所：筆者作成

かを明らかにすることが重要である。

5　FC の評価に必要なこと

　FC を評価するには、金銭管理能力と意思決定能力の二つの側面について評価することが必要である。

　意思決定能力については四つの能力に分解して考える。また、意思決定能力の評価の際には、財産行為の複雑さにより、求められる能力の高さが異なることを考慮する必要がある。

【本章のポイント】

- 判断の複雑さにより求められる意思決定能力には程度の差が存在する。
- Financial Capacity は金銭管理能力と個人の意思決定能力を包含するものである。

- Financial Capacity の意思決定能力は、四つの能力（理解、認識、論理的思考、選択表明）から説明することができる。

【参考文献】

江口洋子ほか（2009）「健忘型軽度認知機能障害患者の金銭管理能力」『高次脳機能研究』Vol.29, No.1:161-162 ページ。

熊沢佳子ほか（2004）「アルツハイマー病患者の金銭管理能力と認知機能の関連―Financial Competency Assessment Tool（FCAT）による検討―」『老年精神医学雑誌』Vol.15, No.10:1177-1185 ページ。

櫻庭幸恵・熊沢佳子・松田修（2004）「Financial Competency Assessment Tool（FCAT）の作成と検討：信頼性と妥当性の検討」『東京学芸大学紀要』1 部門 Vol.55: 131-139 ページ。

内閣府（2023）「令和 5 年版高齢社会白書」。
https://www8.cao.go.jp/kourei/whitepaper/w-2023/zenbun/pdf/1s1s_03.pdf
（最終閲覧日：2023 年 7 月 20 日）.

―――（2017）「平成 29 年版高齢社会白書」。
https://www8.cao.go.jp/kourei/whitepaper/w-2017/html/gaiyou/s1_2_3.html
（最終閲覧日：2023 年 7 月 20 日）.

成本迅（2016）「精神障害者の経済活動に関する能力とその支援について」『精神神経学雑誌』S431。

本間昭（2007）「認知症高齢者の医療同意をめぐる成年後見制度の課題―医師を対象とした全国アンケート調査結果」新井誠編『成年後見と医療行為』第 1 章, 日本評論社。

Appelbaum, P.S. and Grisso, T. (1995) "The MacArthur treatment competence study. I," *Law and human behavior* Vol.19, No.2: 105-126.

Arrighi, H.M., Gélinas, I., McLaughlin, T.P., Buchanan, J. and Gauthier, S. (2013) "Longitudinal changes in functional disability in Alzheimer's disease patients," *International Psychogeriatrics* Vol.25, No.6: 929-937.

Bassett, S.S. (1999) "Attention: Neuropsychological predictor of competency in Alzheimer's disease," *Journal of Geriatrics, Psychiatry and Neurology* Vol.12, No.4: 200-205.

Griffith, H.R., Belue, K., Sicola, A., Krzywanski, S., Zamrini, E., Harrell, L. and Marson, D.C. (2003) "Impaired financial abilities in mild cognitive impairment: a direct assessment approach," *Neurology* Vol. 60, No.3: 449-457.

Lichtenberg, P.A., Ocepek-Welikson, K., Ficker, L.J., Gross, E., Rahman-Filipiak, A. and Teresi, J.A. (2018) "Conceptual and Empirical Approaches to Financial Decision-making by Older Adults: Results from a Financial Decision-making Rating Scale," *Clinical Gerontology* Vol.41, No.1: 42-65.

Marson, D.C. (2013) "Clinical and ethical aspects of financial capacity in dementia: a commentary," *American Journal of Geriatric Psychiatry* Vol.21, No.4: 392-390.

―――（2016) "Conceptual Models and Guidelines for Clinical Assessment of Financial Capacity," *Archives of Clinical Neuropsychology* Vol.31, No.6: 541-553.

――, Sawrie, S., Snyder, S., McInturff, B., Stalvey, T., Boothe, A., Aldridge, T., Chatterjee, A. and Harrell, L.（2000）"Assessing financial capacity in patients with Alzheimer's disease: A conceptual model and prototype instrument," *Archives of Neurology* Vol.57, No.6: 877–884.

――, Martin, R.C., Wadley, V., Griffith, H.R., Snyder, S., Goode, P.S. *et al.*（2009）"Clinical interview assessment of financial capacity in older adults with mild cognitive impairment and Alzheimer's disease," *Journal of the American Geriatrics Society* Vol.57, No.5: 806–814.

Pachana, N.A., Byrne, G.J., Wilson, J., Tilse, C., Pinsker, D.M., Massavelli, B. *et al.*（2014）"Predictors of financial capacity performance in older adults using the Financial Competence Assessment Inventory," *International Psychogeriatrics* Vol.26, No.6: 921–927.

Palmer, B. *et al.*（2011）"Healthcare decision-making capacity," in Demakis, G.J.（ed.）*Civil Capacities in Clinical Neuropsychology: Research Findings and Practical Applications*, Oxford University Press. 95-120.

Wadley, V.G., Harrell, L.E. and Marson, D.C.（2003）"Self- and informant report of financial abilities in patients with Alzheimer's disease: Reliable and valid?" *Journal of the American Geriatrics Society* Vol.51, No.11: 1621–1626.

第12章

高齢者対応ケーススタディ *

岸本泰士郎・中村陽一・江口洋子

■本章の目的■

この章では、顧客との面談を想定したケーススタディを通じて、このテキストで
これまで学んだ知識を日々の業務とつなげ、より深く理解することを目指す[1]。
これまで学んだように、個人の認知機能は、高齢期において、特に認知症の発症
に伴って変化することが想定される。ケース1、2はこのような場合を実際の会
話に近いかたちに落とし込んだものである。また、高齢顧客が判断を先延ばしに
する場合、認知症だけがその原因ではなく、高齢者特有の考え方、判断の仕方が
影響していることも考えられる。ケース3はそういった場面を想定している。

ケーススタディの進め方

• 担当者になったつもりで、ケースを読んでください。

 （会話番号と気になるセリフを書き留めておくと、振り返りに便利です）

• 顧客の話の中で、加齢や認知機能の低下を感じるところを挙げてみてください。

---

* 本章におけるケーススタディは、執筆時点の税制や商品・サービスを前提としており、最新
 の状況を反映していない可能性があることをお断りしておく。本ケーススタディが投資判断
 を対象としたものではなく、ケーススタディの中で取り上げている商品や取引のアイデアは
 あくまで例であり、これらを推奨するものではない。
1) 本章で用いるケースは、慶應義塾大学と野村證券が共同で作成したものである。

- 担当者の対応の中で、もっといろいろ聞いておくべきこと、こうすればよかったというアイデアを挙げてみてください。
- この訪問のあと、どのようなアクションを取るか考えてみてください。
- 正解はありません。ケースを題材にいろいろ考えてみてください。

1　ケース1：金融分野に関して高い能力を示す

【顧客の人物像】

80歳男性、元上場会社役員で、金融・経済に精通。先代からの土地にマンションを建て、最上階で生活。奥様には先立たれている。息子夫婦は同じマンションの別フロアで生活しているが、お会いしたことはない。十分な収入があり悠々自適。趣味はゴルフと投資。金融資産は預貯金が1億円程度、株式と投資信託で1億円程度など。

【面談 1-1】　x月x日　ご自宅に訪問

会話番号	話し手	会話
1	担当	こんにちは。お約束の時間に上がりました。
2	**顧客**	**ああ、いらっしゃい。どうぞ上がって。**
3	担当	お邪魔します。ゴルフの調子はいかがですか？
4	**顧客**	**この前、会社のOB会コンペに呼ばれて行ってきたよ。まだまだ昔の部下には負けないけど、近頃、急に調子が悪くなって、ミスの連発で困ったよ。ついこの間も家でも段差につまずいて転んだし、やっぱり年だなと思うよ。**
5	担当	いえいえ、○○さんはとてもお若いですよ。ところで、相場の動向はどう見られているのですか。
6	**顧客**	**僕はもともと、中央銀行の量的緩和策には懐疑的だったんだ。大量のマネーを供給して株や債券の相場を押し上げて何になるのかとね。株高といっても、恩恵があるのは株を持っている一部の人だけなんだよ。それに、市場をコントロールできるという過信が一番怖いのは歴史が証明しているしね。これに今後、貿易戦争も激化してくると……。あ、ゴメンゴメン、また僕の独演会になっちゃったね（笑）。**

7	担当	いいえ、お話はいつも大変勉強になります。ところで、今日は、お持ちの資産の状況報告と、お役に立てそうな商品が出たのでご案内にうかがいました。
8	顧客	そうか。とりあえず聞こう。
9	担当	こちらがお預かりしている資産のレポートになります。○○さんのご資産の状況は……
10	顧客	あれ、こんな投信持ってたかなあ？
11	担当	はい、半年前にお買付けいただきました。これからは新興国株が有望ではないかということで。上司も一緒にうかがいました。
12	顧客	そうかい。で、勧めてくれた投信は、このままにしておいていいのかい？
13	担当	今のところ大きく変える必要はないと思いますよ。お子様は何か仰ってますか？
14	顧客	息子からは、そろそろ年だから、株や投信は減らして預金にしたらとかは言われるよ。息子は素人だから、指図は受けないけど。タイミングを見て、新興国株投信は売却しようかな。またよく見てアドバイスしてくれよ。
15	担当	経済の勉強のために株をお持ちになる方もいらっしゃいますから、リスクをちゃんと管理できていればよいと思いますよ。でも、ちょうど今日お持ちしたのが、少しリスクが低いタイプの投信になるので、よろしければ簡単にでもご紹介させていただけますか？
16	顧客	聞いてみようか。
17	担当	この投信は、弊社で「比較的仕組みがわかりやすい」あるいは「比較的リスクが低い」と考えられる商品を選定しており、そのうちの一つになります。安定的な運用という観点からもよろしいのではないかと思います。
18	顧客	まあ、もう少しぼけてきたら考えるよ。こういうのは息子にいいかもしれないね。機会があれば紹介するよ。
19	担当	是非ご紹介ください。本日は失礼いたします。

【解説 1-1】

認知症の兆候を疑う場合、9章から11章にある「意思決定の能力」や「認知機能」の分野のどれに相当するかを考えると整理しやすくなる。また、9章及び10章にある認知症の危険因子も併せて考えると、現時点では生活上の問題が生じていないようでも、今後に何らかの変化が出ることが想定できるかもしれない。

今回のケースでは、会話番号10により「記憶」の低下が疑われる。半年

前という比較的新しい出来事を覚えておらず、得意分野である経済について話をする時との会話内容の豊富さに差があることに注意が必要である。

　また、会話番号4は運動能力の低下についての話であり、脳梗塞の兆候の可能性がある。脳梗塞が繰り返し生じる場合は認知機能が下がっていく可能性がある。また、転倒して頭部を打撲した場合、直後には認知機能に問題が生じていなくても、徐々に低下するような合併症を生じることもある。

　高齢顧客の判断は、家族の意向に強く影響を受ける場合がある。本人の意思なのか、あるいは家族の意向なのか、よく吟味する必要がある。このため、本人の家族とあらかじめ良い関係をつくっておくことも大切である。

◆コラム12-1：認知症の種類と鑑別疾患（症状が類似する疾患）

　10章で述べたように、認知症を来す疾患はさまざまあり、複数の要因が合併するようなことも少なくない。一時の会話のみでそれを判断するのは専門家でも困難である。一般にアルツハイマー病の場合は、緩徐な症状の進行が見られるのに対し、血管性認知症は脳梗塞や脳出血が起こるたびに階段状の症状悪化を認める。また、血管性認知症は認知機能の障害のほかに、しびれやマヒ、歩行障害などの身体的な機能の低下が現れることが少なくない。ケース1は、血管性認知症を疑うケースとして想定している。

　一方、ケース2では、物忘れ、見当識障害（時間や場所に関する感覚の低下）、物盗られ妄想などが目立ち、アルツハイマー病の経過を示している。アルツハイマー病の初期ではほかに、手順や計画が必要な行動、たとえば料理を行うといった行動が難しくなってくる。

　認知症の原因疾患にかかわらず、意欲低下は比較的生じやすい症状であるが、うつ病などとの鑑別が難しいものである。家族とよい関係ができていれば状況を把握しやすくなり、さらに早期に治療が開始できれば、その後の悪化の予防、生活の維持につなげられる可能性もある。

次の会話は、先の会話の 3 カ月後の訪問を想定している。

【面談 1-2】　前回より 3 カ月後の訪問。玄関外にはゴルフバッグが置いてある

会話番号	話し手	会話
20	担当	こんにちは。お約束の時間に上がりました。
21	顧客	（インターホン越し）え、3 時って言ってなかったか？　ああ、もう 3 時か。少し待ってて。
22	担当	ゴルフの練習に行かれたんですか？　今日は玄関のお外にゴルフバッグが置いてありましたが。
23	顧客	え、練習になんて行ってないよ。あれ、本当にゴルフバッグが出てるな。ん～、たぶん家政婦が掃除のときにしまい忘れたんだろう。まあ、上がって。
24	担当	ゴルフの調子は、その後いかがですか。
25	顧客	最近はめっきりやる気がなくなってね。思ったように球も飛ばないし、あまり楽しくないんだ。最近は誘われても断っているよ。それより、今日は何の用？
26	担当	3 カ月前にうかがったときに少しリスクを抑えた投信をご案内しました。新興国株の投信もその後順調に値上がりしていますので、そろそろ売却も検討されますか？
27	顧客	（急に顔色が変わり）あのさぁ、昔の担当もそうだったけど、少し値上がりしたからって売却を勧めるのはよくないぞ。そのカネで別の投信買ったら手数料ばかりかかるじゃないか。本当に顧客のこと考えて提案しているのか？　上司も同じ意見なのか？
28	担当	いえ、前回タイミングを見ようと言われていましたので。すみませんでした。
29	顧客	まあ、その話はもういいよ。
30	担当	ありがとうございます。ところで、テーブルの上にお薬が増えていらっしゃいますが、どこかお加減が悪いのですか？
31	顧客	言っていなかったっけ。役員時代に夜の宴席が増えて血圧が高めなんだけど、最近、医者に薬を増やすように言われたんだ。もう満身創痍だよ。これでゴルフもしなくなったら、墓場まで一直線だ。
32	担当	本日は失礼します。また改めてうかがわせてください。

【解説 1-2】

　前回の面談から少し時間が経ち、顧客の様子に変化が生じている。10 章にあるように、アルツハイマー型認知症の進行は緩徐だが、血管性のものの場合、脳梗塞の経過に伴って症状が階段状に進行する。今回のケースはアル

ツハイマー型認知症にしては少し早い経過といえる。

　会話番号 21 では、見当識障害を疑ってもよいと考えられる。もしかすると日中は寝て過ごしているのかもしれない。

　会話番号 23 では、忘れていたことを指摘されて取り繕っているようにも聞こえる。記憶の仕組みは 10 章で詳しく説明したので、加齢によるものと認知症によるもののちがいを踏まえた上で、考えてみてほしい。

　会話番号 27 は、前回の訪問の際に売却を検討していたこと（会話番号 14）を忘れ、急に怒り出している。こういった場合、思い出せないことを転嫁するために怒っているのかもしれない。いずれにしろ、記憶障害を疑ってよいと考えられる。

　会話番号 25 に見られる意欲低下、あるいは人づきあいが億劫になる、短気になるという傾向は、加齢に伴うものだけでなく、認知症の症状である可能性がある。

　また、今回の会話も 3 カ月前の会話も最近の体調や病気の話で終わっている。高齢顧客との会話では健康・病気や体調などの話題になることも多く、8 章の知識があると高齢顧客に寄り添って詳しく話ができる。さらに、9 章、10 章にある認知症の危険因子や認知症の進行を理解しておくと、こういった病気の話が将来の判断能力の変化を予見しておく材料になる。

【やり取りにおける工夫】
　以下に顧客との円滑なやり取りを促進するのに有効なポイントを示す。

- 会話番号 11 は、顧客の質問に対してストレートに返答している。返答は正論だが、自分を否定しているという気持ちを抱かせる、あるいは、自尊心を傷つける可能性がある。一方で、投資に興味があるという設定を踏まえると、興味があるのに覚えていないのは要注意である。
- 会話番号 12 は、一般的な質問のようにも見えるが、何らかの思いが裏にある問いなのかもしれない。すぐに回答を出すのではなく、「何かご不安（ご希望）でも？」と聞いてもよいかもしれない。
- 会話番号 15 の「少しリスクが低いタイプ」という言い方は、「低リスクが

必要になった」という否定的なメッセージに取られる可能性がある。前置きを入れるなどの工夫があってもよい。

- 会話番号 27 では急に怒り出している。直前の会話内容が原因と考えがちだが、会話を開始してからの全体の流れも原因の一つである可能性がある。あるいは、感情のコントロールが難しくなる感情失禁[2]の可能性も考えられる。どちらの場合でも、まずは感情を平静に保てるように落ち着いてもらうことが大切である。「失礼しました。少し言葉が足りませんでした」というようなお詫びをして相手の気持ちに寄り添う態度を示したり、あるいは場の雰囲気を変えるためにいったん退席したりすることが効果的な場合がある。

- 医療機関を受診したほうがよいのではと感じても、直接的に認知症の検査をしてはどうかとは伝えづらいものである。持病、ほかの症状を聞いてみるところから話が展開するかもしれない。（例：お医者さんに相談されているのですか？）

2　ケース 2：認知症の可能性がある場合

【顧客の人物像】

　85 歳女性、夫は他界し、一人暮らし。日常生活で困っていることはない。外出も一人で可能。子供家族は近郊に住んでいるが、頻繁な行き来はない。たまに子供家族が遊びに来るが、関係が良好かどうかは不明。病院には風邪をひいたときに、近所のかかりつけ医に行く程度。長年、茶道教室で教えており、身の回りの世話はお弟子さんが気をつけている様子。温和な性格。年金に加え亡くなった夫の遺産である株式 5000 万円と外債 5000 万円ほどを取り崩して生活。

---

2) 理由もなく、泣いたり、笑ったりして、それが止まらない状態のこと。（中里 [1991]）を参照。

【面談 2-1】　x 月 x 日　10 時に訪問の約束。玄関は綺麗に掃除されている

会話番号	話し手	会話
1	担当	いつもお世話になっております。△△の○○です。
2	顧客	いらっしゃい。今日はお天気が悪いところ来てくださってありがとう。さあ、お上がりになって。お茶でも召し上がって頂戴。
3	担当	ありがとうございます。さすが、美味しいお茶ですね。
4	顧客	そう、それはよかったわ。それにしても、今年は台風がたくさん来るわね。
5	担当	そうですね。先週の台風の際には、この辺りは大丈夫でしたか？ところで、先日は、お電話いただきありがとうございました。本日はご依頼の個人向け国債の資料をお持ちいたしました。
6	顧客	ああ、ありがとう。先日の台風は、まあ、雨風は強かったけど、たいしたことはなかったわよ。
7	担当	では説明させていただいてもよろしいですか？
8	顧客	私、何の資料を頼んでいましたっけ？
9	担当	個人向け国債です。
10	顧客	ああ、そうだったわね。ちょっと気になってね。でも聞いてもわからないから、あなたのいいようにしてくださる？
11	担当	これまでのお取引の内容を考えると、この商品は複雑なものではないですよ。一度ご説明させていただけませんか？
12	顧客	もう年だし、あまり期間の長い商品はちょっとね。息子もそちらとの取引は大丈夫なのかというのよ。私も年だし……。最近は物忘れも心配されているわ。年取ったら誰でもこんなものよねえ？
13	担当	どれくらいの期間だったらお預けいただけそうですか？
14	顧客	今、80歳だから5年ぐらいなら大丈夫かしら。短いほうが気楽よね。いつか老人ホームに入らなきゃいけなくなるかもしれないし。でもお茶の生徒さん達が時々来てくれるし、特に困ることはないから、家のほうがいいわ。
15	担当	個人向け国債は3年や5年で満期が来るものもありますし、1年経過しますと中途で換金もできます。利子分が一部差し引かれてしまいますが、奥様が受け取られる金額の総額は、支払われた金額を下回らないようになっています。お考えにも合うのではないでしょうか。
16	顧客	ん〜、迷うわね。よさそうな気もするけど。主人が亡くなってからいろいろやってきたけど、最近このまま一人で大丈夫か、不安なのよ。よく眠れない時もあるし。
17	担当	息子さんご夫婦はお近くなんですよね。最近はお見えになられないんですか？

18	顧客	あなたに言ってなかったけど、ちょっと困ったことがあるのよ。息子が「この家を壊して、新しく二世帯住宅を建てよう」とか言うのよ。私の財産狙っているのかしら。嫁の入れ知恵かもしれないわね。
19	担当	一人暮らしの奥様をご心配されてのことだと思いますよ。考えすぎですよ。
20	顧客	そうかしらね。この間は、いつも来ている若い生徒さんが、机の上にある小銭を持っていったみたいなの。まあ少しだから、いいんだけど、困っているんだったら、勝手に持っていかずに言ってほしいわ。
21	担当	それは息子さんにご相談されましたか？
22	顧客	まあ、そんなたいした金額じゃないしね。息子は忙しいし、言わなかったわ。嫁にあれやこれや言われるのも面倒だし。ああ、それよりあなたのお勧めの、1000万買っていいわよ。満期の近いドルの債券があったでしょ、今、為替は110円くらいだから7万ドルでちょうどいいじゃない。それを売りましょうよ。
23	担当	それでは770万程ですから、不足の金額はどうしましょうか？
24	顧客	え、あの外債を売却した範囲で買ってあげようと思ったのに……。それなら、今回はやめておくわ。
25	担当	かしこまりました。また改めます。

【解説2-1】

　顧客宅を訪問する場合、家が整頓されているか（適度に掃除ができているか）、常識的な挨拶ができるか、服装に季節感があるか、訪問の約束を覚えているか、などが最初に注目しやすいポイントとなる。ケース1【面談1-2】の会話番号21では時間の感覚が曖昧だったが、本ケースでは会話番号2のとおり、約束をしていたことを覚えていた。さらに見当識に関する追加の情報を得るのであれば、約束した時刻や、季節が正しく認識されているかどうかなども併せて確認するとよい。

　会話番号6のように、最近の出来事について覚えているか、その内容が正しいかどうかについて確認すれば、記憶の認知機能を予測できる。最も新しい「最近の出来事」とは、この面談内の冒頭の会話内容にあたる。

　会話番号8は、冒頭の会話をきちんと理解し、記憶しているかが疑わしい反応である。ただし、会話の最中に注意がそれて、よく聞いていなかったということもあるため、会話番号8のような反応が、物忘れのせいか、注意を

払わなかったせいか、どちらの原因で生じているか確認することが必要である。これには、本人の注意がこちらに向いているか、よく聞こえて理解できているか確認しながら話を進めることが重要である。

このケース2【面談2-1】では、先のケース1と比べて、認知機能低下が疑われる反応が多くみられる。会話番号10は、会話の流れを覚えていなかったことに対する場合わせ的な態度ととらえることもできる。この顧客は以前から取引を行っていたにもかかわらず、今回は判断することを避けており、これまでよりも自分でできることに対しても億劫になっている可能性がある。

会話番号18や20では身の回りの人に対して、「猜疑心」が出ている。これは9章で紹介した認知症の周辺症状である可能性がある。

会話番号22では、計算の間違いがみられる。為替の計算をただちに行うのは難しいが、会話番号24の取り繕いのような態度と併せて注意を払う点となる。

会話番号14では、本人は実際の年齢よりも若いと認識している。年齢を若く答える場合には、記憶が曖昧になっている可能性がある。

また、会話番号16「ん～、迷うわね。」という発言は判断力や理解力の低下のサインかもしれない。夫の死亡がきっかけとなって、不安や不眠も訴えられている。判断力や理解力の低下は認知症のほかに、うつ病によっても引き起こされる可能性もある。

【面談2-2】　前回より6カ月後の訪問。玄関は散らかり、掃除道具も放置

会話番号	話し手	会話
26	担当	ごめんください。今日の10時にお約束でうかがいましたがお留守でしたので、別のお客様に資料をお届けしてから改めてうかがいました。（現在、午後1時）
27	顧客	え、今日お約束なんてしてたかしら？　それにしてもこんなに遅い時間は失礼よ、あなた。しょうがないわね、お上がりなさい。
28	担当	あ、はい。お邪魔します。
29	顧客	お茶は召し上がるわよね。（少し時間が空き）お待たせしたわね。生徒さんがお茶碗をあちこちに置くから、どこにあるかわからなくてね。ごめんなさいね。

30	担当	（お茶をいただく）　やっぱり奥様のお茶は美味しいですね。何か、安心しました。それより、いつものお茶碗とちがいますね。
31	顧客	そうなのよ。お茶のお教室やっていた頃に趣味で集めたお道具を全部、息子夫婦に盗られてしまったのよ。それより、お宅に預けてあるのは大丈夫よね。
32	担当	ご安心ください。こちらにお預かりしているご資産のレポートをお持ちしました。
33	顧客	あら、5000万円しかないじゃないの！　主人の遺産で1億以上あったはずよ。どうしたのよ！
34	担当	あ、はい。ここ半年で3回ほどに分けて外債を売却して、ご出金なさいましたし……。
35	顧客	なに言ってるのよ。私は知らないわよ！　ふざけないでよ！　これからどう暮らしていけばいいのよ！
36	担当	あ、あの、よろしければ、今回のことも含めて、息子様もご一緒頂いて説明させていただけませんか？　連絡先を教えていただければ、私が息子様のご都合をうかがいますので。
37	顧客	その息子が信用できないのよ！　グルになって、私の財産、全部盗る気でしょ！　もう帰りなさいよ！　（大声で、わめく）
38	担当	すみませんでした。本日はこれで失礼します。また後日改めます。

【解説 2-2】

　本ケースは、認知症の進行についての理解を深めるのには効果的であろう。ケース 2【面談 2-1】から半年後に訪問したところ、認知症が進行して、症状もはっきりと出てきたという想定である。このため、会話のほぼすべてにチェックポイントがある。

　まずは、会話に進む前の玄関の散らかり具合が挙げられる。顧客の様子を把握するためには、会話の内容や反応だけでなく、家の様子、身なりといった「訪問し、目にすることでわかるヒント」も掴んでいく必要があることは、ケース 2【面談 2-1】で述べたとおりである。

　元来、整頓が苦手、あるいは洋服には無頓着という方もいるため、一度の面談で判断せずに、一定期間を経たあとの変化をみることも重要である。また、以下でも紹介するように、会話での言葉そのものだけでなく、本人の態度や手際の良さ、受け答えに要する時間などにも注意を払う必要がある。認知機能が低下すると、手際が悪くなったり、受け答えに時間がかかったりす

ることがある。

　会話番号27では、約束したことを忘れており、時間の感覚もあやふやになっている。訪問したのは午後1時であり、常識的には遅い時間とはいえない。9章にあるように、見当識障害が疑われる。

　会話番号29では、お茶を入れる手際が悪くなっている可能性が疑われる。お茶碗が見つけられないことを茶道教室の生徒のせいにしているが、事実かどうかを確認する必要がある。

　会話番号31は、物盗られ妄想と思われる。本ケースでは息子夫婦が妄想の対象となっており、家族の連絡先を教えてもらえないことも十分に想定される。難しい対応を迫られる状況といえるが、別のタイミングでは家族への猜疑心が減弱していることも珍しくない。今後の連絡先として本人が安心して相談できる人が誰かを知っておく必要がある。

【やり取りにおける工夫】
　以下に顧客との円滑なやり取りを促進するのに有効なポイントを示す。

- まず、ケース2【面談2-1】で異変に気づいているはずなので、細かいフォローアップや、上司、あるいは可能であればご家族を巻き込んだ訪問を検討する必要がある。
- 出金が増えているので詐欺被害の可能性もあり、地域包括支援センターや警察などの公的機関との連携も視野に入れたほうがよいかもしれない。ただ、虐待などの通報は目標であって義務ではなく（できなくても罰則はない）、また通報することのリスクもあるため、個人で判断せず、慎重に対応する必要がある。
- 猜疑心が強い患者に対して医師が接触する際のポイントは、自分が患者の味方である、役に立とうとしていると伝えることである。金融機関の担当者としてもこの点を重視するとよい。
- 会話番号37は、顧客が感情的になっており、いったん引いて去るのは、対応としては正しく、可能であれば少し落ち着いてもらうような対応がさらによいと思われる。「今日はこのお話は止めます」などでクールダウン

してもらって去るのも一法である。

◆コラム 12-2：返答に困ったときに

　顧客とのコミュニケーションを円滑に進める一つのコツとして、相手の言葉を繰り返す、という方法がある。しばしば心理学の領域で用いられる手法で、相手が使った会話の中の言葉をもう一度繰り返すことで、まずは相手の状況や気持ちをきちんと受け止めていることを伝える効果がある。難しい返答を求められるような場合も、相手の言葉を繰り返すことで、返答を考える時間を稼ぐことにも利用でき、相手の立場に立つことで、相手の気持ちに沿ったより適切な返答がしやすくなる。

　ケース 2 のやり取りを見ると、ところどころで互いの話が乖離しているところが見受けられる。

　たとえば、会話番号 12 以降を見ると、顧客はどう暮らしていくか心配であるということを伝えているのに、担当は金融商品の話をしている。このミスマッチの中で顧客が計算を間違え、指摘内容は事実だが、できない不安を自覚し、自尊心を傷つけている。これがターニングポイントになった可能性がある。「ご不安なんですね」と顧客の気持ちを共有して話を進めることで、スムーズなやり取りが展開できたかもしれない。

3　ケース 3：認知機能に問題はないが、なかなか提案を検討してもらえない

【顧客の人物像】

　70 代男性、敷地内に息子家族が住んでいる（息子 42 歳、孫 10 歳）。自宅では妻と娘の三人暮らし。外出は一人で可能、運転もしている。家族関係が良好かどうかは不明。昨年に人間ドックで胃がんが見つかり、入院して切除した。

　預金が 1 億円、株式や投信などが 3000 万円、自宅評価は小規模宅地等の

279

特例の適用前で 8000 万円。働いていた頃は生命保険に入っていたが、保険期間が終了して現在は入っていない（1500 万円くらい相続税がかかると推計されるものとする）。企業年金を受給しており、生活費には困っていない。むしろ若干だが貯蓄は増えていく感じ。預金を取り崩す予定はなく、生命保険の非課税枠（500 万円 × 3 人 =1500 万円）分のお金が固定されても支障はない（死亡保険に 1500 万円入ると、相続税は 1300 万円弱になり、先と比べて 200 万円弱下がると試算される前提とする）。

　（注意）　会話の中の相続税の試算については、ケーススタディの情報整理のためのものであり、これを提案するものではない。

【面談 3-1】　x 月 x 日　　ご自宅に訪問

会話番号	話し手	会話
1	担当	こんにちは。△△の○○です。今日はお時間をいただきましてありがとうございます。
2	顧客	いらっしゃい。どうぞ上がって。うちのは娘と買い物に行っちゃって、あんまりお構いもできないが、じき帰ると思うから、ゆっくりしてって。
3	担当	ありがとうございます。最近、いかがですか？
4	顧客	まあまあ、元気にしているよ。でも、やっぱり手術してから、ちょっと疲れやすいよね。今回は娘がよくしてくれて、ありがたいと思ったよ。やっぱり娘はいいね。うちのも、いろいろ助けてもらって良かったって言ってる。早く独立したほうがいいと思った時もあるけど、今はこの家にずっといてほしいよ。私もうちのも、最近よく物忘れをするようになったし、もし認知症になったら、娘に見てもらえるからね。
5	担当	大病でしたからね。ゆっくり体力も戻していきましょう。
6	顧客	まあ、早めに見つかってよかったよね。孫がもうちょっとで中学だから、晴れ姿を見たいしね。ところで今日は何？
7	担当	最近、地価が上がっているという記事がニュースになりましたが、ご覧になられましたか？　この辺はいかがでしたか？
8	顧客	ああ。見たよ。景気が良くなるといいね。この辺は、バブルの時にたくさん上がって、かなりよかったけど、それと比べたらまだまだ戻っていないよ。でも、最近はまた上がってきたのかな？　とにかく、税金を納めるのが大変だよ。
9	担当	かなり広いですものね。
10	顧客	ありがたいことにね。孫もすぐそばにいていつでも会えるし。

11	担当	それで、今日こういった話をしているのは、地価が上がっているのと、平成27年（2015年）の相続税制改正の影響が実際に見えてきて、相続のお問い合わせが増えているんですよ。○○様はお近くにお子様がいらっしゃってうらやましいですが、お盆とかお正月とか、ご家族が集まるときに相談される方もいらっしゃるそうです。○○様は、相続のご準備などはされておられますか？
12	**顧客**	**相続は、自分が病気になったときに考えたけど、家族は、「まだ若いし、考えるのは先でもいいんじゃない」って言うよ。縁起でもないって。**
13	担当	相続準備については、そうおっしゃる方も多いですね。私どもも、提案したほうがよいと思っても、なかなか切り出せないことも多いですね。
14	**顧客**	**私のような年でも相続を気にする人は多いの？**
15	担当	相続税とか心配される方は、最近は多いですよ。2015年に相続税が改正になって、相続税がかかる人も増えているんですよ。
16	**顧客**	**ああそうなの？**
17	担当	当社も相続準備のお手伝いをするサービスがあるんですよ。
18	**顧客**	**ああそうなの？**
19	担当	相続の三つの課題は、遺産分割、納税資金準備、相続税の軽減対策なんです。どれも結構難しくて、ちゃんと考えないといけない問題です。時間をかけて準備する必要があるのですが、この中で「相続税の軽減対策」で死亡保険金に関する制度を使うという方法については、○○様にすぐ検討いただけるのではないかと思って。○○様はこの制度を使われていますか？
20	**顧客**	**保険はたぶん入っていないはずだけど、どうかな？　保険の人はよくそういう話するけど、どうかと思うんだよね。**
21	担当	そうですね。こちらに簡単な紹介資料があるので、よろしければご家族の方と目を通してみてください。

【解説3-1】

　経済的合理性のある方法について話しても、顧客と担当者の判断が一致しないことがある。特に、相続に関しては、高齢者に（年齢的にも近い将来に直面する）死を想像させる話でもあり、慎重に取り扱いたい話題といえる。

　本ケースは、死を考えることに対して漠然とした不安や恐怖感があり、そのような問題を直視することが難しいために考えることをためらっているケースを設定した。認知症への備えなどと同じように、早いうちから時間をかけて取り組むことが本人にとって満足を得る内容につながる可能性もある

ことを、いかに伝え、検討してもらうかが金融機関の課題となる。

　認知機能低下を検討するためのチェックポイントは、会話番号2や4で約束を覚えているか、受け答えが適切か、会話番号6で今日の目的を覚えているか、会話番号8で関心を維持しているか、情報が更新されているか（現状認識ができているか）という点になるが、本ケースでは、認知症発症による認知機能低下は想定していない。

　会話番号8と16では、担当者の提案内容を受け入れない態度を示している。このような態度は、提案内容の理解が不十分なのか、あるいはこの話題に対する興味・関心が低いことによるものかの見極めが必要である。理解が不十分な場合には、理解を促すために平易な言葉で説明する必要がある。

　本ケースでは、会話番号12のとおり、信頼している家族の意見もあり、また、死後について、今はあまり考えたくないという気持ちもあるのかもしれない。どちらにせよ、十分に時間をかけて、本人の思いに寄り添いながら、最終的には本人が満足できる決断を手伝うという立場であることが大切である。

【面談 3-2】　前回より1カ月後の訪問

会話番号	話し手	会話
22	担当	こんにちは。
23	顧客	いらっしゃい。このまえは、うちのが留守で失礼したね。今日も、出かけているよ。よく毎日行くところがあるもんだと感心するよ。
24	担当	先日お話した保険ですが、お考えいただけましたか。
25	顧客	ん～。ちょっとね、いろいろ考えたんだが、まだいいかなって。
26	担当	もしよろしければ、まだいいと思われる理由をお聞かせいただいてもいいですか？
27	顧客	まあ、先のことはわからない中で、あわてて保険なんて契約するのもどうかと思うし、うちは家族仲がいいから、何かあったら子供たちが相談してうまくやってくれるだろうし、あえてやらなくてもね。まあ、娘は将来どうなるかわからないけど、このまま家にいるなら、ちゃんとしておいてやらないといけないけどなあ。
28	担当	皆様仲がよろしいのはうらやましいですね。なかなか普通のお宅では、そうはいかないみたいですから。お嬢様のことは、特別気にかけていらっしゃるのですね。
29	顧客	まあそうだね。それより（話を変える）

【解説 3-2】

　本ケースのチェックポイントは、会話番号 23 で 1 カ月前の前回訪問のことを覚えているかが挙げられる。この点については特に問題がないようである。ただ、前回の提案から 1 カ月間、検討のための時間があったが、保険の契約に対する決断に変化はない。会話番号 29 で意図的に話題を変えていることから、この提案は検討したくないと暗に意思表示されている。

　会話番号 26 では、経済的合理性のある選択肢を選ばない理由を尋ねている。理由が明らかになれば、その点について相談することが可能になる。しかし、本ケースについては理由が明確ではなかった。この場合には時間をかけて丁寧に説明したり、あるいは本人の思いに寄り添ったりして、あえて決断しないことを尊重する必要があるだろう。なお、認知機能全般が低下し、意思決定能力が低下すると、決定を回避したり、他者へ委ねたりする傾向がみられることもある。

【やり取りにおける工夫】

　以下に顧客との円滑なやり取りを促進するのに有効なポイントを示す。

- 胃がんの手術は、食生活に大きく影響するため、体力の変化も感じていると考えられる。身体への不安、あるいは死への不安はほかのことをじっくり考えることへの妨げになり、そこはしっかり理解して話を展開するとよい。

- 老後をどうしたいのかなどの考えを記録しておくと、あとで参考になる。気が弱くなっている時にはいつもとちがう判断をすることがあり、日付なども合わせてメモしておくとよい。

- これからの自分の体調、誰に見てもらいたいかなどについては、（そういった想像を避けようとしつつも、すでに）ある程度イメージがあるかもしれない。どう暮らしていき、どういった治療を受けたいのかを考える中で、自然に相続の話にもつながるかもしれない。

- 会話番号 12 が一つのポイント。「今はどうお考えですか？」とおうかがいしてみてもよかったかもしれない。

- 会話番号 27 は、寄り添いながら受け止めながら。顧客はまだ比較的若いので、今後の話をうかがいながらそれに則した提案ができる。

◆コラム 12-3：ラポール

医学や心理学の領域では、相手との相互的な信頼関係をラポールと呼び、自分のことが理解されている、心が通い合っている、何でも相談できる、などと感じられる状況のことを表す。ラポールを築くためのいくつかのテクニックはあるが、基本的には、相手に対して興味、関心を持つ、その人の立場に立って気持ちをわかろうとする、という意識を持つと自然に築かれるものである。顧客と担当者という関係ではあるが、顧客が担当者にみずから自分のことを話す、相談してくれる、などがあるとラポールが構築できているサインととらえることができるかもしれない。こちらの種々の提案に対して、理詰めでいっても気持ちを変えることは難しいものである。焦らず、良いラポールを築き、一緒に考えていくというスタンスが望まれる。

【本章のポイント】

- 顧客との面談の中に、顧客の状況を推測するヒントがたくさん含まれている。会話の内容だけでなく、話し方、身なり、室内外の状況も観察した上で、本書で得た知識と照らし合わせたい。
- 金融機関に求められるのは診断ではなく、気づきである。顧客の変化、特に認知判断機能の変化について最初に気づけるのは、定期的に顧客と接触している金融機関かもしれない。認知症は早期発見や早めに準備・対応することでその後の QOL が改善されることが見込まれる。医療機関の受診を勧めることは現実的には難しいことも多いが、今後に生じ得る事柄を予測し、顧客の役に立てる方法（たとえば、事前の家族との関係構築、相談窓口の確認など）を考えていく必要がある。

- 金融機関の担当者として、顧客との会話を円滑に進めるためには、本書の各章の知識が必要となる。顧客の興味に合わせた自然な会話の中で、このケーススタディで学んだ気づきが得られるようになるとさらによい。
- 決断を回避することも、本人の選択肢の一つであることを忘れてはいけない。

【参考文献】

中里克治・下仲順子・成田健一・本城由美子（1991）「高齢者のための行動評価表の作成」『日本老年医学会雑誌』Vol.28 No.6: 790-800。

索　引

執筆者略歴 （執筆章順）

大庭 昭彦（おおば　あきひこ）　　[4章]
野村證券金融工学研究センター　エグゼクティブディレクター
1991年 東京大学大学院計数工学修士課程修了、野村総合研究所、野村ローゼンバーグ I.T.I（米国）などを経て現職。2014年より証券アナリストジャーナル編集委員も務めている。
主な業績
　「親子上場と日本株ベンチマークの考え方」証券アナリストジャーナル、2000年、
　　証券アナリストジャーナル賞受賞
　『最新金融工学に学ぶ資産運用戦略』編著、東洋経済新報社、2008年
　『行動ファイナンスで読み解く投資の科学―"お金は感情で動く"は本当か―』東
　　洋経済新報社、2009年
　「投資教育と投資推進に関する研究の新展開」証券アナリストジャーナル、2022年

石崎 浩二（いしざき　こうじ）　　[5章]
三菱 UFJ 信託銀行株式会社　エグゼクティブ・アドバイザー、オルタナティブデータ推進協議会理事
1964年生まれ。1988年慶應義塾大学経済学部卒業、三菱信託銀行入社後は、証券代行・年金・相続等の事業再建に従事。2015年執行役員就任、高齢者の金融商品開発・再生可能エネルギー等の新規事業を統括。2022年より現職。
主な業績
　「フィンテック入門」『生活経済政策』No.261、12-17 ページ、2018年
　「長寿社会における金融機関の役割」『三色旗』第 829 号、10-16 ページ、2020年
　『みんなの金融』共著、新泉社、第 1 章 25-76 ページ、第 7 章 249-294 ページ、2021年
　「東京都高齢者の特性を踏まえたサービス提供のあり方検討会報告書」共著、東京
　　都福祉保健局、2022年

大内 誠（おおうち　まこと）　　[5章]
三菱 UFJ 信託銀行株式会社　フロンティア戦略企画部上級調査役
1978年生まれ。2001年、早稲田大学商学部卒業。同年、三菱信託銀行（現三菱 UFJ 信託銀行）入社。主に個人向け商品開発に従事し、2014年より現職。
主な業績
　『信託の法務と実務（6訂版）』共著（第 25・26・27・29 章担当）、きんざい、2015
　　年

吉野 智（よしの　さとし）　　［5章］
弁護士
1971年生まれ。東京大学法学部卒業。1999年に弁護士登録（東京弁護士会所属）、2010年より東葉法律事務所を開所、代表弁護士。東京弁護士会・高齢者・障害者の権利に関する特別委員会委員（元委員長）、日弁連高齢者・障害者権利支援センター長、江東区成年後見制度利用促進協議会会長。
主な業績
　『成年後見の法律相談〈第3次改訂版〉』共著、学陽書房、2014年
　『Q＆A　成年後見実務全書　第1巻〜第4巻』共著、民事法研究会、2015〜16年
　「金融取引に関する実務上の留意点」『実践成年後見』52号、30ページ、民事法研究会、2014年

髙山 緑（たかやま　みどり）　　［6章、7章］
慶應義塾大学理工学部教授
東京大学教育学研究科博士課程修了。博士（教育学）。1998年より武蔵工業大学（現・東京都市大学）専任講師、慶應義塾大学理工学部准教授等を経て2013年より現職。2010〜12年 University of Michigan, Institute for Social Research 訪問研究員。公認心理師、臨床心理士。専門は生涯発達心理学、老年心理学、臨床心理学。
主な業績
　『高齢者心理学』共著、朝倉書房、2008年
　『発達科学入門（3）青年期〜後期高齢期』共著、東京大学出版会、2012年
　『老いのこころ―加齢と成熟の発達心理学』共著、有斐閣、2014年

新井 康通（あらい　やすみち）　　［8章］
慶應義塾大学看護医療学部教授 兼担 医学部百寿総合研究センター長
1966年生まれ。慶應義塾大学医学部卒業。博士（医学）。ニューカッスル大学留学、慶應義塾大学老年内科助手を経て2021年より現職。
主な業績
　"Demographic, phenotypic, and genetic characteristics of centenarians in Okinawa and Honshu, Japan: Part 2 Honshu, Japan," *Mechanisms of Ageing and Development*, Vol. 165, Part B, pp. 80-85, 2017（共著）
　"Inflammation, but not telomere length predicts successful ageing at extreme old age: a longitudinal study of semisupercentenarians," *EBioMedicine* 2 (10), PP.1549-58, 2015（共著）
　"Physical independence and mortality at the extreme limit of lifespan: Supercentenarians study in Japan," *The Journal of Gerontology*, Series A, 69 (4), PP.486-494, 2014（共著）

三村 將（みむら まさる） [9章]
慶應義塾大学医学部精神・神経科学教室 名誉教授
慶應義塾大学予防医療センター 特任教授
1984年慶應義塾大学卒業。ボストン大学留学、東京歯科大学市川病院、昭和大学勤務、
慶應義塾大学医学部教授を経て現職。
主な業績
　『認知症の「みかた」』共著、医学書院、2009年
　『認知症と見分けにくい「老年期うつ病」がよくわかる本』監修、講談社、2013年
　『老年期うつ病ハンドブック』共編、診断と治療社、2009年
　『精神科レジデントマニュアル』編著、医学書院、2017年

田渕 肇（たぶち はじめ） [10章]
慶應義塾大学医学部精神・神経科学教室 特任准教授
1966年生まれ。慶應義塾大学医学部卒業。博士（医学）。2020年より現職。
主な業績
　『メモリークリニック診療マニュアル』共著、南江堂、2011年

江口 洋子（えぐち ようこ） [11章、12章]
慶應義塾大学医学部精神・神経科学教室 特任助教
公認心理師。京都大学大学院人間・環境学研究科博士課程単位取得退学。博士（医学）。
専門は臨床神経心理学、老年心理学。
主な業績
　『認知症のコミュニケーション障害 その評価と支援』共著、医歯薬出版、2013年
　『認知症の人の医療選択と意思決定支援』共著、クリエイツかもがわ、2016年
　『神経心理検査ベーシック』共著、中外医学社、2019年

中村 陽一（なかむら よういち） [12章]
野村證券株式会社営業企画部 課長
金融業界における資産管理型のビジネスモデルの調査、および日本における啓蒙や取
組の推進などに長年従事。慶應義塾大学と野村ホールディングスが行っている金融
ジェロントロジーに関する共同研究では、野村側の窓口としてプロジェクト運営を担
当。
主な業績
　『ゴールベース資産管理入門』共訳、日本経済新聞出版、2016年
　『ラップ口座入門』共著、日本経済新聞出版、2022年
　『金融サービスの新潮流 ゴールベース資産管理』共著、日本経済新聞出版、2023年

岸本 泰士郎（きしもと　たいしろう）　　［12章］
慶應義塾大学医学部ヒルズ未来予防医療・ウェルネス共同研究講座 特任教授
2000年慶應義塾大学医学部卒。2012年Hofstra North Shore-LIJ School of Medicine,
Assistant Professor of Psychiatry。2021年より現職。専門領域は、臨床精神薬理、情
報通信技術や機械学習の精神科領域への応用等。2013年、日本臨床精神神経薬理学会
ポールヤンセン賞を受賞。
主な業績
　　"Long-term effectiveness of oral second-generation antipsychotics in patients
　　　　with schizophrenia and related disorders: a systematic review and meta-
　　　　analysis of direct head-to-head comparisons," *World Psychiatry* 8（2），
　　　　PP.208-224, 2019（共著）
　　『今日の精神疾患治療指針 第2版』共著、医学書院、2016年

編 者 略 歴

駒村 康平（こまむら　こうへい）　　［1章、2章、3章］
慶應義塾大学経済学部教授、同大学経済研究所ファイナンシャル・ジェロントロジー
研究センター長
1964年生まれ。慶應義塾大学大学院経済学研究科博士課程単位取得退学。博士（経済
学）。国立社会保障・人口問題研究所、駿河台大学、東洋大学などを経て、2005年よ
り慶應義塾大学経済学部教授。厚生労働省顧問、社会保障審議会委員、社会保障制度
改革国民会議委員、金融庁金融審議会市場ワーキング・グループ委員、介護経営学会
理事、全国社会福祉協議会理事、子ども家庭庁こども家庭審議会基本政策部会委員、
日本経済政策学会副会長などを歴任。現在、日本金融ジェロントロジー協会学術顧問、
生活経済学会副会長、日本金融ジェロントロジー学会会長、放送大学客員教授、京都
府立医科大学客員教授、同志社大学経済学部客員研究員など。
主な業績
『日本の年金』岩波書店、2014年
『社会政策―福祉と労働の経済学』共著、有斐閣、2015年
『新・福祉の総合政策』編著、創成社、2018年
『みんなの金融―良い人生と善い社会のための金融論』編著、新泉社、2021年
『環境・福祉政策が生み出す新しい経済―惑星の限界への処方箋』編著、岩波書店、
　　　2023年

エッセンシャル金融ジェロントロジー【第2版】
──高齢者の暮らし・健康・資産を考える

2019 年 9 月 30 日　初版第 1 刷発行
2023 年 10 月 20 日　第 2 版第 1 刷発行

編　者─────駒村康平
発行者─────大野友寛
発行所─────慶應義塾大学出版会株式会社
　　　　　　　〒108-8346　東京都港区三田 2-19-30
　　　　　　　TEL　〔編集部〕03-3451-0931
　　　　　　　　　　〔営業部〕03-3451-3584〈ご注文〉
　　　　　　　　　　〔　〃　〕03-3451-6926
　　　　　　　FAX　〔営業部〕03-3451-3122
　　　　　　　振替　00190-8-155497
　　　　　　　https://www.keio-up.co.jp/
装　丁─────デザインフォリオ（佐々木由美）
印刷・製本──藤原印刷株式会社
カバー印刷──株式会社太平印刷社